管理会计视角下的
成本管理探究

窦春晖　窦春妍　韩晓红　著

哈尔滨出版社
HARBIN PUBLISHING HOUSE

图书在版编目（CIP）数据

管理会计视角下的成本管理探究 / 窦春晖, 窦春妍,
韩晓红著. -- 哈尔滨 : 哈尔滨出版社, 2022.7
ISBN 978-7-5484-6613-0

Ⅰ.①管… Ⅱ.①窦… ②窦… ③韩… Ⅲ.①成本管
理 – 研究 Ⅳ.①F275.3

中国版本图书馆CIP数据核字(2022)第133523号

书　　名：**管理会计视角下的成本管理探究**
GUANLI KUAIJI SHIJIAOXIA DE CHENGBEN GUANLI TANJIU

作　者：窦春晖　窦春妍　韩晓红　著
责任编辑：王嘉欣
封面设计：赵　郎

出版发行：哈尔滨出版社（Harbin Publishing House）
社　　址：哈尔滨市香坊区泰山路82-9号　　邮编：150090
经　　销：全国新华书店
印　　刷：北京宝莲鸿图科技有限公司
网　　址：www.hrbcbs.com
E-mail：hrbcbs@yeah.net
编辑版权热线：（0451）87900271　87900272
销售热线：（0451）87900201　87900203

开　　本：787mm×1092mm　1/16　印张：9.5　字数：220千字
版　　次：2022年7月第1版
印　　次：2022年7月第1次印刷
书　　号：ISBN 978-7-5484-6613-0
定　　价：68.00元

凡购本社图书发现印装错误，请与本社印制部联系调换。
服务热线：（0451）87900279

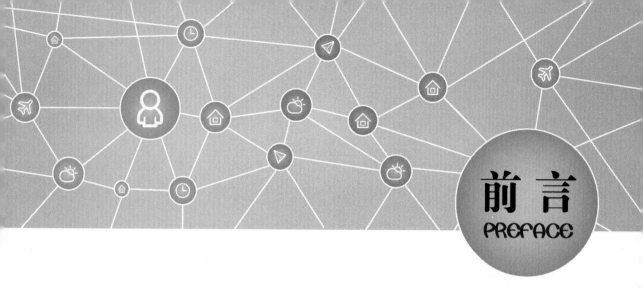

前言
PREFACE

　　管理会计主要是通过对传统会计进行不断细化而形成的新型会计工具，能够为企业提供理想的决策，较好地改进企业经营管理方式，为企业带来最大化的经济效益。管理会计主要由成本会计和管理控制系统构成，核心理念为价值创造、企业价值维护。管理会计的职能具体指通过全面分析与研究企业的信息、财务会计提供的财务报表和其他经营数据，使企业的经营活动能够与未来发展战略、当下控制需求相匹配，并有利于相关人员了解企业发展现状，并随时做出调整，同时提高企业管理的合理性与科学性，确保企业经营活动的有效开展。此外，针对企业的成本控制与管理而言，通过对管理会计进行有效应用，可实现对企业成本投入的科学有效控制，从而扩大企业的经营利润，有效提升企业的核心竞争力，最终促进企业稳定长远发展。

　　对于管理会计财务分析而言，最为关键的一环在于计算销售利润，即通过对各种数据信息进行有效整理来预测企业销售状况，且与市场部门相互配合，制定出切实可行的财务执行方案，确保市场管理的科学性与合理性。同时，充分分析变动成本法，对产量数据、利润空间及成本条件等进行归纳与总结，然后借助相关的计算公式对销售中的企业利润收益进行计算，并对阶段性生产周期中的销售收益水平进行评估。这一计算方法不仅能够简化计算流程，还能有效提高预期数据管理统计效率。通过对变动成本法的应用，可以得到贡献毛益、固定成本等信息，以便相关人员对企业经营平衡点进行预测，并科学评估企业完成销售目标所需的生产量，从而更加精确地指导企业开展生产销售活动，有效提高企业市场管理质量。基于此，在经营管理过程中，企业必须注重成本控制与管理，有效引入管理会计工具，提升成本管控水平，最终提升经营利润。《管理会计视角下的成本管理探究》首先概述了管理会计的特点，然后分析了管理会计在企业成本核算、成本管理中的应用，最后提出对企业成本管理的展望，以供参考。

编者

2022.3

目 录
CONTENTS

第一章 导 论

第一节 研究背景

现代工业社会，生产高度自动化，产品的复杂性和多样性不断提高，为满足竞争需要，大规模批量生产正逐步转向满足顾客需求的灵活生产。对一个企业而言，成本概念早已超出制造成本的范畴，与业务量相对独立的服务、后援成本大有超过生产成本的势头。目前传统成本管理存在以下缺陷，它已经不能满足企业长期稳定发展的经营需要：

一、企业成本管理缺乏市场观念

成本是一个企业生产经营效率的综合体现，是企业内部投入和产出的对比关系，低成本意味着以较少的资源投入提供更多的产品和服务，从而意味着高效率，但未必就是高效益。我国许多企业按照成本习性划分和核算产品成本，通过提高产品产量可以降低单位产品分担的固定成本，这种做法导致企业不管市场对产品的需求如何，片面地通过提高产量来降低产品成本，通过存货的积压，将生产过程发生的成本转移或隐藏于存货，提高短期利润。这种现象的原因在于成本管理缺乏市场观念，导致成本信息在管理决策上出现误区，似乎产量越大，成本越低，利润越高。

二、企业成本管理的范围过窄

传统的成本管理只注重生产过程中的成本管理，忽视供应过程和销售过程的成本管理，只注意投产后的成本管理，忽视投产前产品设计以及生产要素合理组织的成本管理。在成本的具体核算中，只注重财务成本核算，缺少管理成本核算；注重生产成本的核算，而忽视产品设计过程中的成本以及销售成本的核算。

三、成本信息的严重扭曲

传统的成本核算系统建立在"业务量是影响成本的唯一因素"这一假定之上，符合过去高度劳动密集型企业的实际情况。但在现代制造环境下，直接人工成本所占的比重大大下降，制造费用所占比例大幅度上升，再使用传统的成本计算方法会产生不合理现象

1. 用在产品成本中所占有比重越来越小的直接人工成本去分配占有比例越来越大的制造费用。

2. 分配越来越多与工时不相关的作业费用。

3. 忽略不同批量产品实际耗费的差异。使用传统成本核算法将导致产品成本信息的严重扭曲，使企业错误地选择产品经营方向。

基于以上背景，选题聚焦于管理会计在企业成本控制中的应用，分析管理会计在企业的应用现状及问题，总结管理会计工具在企业成本会计管理的实践经验，并进一步提出完善企业管理会计体系的可行性及对策，使管理会计目标与公司发展战略目标相互协调，以期为企业管理会计在成本控制中的应用提供参考和借鉴。

第二节　研究综述

一、成本控制相关理论综述

（一）相关概念

1.成本

成本是商品经济的价值范畴，是商品价值的组成部分。在市场经济条件下，社会产品仍是使用价值和价值的统一。产品的价值取决于生产上耗费的社会必要劳动时间，主要由以下三方面组成产品：生产中消耗的物化劳动价值；劳动者在生产中为自己劳动所创造的价值；劳动者剩余劳动创造的价值。产品价值的前两个部分形成产品成本的基础，其所费资源的货币表现及其对象化称为成本。

成本的构成内容主要包括：

原料、材料、燃料等费用——商品生产中已耗费的劳动对象的价值。

折旧费——商品生产中已耗费的劳动对象的价值。

工资——生产者的必要劳动所创造的价值。

2.成本管理

成本管理是指将企业在生产经营过程中发生的费用，通过一系列的方法进行预测、决策、核算、分析、控制、考核等科学管理，其主要目的是降低成本、提高企业的经济效益。市场经济体制实质上就是一种竞争机制，它不同于计划经济体制的主要特征就是所有企业都是以相同的平等身份进行竞争的，没有政府的行政干预。同行业竞争的结果就是优胜劣汰。自然界的生存环境也是体现在市场经济条件下的企业之间的关系上，而企业要在激烈的市场竞争中生存下来，关键应生产质优价廉的产品或服务。只有这样，才能占领市场，并在激烈的市场竞争中取胜。在竞争中若要以低廉的价格取胜，则应该以较低的成本为前提。只有降低成本，才有降低价格的依据。若不计成本地降低价格，只会在竞争中失败。

3.成本控制

产品成本控制就是在生产经营活动过程中，按照既定的成本目标，对成本形成过程的一切耗费进行严格的计算、调节和监督，及时发现与既定目标成本之间的差异，并采取有效措施纠正不利偏差，发现有利差异，使产品的实际成本被控制在既定的目标成本之内，使企业成本不断降低的一项管理活动。

（二）成本控制的发展阶段

成本控制的发展阶段是随着商品经济的发展而发展起来的，大致经历以下几个阶段：

1.过程控制阶段

标准成本制度是成本过程控制阶段最早的完整形态，它源自泰勒 1911 年《科学管理原理》中标准动作、工作时间等的概念，后来经过不断的发展，形成完整的标准成本概念。标准成本制度的原理主要是通过标准成本、预算控制、差异分析的一系列步骤对企业的成本进行控制。

2.参与决策阶段

这一阶段，成本控制在不断发展和充实，但并无质的突破，主要表现在成本控制标准成本目标制定方法的多样化上，如计划成本、定额成本、市场驱动的目标成本等。

3. 现代成本控制阶段

在新技术革命的推动下，以价值工程理论和方法为代表，质量成本管理，作业成本管理，适时制管理，目标成本、成本避免与成本抑减等成本管理制度得到成功应用。

价值工程是 1947 年麦尔斯提出并应用到实践当中的，目的是发现产品设计中不必要的功能并减少由此产生的成本支出的理论。价值工程方法自提出就成为企业新产品开发理论中的经典，直到现在，价值工程仍然是理论界的研究热门之一。

而目标成本的发明人则是管理大师德鲁克在 60 年代提出。目标成本的实用性使其一直到现在都还在很多企业中得到应用。

（三）成本控制的作用

1. 成本控制的实施是保证企业完成既定成本目标的重要手段

企业在生产经营过程中，为了实现预定的利润等指标，一般应确定目标成本指标，以便于进行考核。目标成本的完成，需要企业采用多项切实可行的措施。其中，进行成本控制是保证目标成本完成的一项重要措施。通过成本控制，可以及时揭示生产过程中成本指标脱离计划的差异，从而采取措施纠正偏差，保证既定目标的完成。

成本计划指标一般是经过多次的反复论证、测算后确定的。成本控制就是要对成本计划执行过程中出现的一些问题，通过它的一系列的方法和程序，使成本指标达到预先确定的目标。成本控制不仅仅是要保证完成成本计划，更重要的是要通过成本控制的实施，使成本计划能超额完成，达到更佳效果。如果成本控制做得好，就能使成本水平在现有的基础上有一定程度的降低。成本控制是一种主动性的降低成本的方法。

2. 成本控制的实施是降低产品成本，提高经济效益的重要途径

产品成本的高低对于企业盈利水平的影响很大，降低产品成本，就可以增加企业的盈利。因此，对于凡是同产品成本有关的经济业务，都应建立完善的成本控制制度和成本控制方法，其控制手段越严谨、完善，效果越好。另外，通过成本控制，不仅可以降低成本，而且还可以节约材料物资的消耗量。通过对材料收发和使用等实施一系列成本控制制度和方法，就可以节约物资，满足企业生产的需要。盈利是企业的主要目的，较高的成本水平是影响企业盈利的重要障碍。企业通过降低成本来增加企业的盈利水平，提高企业的整体经济效益。在诸多的降低成本的措施方案中，成本控制是其中的重要内容。

3. 成本控制为保护企业财产物资安全完整提供了制度上的保证

企业各项财产物资（包括货币资金、存货等）的收入、保管和使用，是分别由不同的部门负责的，但会计部门应负有很大的责任。通过成本控制制度，特别是在成本控制中采用的内部牵制制度，为搞好企业财产物资的管理和控制创造了条件。只要成本控制严密、完善并得到贯彻执行，就能有效地保护财产物资的安全完整，避免贪污盗窃、浪费丢失、计量不准等事件的发生。

在成本控制系统中，应有一整套完善的内部控制手段。通过这些内部控制手段的实施，可以有效地保护企业财产物资的安全完整，这也是成本控制的一个副产品。

4. 成本控制在企业诸控制系统中起着综合的控制作用

在企业的生产经营过程中，存在着各种不同形式的复杂的经济关系和多种不同的管理控制系统，如劳动人事系统、生产技术控制系统等，这些控制系统都是局部性的，并不能反映和控制生产经营

的全部，也不能有一个统一的计量单位来综合反映和控制生产经营活动，并进行概括、对比和分析。由于成本控制是用统一的货币计量单位来对企业的生产经营活动进行反应和控制，因为，它具有很强的综合性，在整个企业的控制系统中起着综合的控制作用。

在市场经济条件下，企业应以经济效益为中心，各项工作的开展，都要以提高经济效益为主要目的。而能够直接体现出提高经济效益的措施就是控制成本费用的发生，降低成本费用。这是企业其他管理工作所无法比拟的，充分体现出了成本控制系统的综合作用。认识到成本控制系统的综合作用，就要求在进行成本控制时，从企业的整体利益出发，发挥好成本控制的综合功能。

（四）成本控制的程序

如何组织成本控制的实施，对于保证成本控制的质量和效率，达到预期的目标至关重要。从控制论的角度来说，控制分为三个步骤，即确定控制标准、计算实际执行结果与控制标准的差异额、采取措施逐渐消除差异。成本控制运用的正是这种反馈控制的方法。根据控制论的程序并结合成本控制的特点和基本内容，成本控制的程序可归纳为：

1. 制定成本控制标准

制定成本控制标准时实施成本控制的基础和前提条件。没有标准也就无所谓控制。标准的制定，要本着先进合理、切实可行、科学严谨等原则。标准可分为最优标准和现实标准两类。

最优标准是指在正常生产条件下所应达到的标准，它可以作为企业最终追求的目标。但是，企业在生产经营中经常受到来自内部和外部因素的干扰，使正常的生产条件受到破坏，很难达到最优标准的水平。因此，需要根据企业的现实生产条件制定出现实标准。现实标准综合考虑了企业现实生产条件和可能产生的干扰因素。成本控制活动贯穿企业经济活动的全过程，因而，在经济活动的每个阶段，每项因素都必须制定相应的标准，形成一个成本控制的标准体系，既有总括性的标准指标，也有在该项总指标下的分指标。因此，必须把它层层分解，落实到各责任单位。有的标准可从产品来制定，如材料消耗定额、单位产品工时定额、单位产品成本定额等。成本控制标准按一定时间的总额可分为固定标准和弹性标准。对于一些总量指标如成本总额等，可采用固定标准，而对于诸如产量、质量、人工、消耗等，则可采用弹性指标，使其能在一定范围内随着外界条件的改变做相应的调整以利于更好地完成成本控制的任务。

2. 成本控制标准的论证

成本控制标准确定后，该标准是否合理，能否对它进行考核以及整个成本控制体系中标准有无遗漏等，都需要论证。要论证各责任单位的各项控制标准能否保证企业总量控制目标的完成。

成本控制标准论证得是否准确，是各控制单位能否完成成本控制任务的前提条件。如果成本控制标准论证得不充分，就会使成本控制标准失真，不能真正起到成本控制的作用。所以，成本控制部门在进行成本控制标准的论证时，应采用比较先进、科学的方法进行，使成本控制标准更加科学可靠。

3. 制定实施成本控制标准的措施

标准制定后，就应采取适当的措施，保证其实现。成本控制的措施应切实可行，每个环节、每个步骤都应有相应的措施来保证目标的完成。成本控制的标准制定出来后，应将其进行分解，落实到具体的责任单位和人员。成本控制的目的是要控制成本费用的实际发生额，最好使其出现有利差异。每个部门、每位职工都应根据本单位、本人成本控制的任务，制定出相应的措施方案以保证成本控制任务的完成。

4.成本控制的实施

成本控制的实施是保证成本控制的质量、达到预期控制目标的关键阶段。要依据企业所制定的各项成本控制措施和方法，对企业的经济活动进行控制，并采取适当的方法收集各种信息资料，并对其进行加工整理，形成系统的成本控制资料。

在成本控制的实施过程中，企业的成本管理部门应经常深入到成本控制的实际中，调查研究，指导成本控制的实施，提出存在的问题。对各部门之间出现的矛盾应进行协调，使成本控制能达到预期的目标。

5.差异的计算和分析

通过将成本控制实际资料和成本控制标准相对比，可确定实际脱离标准的差异额，并且要对差异产生的原因进行分析。例如，原材料费用的差异额可分为数量差异和价格差异两种。数量差异应由使用材料的单位负责，价格差异应由采购部门负责。对于价格差异还应做进一步的分析，若差异的产生是采购部门工作失误造成的，则应有采购部门负责；若差异的产生是由于企业增加产量等原因而临时或在计划外要求采购部门采购材料，使得采购部门购买议价或到外地购买材料，从而增加了材料采购成本，则材料的价格差异就不应由采购部门负责，而应由生产计划部门负责。

6.差异的消除

对于成本控制中产生的差异，除了要分析原因及其归属的责任单位外，还要提出具体的改进措施并反馈到经济活动中，以便及时消除差异，使企业实现既定目标。这也是反馈控制的关键环节。提出的各项改进措施应切实可行，并具体落实到各责任单位和生产阶段，逐渐消除差异，这样的过程可能不止一次。要经过几次反复使改进措施不断完善，才能最终消除差异。当然，若是标准制定得不合理，则应考虑对控制标准进行修订。

（五）成本控制的方法

1.作业成本计算法

作业成本计算法是一种以作业为基础的成本计算和管理系统。它以作业为中心，通过对作业成本的确认、计量和成本动因的选择，提供相对准确真实的产品成本信息，从而提高决策、计划的科学性和有效性。通过对所有作业活动进行动态的追踪反映和作业分析，尽可能消除不增值作业，改善增值作业，提高顾客价值，提供及时有用的信息，促使损失、浪费减少到最低限度，从而促进企业管理水平不断提高，对各种作业的间接费用采用不同的间接费用分配率进行成本分配的成本计算方法。它是对传统的成本计算方法的革新。

作业成本计算的核心是在计算产品成本时，先将制造费用归于各个作业，然后再将各个作业成本分摊到产品上。因此，进行作业成本计算，首先必须明确作业成本计算的几个基本概念：作业与作业中心、作业链与价值链及成本动因。

（1）作业与作业中心

作业从广义上说是指产品制造过程中的一系列经济活动。这些经济活动，有的会发生成本，有的不会发生成本有的会创造附加价值，有的不会创造附加价值。因为作业成本计算的目的在于计算产品成本，因此，狭义的作业是指会发生成本的经济活动。另外，从作业管理角度出发，无附加价值的作业应当尽量剔除，所以作业成本计算中所指的作业是指会发生成本且具有附加价值的经济活动。将相类似的作业归集在一起便构成了作业中心。建立作业中心的主要目的是为了归集每一类作业的成本、简化作业成本计算。

（2）作业链与价值链

作业链是指企业为了满足顾客需要而建立的一系列有序的作业集合体。一个企业的作业链可表示为研究与开发设计—生产—营销—配送—售后服务。价值链是与作业链紧密关联的。按作业成本法的原理，产品消耗作业，作业消耗资源，一项作业转移到另一项作业的过程，同时也伴随着价值量的转移，最终产品是全部作业的集合，同时也是全部作业价值的集合。在作业成本法中，人们依据是否会增加顾客价值，将作业分为增值作业和不增值作业。前者是指能增加顾客价值的作业，也就是说这种作业的增减变动会导致顾客价值的增减变动；后者是指不会增加顾客价值的作业，也就是说，这种作业的增加或减少不会影响顾客价值的大小。

（3）成本动因

所谓成本动因是指引起成本发生的因素，一般通称为分配基础。当作业选定，且作业的成本已归集后，就应解决如何将作业的成本分配到产品上的问题。作业成本分配必须符合相关性的要求。如果某一作业的成本与产品产量直接相关，可以产量作为作业成本与产品之间的动因。如果某一作业的成本与产品消耗的机器台时直接相关，则可选择机器台时作为作业成本与产品之间的动因。根据作业成本法的原理，成本动因可以分为以下两种形式：

资源动因。资源动因反映了作业中心对资源的消耗情况，是资源成本分配到作业中心的标准。在分配工作过程中，由于资源是一项一项地分配到作业中去的，于是就产生了作业成本要素，将各个作业成本要素相加就形成了作业成本库。通过对作业成本库的分析，可以揭示哪些资源需要减少，哪些资源需要重新分配，最终确定如何改进和降低作业成本。

作业动因。作业动因作为成本动因的一种形式，它是将作业中心的成本分配到产品或劳务中的标准，也是将资源消耗与最终产出相联系的中介。通过实际分析，可以揭示哪些作业是多余的，应该减少，整体成本应如何改善、如何降低。

2.目标成本法

目标成本法是一种以市场为主、以顾客需求为导向，在产品规划、设计阶段就着手努力，运用价值工程，进行功能成本分析，达到不断降低成本，增强竞争能力的一种成本管理方法。

它以具有竞争性的市场价格和目标利润倒推出产品的目标成本，体现了市场导向。目标利润则是企业持续发展目标的体现，因此，目标成本法是将企业经营战略与市场竞争有机结合起来的全面成本经营系统。

所谓目标成本法，是指在新产品开发设计过程中为了实现目标利润而必须达成的成本目标值。换句话说，即生命周期成本下的最大成本容许值。目标成本法成本控制的目的在于确保制造过程各环节实际消耗的成本乃至顾客的使用成本都不允许超越事先预定的目标范围。这种方法，把成本思考的立足点从传统的生产阶段转移到产品开发设计阶段，从业务下游转移到源头。这种源流的控制思想，从事物最初起始点开始实施充分透彻的分析，有助于避免后续制造过程的大量无效作业耗费，使大幅度削减成本成为可能。目标成本法将成本计算与产品开发、设计与生产工艺一体化加以分析运用，是成本管理中的一种创新。它能够保证在降低成本的同时也确保产品功能和质量的提高。目标成本法通过目标售价和目标利润来设定目标成本，并从产品规划、设计阶段开始，通过与各部门及零件供应商等的合作，努力降低成本，最终实现成本降低的目标。

（六）价值工程

价值工程是指通过集体智慧和有组织的活动对产品或服务进行功能分析，使目标以最低的总成本，可靠地实现产品或服务的必要功能，从而提高产品或服务的价值。

价值工程主要思想是通过对选定研究对象的功能及费用进行分析，提高对象的价值。提高价值的基本途径有五种提高功能：降低成本，大幅度提高价值功能不变；降低成本，提高价值功能有所提高；成本不变，提高价值功能略有下降；成本大幅度降低，提高价值提高功能；适当提高成本，大幅度提高功能，从而提高价值。

二、成本会计的演进发展过程

相对于手工模式下的传统成本会计，现代成本会计则是以电子计算机、互联网和 ERP 企业管理系统为基础的。成本会计从传统到现代的嬗变表现在理论基础、组织模式、核算方法、核算程序以及成本控制方式等方面。如成本核算方式从"平铺式"转化为"叠加式"；成本核算程序从凭证——账簿——报表的"流水式"转化为各成本核算模块有机结合的"集成式"；成本控制方式从"秋后算账"转化为"实时监控"等。

（一）成本会计的理论基础

成本会计理论基础即成本会计概念框架，由成本会计目标、假设、成本信息质量要求等组成。

1. 成本会计目标

在成本会计概念框架中，成本会计目标是基础。与财务会计的目标是对外提供财务信息相对应，成本会计目标是对内提供成本信息。但是，提供什么信息、怎么提供信息、成本信息的用途，传统成本会计和现代成本会计有着不同的表述。

传统成本会计的目标是提供核算用成本信息。受传统成本核算手段的限制，成本会计只能核算出产品的生产成本，为财务会计报表编报存货价值和销货成本而用。当然核算用成本信息通过与计划成本、标准成本、定额成本等比较，可以起到发现成本差异、分析成本升降原因的成本管理作用，但是这种事后的成本管理，其时效滞后、功效不强自不待言。

现代成本会计目标侧重于提供管理用成本信息。所谓管理用成本信息，就是能够为企业的经营决策、规划、控制、评价提供服务的成本信息。

首先，现代成本会计的信息化、智能化程度高，可便捷搜集各类、各种成本信息，为经营决策服务。

其次，企业生产经营的核心就是成本费用的控制，利用现代成本会计的业财融合机制，可以及时发现成本费用发生中的问题并加以控制。

第三，对经营业绩的评价，这也是现代成本会计得天独厚的优势，实时调取成本费用数据与收入收益加以对比，评价结论实时而得。

另外，成本信息的提供是通过编制成本报表实现的。现代成本会计除了编报传统成本会计报表之外，还增加了诸如人力资源成本报表、质量成本报表、环境成本报表等，有效弥补了传统成本信息的不足。

2. 成本会计假设

传统成本会计假设是会计主体、持续经营、会计分期、货币计量等四个方面，在各个假设的运用上也是遵循企业会计准则的规定。

但是现代成本会计对会计分期、货币计量假设则有不同于传统成本会计之处。关于会计分期假设，传统会计分期是将会计期间分为年度和会计中期，会计中期又分别分为半年度、季度、月份。也即按照上述期间划分进行成本会计核算、编制成本会计报表。现代成本会计在信息化、智能化的核算手段下，完全有可能按照业务进程、根据管理需要随时取数核算成本编制成本报表，因此，成本会计分期可以不拘一格，根据管理需要进行确定。至于货币计量假设，其附带的币值不变假设也即以历史成本为计量标准而无论物价怎么变动，采取以不变应万变的对策，使得提供的成本信息相关性不强、有用性不足。现代成本会计对此可以采用有活跃市场的公允价值为计量依据，而不是一成不变地采用历史成本计量。

3. 成本信息质量要求

现代成本会计除了要保证成本信息的真实、完整之外，成本信息的及时性、相关性、明晰性也是现代成本会计成本信息质量的要求。基于电子计算机、互联网和ERP的现代成本会计，可以保证成本信息的实时生成和获取，及时满足生产经营管理的需要。另外，基于现代成本会计业财融合的机制，还可以保证成本信息的相关有用性。明晰性，不同于一般意义的简明易懂，成本信息的明晰性，是基于物料清单下的成本核算，可得出产品生产各层次的成本信息，清晰明了。另外，由于成本信息是对企业单位内部生产经营耗费进行核算得出的，对外交易经济业务的发生不引起成本因素的变动，也就不存在对外交易的法律形式问题；而实质重于形式，信息质量要求可以不作为对成本会计信息质量的要求。

（二）成本会计的组织模式

有集中组织模式和分散组织模式之分，与成本会计组织机构的设置相联系。

传统成本会计组织模式以集中组织为主，有些大型企业也会采取分散组织方式。以工业制造企业为例，集中组织模式，是在厂部设立专门的成本会计机构的前提下，集中进行成本会计工作，下属分厂（车间）只要将有关生产耗费发生的原始凭证归集传递至厂部成本核算机构即可。大型制造企业，在厂部和下属分厂分别设置成本会计机构，分工进行成本会计工作，即采取分散的组织模式。车间的成本会计人员负责归集本车间产品生产所耗费的各种经济资源的原始凭证，按照用途将生产耗费进行分配归集并编制记账凭证，登记成本核算账簿。厂部成本会计机构则负责成本数据的汇总以及成本会计报表的编制以及分析工作。另外，企业的成本会计制度的制定、成本会计工作指导等工作也是由厂部会计机构进行。

现代成本会计的组织模式是指成本会计信息化方式，是以电子计算机、互联网、ERP管理系统等为基础的成本会计组织模式。成本会计机构设置方面，是在厂部和车间分别进行设置并配备成本会计人员，甚至材料仓库保管员也从事一定的成本会计工作。所以，是分散会计组织结构下的成本会计组织模式。以订单生产为例，在ERP管理系统下，仓库材料保管员根据生产计划或生产订单发出材料，材料耗费就对象化到订单产品上，形成材料成本。人力成本和制造费用则由车间成本核算员进行核算。人力成本一般按照各订单产品耗费的工时和单位计划人工费核算；制造费用一般按照各项制造费用耗费的原始凭证进行归集，然后按照各订单生产工时将制造费用在各订单产品之间进行分配。期末，对于完工订单产品，一般按照计划成本计算结转其完工成本（那就意味着库存商品亦是按照计划成本核算的，成本差异待产品销售后进行结转）。厂部成本会计机构负责成本会计制度的制定、成本预算的编制、参与生产经营决策、各车间生产耗费的跟踪控制（这项工作应结合业务流和信息流及时进行，充分发挥业财融合的功效）、各车间成本的汇总、成本报表的编制及分析等。

（三）成本核算的方式

成本核算是成本会计的基本职能，为了更好地履行成本核算职能，提供及时有用的成本信息，就要采取恰当的成本核算方式。

传统成本核算方式，首先将产品生产所耗的材料、人力、机器设备等，按照各项生产耗费的用途，将其划分为直接成本和间接成本。直接成本是指可以直接计入某产品的生产耗费如直接材料、直接人工、燃料动力等；间接成本是指为组织和管理产品生产的生产耗费，又称制造费用。直接成本直接计入产品成本，间接成本在各种产品之间分配后计入各产品成本。这种成本核算方式不按产品生产的结构层次分别计算所耗成本，而是将产品各结构层次的所有耗费集中起来归集分配。这种成本核算方式可称为"平铺式"成本核算。

现代成本核算方式，也即 ERP 环境下的成本核算。首先介绍一个重要的成本核算依据——物料清单。美国运营管理协会将物料清单定义为"列出构成母件装配所需要的电子部件、半成品、零件和原材料及每一项目所需数量的清单"。表1-1 是一个简化的物料清单。表1-2 是一个多层级的物料清单。

表 1-1 简化的物料清单

零件号	描述	所需数量
203	桌腿	4
411	腿帽	2
622	边框	2
23	桌面	1
722	五金工具	1

表 1-2 多层级的物料清单

零件号	描述	所需数量
200	桌架	1
203	桌腿	4
220	螺钉	4
300	框架	1
411	腿帽	2
622	边框	2
533	腿支架	4
66	胶水	/
23	桌面	1
30	木板	3
66	胶水	/

物料清单的作用是：

第一，定义产品。物料清单明确了加工产品所需的零部件。

第二，工程变更控制。产品设计师有时改变产品设计及所用部件，这些变更必须记录和控制。

第三，计划。物料清单定义了生产最终产品安排的物料以及购买或生产什么部件满足主生产计划。

第四，订单录入。当产品有多个选择时，订单录入系统通常配置最终产品的物料清单。

第五，生产。物料清单提供生产或组装产品所需的零部件清单。

第六，成本核算。产品成本通常分为直接物料、直接人工、制造费用等。物料清单不仅提供确定直接物料成本的方法，而且提供记录直接人工及分配制造费用的结构。

在 ERP 系统中进行成本核算的方式是：按物料清单所规定的物料之间的层次、需求关系和制造过程，从产品结构的最底层开始，从底层向高层依次累计。在物料清单中，处于不同层次的物料项目的成本都包含两部分，分别是本层发生的成本和底层累积的成本。

物料清单的最底层物料项目成本即材料的外购成本，包括材料买价和采购费用，这一层次的加工成本为零。物料清单本层（除最底层外）物料成本包括本层加工成本加上底层各项成本，这种成本计算方式在 ERP 系统运行中称为成本叠加（或卷积），各层次成本即叠加到本层的物料项目成本。成本的发生和叠加与制造过程同步。因此，这种成本核算方式可称为"叠加式"成本核算。

（四）成本核算的程序

传统成本核算程序一般分为四个步骤。

第一步是各项生产耗费的分配归集，分别有基本生产车间和辅助生产车间分配归集各项生产耗费。

第二步是将辅助生产车间的生产成本分配归集给各受益对象（包括基本生产车间以及其他受益部门）。

第三步是将基本生产车间的制造费用在车间各产品之间进行分配。

第四步是计算基本生产车间完工产品成本并进行结转。具体程序如图 1-1 所示。

传统成本核算程序有以下特点：一是要将生产耗费按发生地点进行划分，也即划清是基本生产车间发生的还是辅助生产车间发生的，然后按车间进行生产耗费的分配和归集；二是知道成本核算程序之间是相互依存的，上一步骤成本核算完成后才可以进入下一个成本核算步骤；三是各个成本核算步骤的进行是生产耗费的会计凭证和会计账簿相互结合的过程，这与会计核算基本程序从会计凭证到会计账簿的做法是一致的。从图 1-1 可以看出整个成本核算程序就是成本核算有关会计凭证和会计账簿相互结合的过程。像一条生产流水线一样，从源头到结束依次相互继起循环进行。

另外，这种"流水式"成本核算程序与生产业务的进程没有很紧密的联系，成本核算工作由成本会计机构独立完成，与各生产、业务部门没有更多的关联，业务与财务（成本核算）融合（简称"业财融合"）不够。

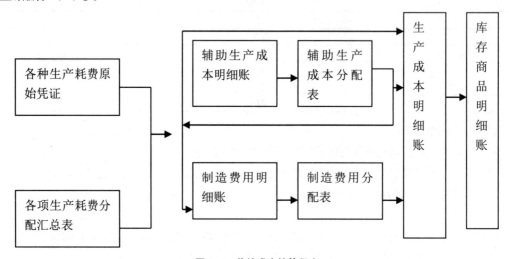

图 1-1 传统成本核算程序

现代成本核算程序也即 ERP 环境下的成本核算程序。ERP 环境下的成本核算，其计算所需的数据来自于 ERP 中有关成本核算的各个模块，成本核算过程也即各模块集成的过程，所以可称为"集成式"成本核算程序。如材料成本的计算来自于采购模块、生产模块、库存存货模块；制造费用等来自于财务模块；人工费用来自于薪资模块。现代成本核算程序也即各模块有机结合的过程。

另外，现代成本核算程序与生产业务的进程关系密切，很好地实现了"业财融合"。成本核算由仓库、生产车间、材料会计、总账会计、成本会计等业务财务部门共同完成。具体程序如表1-3所示。

（五）成本控制方式

成本控制是成本会计的职能之一，是控制成本按照事先制订的计划（或定额、标准）水平发生、如有差异将其控制在合理范围内的成本管理工作。传统成本控制，其理论研究已经很完善，如成本控制的内涵、主体结构、基础工作、控制目标、控制内容、控制原则、控制程序、控制步骤、控制方法等，都有了相对成熟的研究成果。

传统成本控制实践，是基于传统成本核算基础上的成本控制。传统成本核算方式是事后核算，导致成本控制方式往往只能选择事后控制，所以成本控制就成了"秋后算账"；传统成本核算将产品生命周期各环节的成本分割开来进行核算，各环节之间的成本信息互联互通性不足，导致各环节成本控制的"各自为政"；传统成本核算信息的准确性、有用性不强，在此基础上的成本控制成效则不尽如人意。

基于互联网和ERP基础上的现代成本控制，由于成本核算通常会使用标准成本法，但为了进行成本控制，企业会同步使用实际成本法，以便及时进行差异分析，找到成本控制的重点。也就是说，ERP系统中的成本控制是通过标准成本与实际成本的实时比较来进行的，ERP系统在这个过程中的作用是计算出更加详细、精准的标准成本。在ERP系统中，产品的标准成本是在确定了工艺路线与物料清单的基础上按生产任务单来进行归集的。物料清单事实上是一份详细的产品构成零部件清单。对于结构复杂的产品，通常会形成多层物料清单。在多层物料清单中，ERP系统通常先计算最底层的物料成本，然后再计算上一层的物料（半成品）成本，本层的物料成本中包含有下层的物料成本。这些物料成本又会被分为材料成本、直接人工成本、变动性制造费用、固定性制造费用以及外部加工成本等五个要素来分别加以归集。会计人员只需要通过存货控制设置、部门设置、工作中心设置、零部件成本录入、产品工艺流程设置、产品结构和公式定义等步骤的操作，ERP系统就可以自动完成标准成本的计算。详细的零部件构成和成本要素划分使得ERP系统中的标准成本的形成过程足够细化，也意味着产品成本的控制项目可以更为细致。如此，现代成本控制的成效非常显著。

表1-3 现代成本核算程序

程序	业务程序	财务（成本核算）程序	ERP模块
1	编制物料清单	搭建成本核算层次	BOM系统
2	制订主生产计划	制订成本计划	MRP系统
3	向生产部门下达生产任务单	确定成本核算对象、成本核算期等	生产任务单系统
4	仓库按照生产任务单填制材料出库单	根据材料出库单生成材料耗费会计凭证	库存模块
5	生产部门安排员工生产任务	根据工资计算单生成人力耗费会计凭证	总账模块
6	实施车间生产管理	根据直接发生的制造费用生成会计凭证 根据车间管理的领料单生成间接耗料会计凭证	总账模块 存货模块
7	产品生产完工入库	根据完工入库单生成入库会计凭证	库存模块

程序	业务程序	财务（成本核算）程序	ERP 模块
8	无	生产耗费归集 进入材料耗用表，从存货系统按成本对象分别取材料耗费数 进入人工耗用表，从总账系统取人工耗费数进入折旧费用表，从总账系统取折旧费数 进入制造费用表，从总账系统取制造费用数	成本模块
9	无	成本计算 在检查成本计算是否满足条件后，点击成本计算，系统自动计算产品成本	成本模块
10	无	产品成本分配 通过存货系统将在成本系统中计算的大类产品成本在各产品之间分配；在存货系统中录入各大类的成本总额，系统自动回填各产成品入库单的入库单位成本	成本模块

传统成本会计中标准成本通常保持一个会计年度不变，但是在市场、生产方式、产品设计等因素变化很快的情况下，实际成本将会较大程度地偏离标准成本，如果在年度内不停地调整标准成本，在传统成本会计方式下几乎是不可能的，而且还会造成标准改变前后指标的不可比，从而使标准成本法失去意义。而在 ERP 系统中通常是可以定义多个标准成本的，比如在定义年度标准成本的同时再定义一个当期标准成本，这两个标准成本项目构成相同，但是当期标准成本制定时，如材料标准成本的制定，是用物料最近一次的发票价格作为成本计算标准。根据当期标准成本可以及时地做出比较分析。那么，实时的实际成本如何得出呢？可以通过设计日成本核算模型来进行。日成本核算会涉及的账户有生产成本、制造费用、管理费用、销售费用、财务费用等，这些账户的数据为日成本核算的临时归集点，之所以称为临时归集点，是因为对于直接成本而言从账务系统中取数时会发现有些数据到期末才会存在，比如反映直接人工的工资类数据，只有到期末才能进行归集得出，那怎么实现实时监控呢？可以建立一个临时虚拟账户来记录每日的人工费发生情况以解决这个问题。直接材料成本也是如此，根据日材料价格、日材料数量确定出日材料成本计入临时虚拟账户。而对于间接成本，制造费用账户余额就是日间接成本的分配对象，通过调用费用分配标准文件就可以完成日间接成本的分配。可见，进行日成本核算，计算出和标准成本项目匹配的实际成本后进行差异分析，达到实时成本控制的目的。可见，现代成本控制具有了很强的时效性，实现了成本的"实时监控"。

在 ERP 系统下，材料采购成本也可以实现实时控制。对于采购数量的控制，在 ERP 系统中可以按照生产计划管理子系统中的主要生产计划、物料需求计划及 BOM 清单等模块提出原材料计划，根据需求进行原材料采购，并可以通过库存管理子系统实时查询原材料库存信息，最大限度降低库存，减少原材料资金占用，避免重复采购，使库存结构趋于合理。对于采购价格的控制，ERP 系统可以通过实时关注采购管理子系统及应付款管理子系统的数据变动来进行，也可以事先设计特定的材料采购价格标准区间，当材料实际采购价格超出标准采购区间时，采购管理子系统就会提出警示或者禁止业务录入。

三、成本管理会计的研究综述

成本管理会计要想在我国获得更大的发展，关于成本管理会计理论的梳理与进一步的统一势在必行，而成本管理会计框架的构建是关键的第一步，但国内外关于成本管理会计基础的理论框架很少有学者进行系统的论述。

（一）成本会计、管理会计、财务管理学科内容的界定

成本会计、管理会计和财务管理是我国会计学专业的三门核心课程，但是三者在内容上的重复率达 60% 以上。其中，成本会计是管理会计的前身，但是随着经济的发展和企业内部核算的需要，成本会计已经发展成了具有与管理会计一样的为企业经营者提供决策信息的职能，成本管理会计发展成了以管理为中心的成本管理会计；而管理会计与财务管理的交叉主要集中在资金时间价值与长期决策分析、存货控制、销售预算、经营杠杆与本量利分析、业绩评价等方面。鉴于以上实际情况，为了解决三门学科的交叉问题，可以将三门学科进行整合，将财务管理单独分离出去，然后将成本会计与管理会计进行整合，形成成本管理会计。

（二）成本管理会计的理论基础

成本管理会计的发展是对心理学、管理学、社会文化学、历史学等相邻学科的借鉴、运用和创新，其中对成本管理会计影响比较大的是管理学。

1.古典管理理论与相应的成本管理会计思想

（1）科学管理理论与管理会计的产生

泰勒于 1911 年在《科学管理原理》一书中首次提出了科学管理的概念，其理论思想主要有：产品差别计件工资制；科学地挑选工人；工作标准化；能力与工作匹配等。当时的工业化程度快速增长，传统的成本核算的方法已明显不能满足企业适应竞争力的要求，于是具有预测未来功能的预先控制新职能应运而生，这标志着管理会计开始登上舞台。但是此时的成本核算还很不系统，它仅是为适应泰勒科学管理理论而附带产生的理论，并没有形成相对独立的方法体系和理论。

（2）一般管理理论与管理会计职能

法约尔于 1916 年在《工业管理与一般管理》中首次提出了一般管理理论，对泰勒的科学管理理论做了进一步的完善，提出了要重视各个职能科室管理的思想，指出管理的职能为计划、组织、领导和控制。与之相对应的成本管理会计的职能发展为规划、组织、控制和评价。

2.行为科学理论与行为管理会计

为了解决经济危机和早期的管理理论忽视工人的个人发展和情感需要的问题，很多学者于 20 世纪 30 年把社会学与心理学引入到了管理中来，于是出现了行为科学理论。这一时期的理论主要集中在有关员工的个人需要、动机、激励和同管理直接相关的领导理论两个方面。与之相对应的行为管理会计思想主要有：

决策行为观：管理会计的应用在决策中必须做到协助企业进行目标多样化决策，寻找满意解，使之与企业目标相协调。

预算行为观：吸收下级的预算决策，制定多样化、多层次的预算体系。

控制行为观：从物质与精神方面激励员工，保持局部与整体目标的一致性，同时经常对预算执行情况进行差异分析，然后与预算执行层进行探讨分析。

3.现代管理理论与现代管理会计

20世纪40年代至60年代出现了大量的管理学派思想，比较有代表性的有经验主义学派、管理过程学派、管理科学学派、决策理论学派等，形成了"管理理论丛林"。产生重大影响的思想有决策理论学派的"管理的关键在于决策"，管理科学学派的数学模型在管理过程中的运用，经验主义学派的案例的归纳整理研究等。这段时期管理思想的发展直接推进了管理会计思想的发展，赋予了管理会计新的研究方法。管理会计开始重视如何为管理会计计划和管理控制提供及时和有用的信息，形成了以决策与计划会计和执行会计为主题的管理会计结构体系。

（三）成本管理会计的逻辑起点

逻辑起点是成本管理会计框架构成的出发点，对框架的构建起着决定性的作用，然而，关于逻辑起点的问题也是众说纷纭，主要有以下几种：

本质起点论：中国煤炭经济学院的王棣华教授（现东北财经大学教授）认为本质是区别于其他学科的根本属性，它可以很好地回答管理会计是什么，进而指导管理会计框架的构建。

对象起点论：中国人民大学的孙茂竹教授认为，"对象"针对性强，可以理论联系实际，因此管理会计的对象可以作为管理会计的逻辑起点。

目标起点论：中央财经大学的孟焰教授认为，管理会计的目标居于最高层次，指引着管理会计的发展，因此管理会计的逻辑起点应是管理会计的目标。

目的起点论：以孟焰为课题主持人的《管理会计理论框架研究》在2007年，在分析了各个逻辑起点的优劣后指出，以目的作为逻辑起点可以保证企业资源的合理使用和配置的优化，因此提倡以目的作为管理会计的逻辑起点论。

（四）成本管理会计的框架构成

第一种观点认为管理会计的理论框架为：

管理会计的理论和方法基础；

管理会计的本质；

管理会计的目标；

管理会计的对象；

管理会计的要素；

管理会计的基本原则。

第二种观点认为管理会计的框架构成为：

管理会计的起点理论层次；

管理会计的基础理论层次；

管理会计的核心理论层次；

管理会计的实务理论层次。

第三种观点认为管理会计的框架构成为：

管理会计的目标；

管理会计的概念；

管理会计的原则；

管理会计的技术。

第二章 管理会计的基本概述

第一节 管理会计的发展历程

一、管理会计的起源

对于管理会计的产生国内外有许多不同的看法，但究其原因，主要是第一次工业革命的兴起和发展所带来的生产力的巨大进步所引起的。而从 19 世纪 80 年代起，第二次工业革命逐渐兴起和传播，这时规模比第一次工业革命更大，组织结构更为复杂的钢铁托拉斯企业和销售公司大范围地出现并发展壮大，这对管理会计来说又是一个新的挑战，管理会计进行了第二次革命。这次革命主要集中在如何进一步控制企业成本方面，但这时的成本控制还只集中于企业的直接生产费用上面，对间接制造费用的关注较少。

管理会计的第三次革命则出现在 20 世纪初，在这一时期，管理会计逐渐在成本会计的基础上发展演变，从而形成一门不同于成本会计的新的学科。而发展至今，管理会计的作用已经远远超出了成本会计所能提供的信息和作用，在日益激烈的市场竞争中，成为当代企业在经营管理过程中不可或缺的一部分。

二、管理会计的发展历程

（一）国外学者对于管理会计发展历程的表述

国外学者对于管理会计的发展历程有许多不同的看法和观点，本文列举了比较有代表性的卡普兰教授和西村明教授的两种观点：

卡普兰教授将管理会计的发展历程主要分为以下五个阶段：

起源和产生阶段，这主要是指 19 世纪以前，在这一阶段随着工业革命的兴起，企业生产力的发展和提高，企业管理者对企业成本管理的要求进一步提高，该阶段管理会计的产生主要是为了满足特定公司的多层次企业管理的需要。

科学管理阶段，在这一阶段随着现代经济的进一步发展，部分行业的管理者开发了服务于企业管理的关于计算产品成本的方法，建立起了一系列的标准成本管理制度。

综合管理控制阶段，在这一阶段，成本管理与财务记录结合并统一于复式记账，并出现了投资报酬率等新的核算指标，这是对管理会计的开创。

发展停滞阶段，这主要是指 1925—1985 年这 60 年，受制于两次世界大战和经济危机等，该阶段关于管理会计的理论虽已发展形成，但是这些理论的发展都停滞不前。

此后，卡普兰将管理会计发展历程进一步深化，在原先卡普兰对管理会计的划分基础上，根据 20 世纪 80 年代以后的发展和管理会计发展情况，将这一阶段划分为管理会计理论发展的新阶段。

日本的西村明教授（2004）则将管理会计划分为以下五个阶段：

1. 进化阶段，这一阶段主要的发展是会计所提供的财务数据与管理的结合，管理会计初具雏形。

2. 传统管理会计阶段，该阶段主要是将现代的科学管理方法应用于管理会计，在此阶段，管理会计的理论进一步发展。

3. 计量与信息的管理会计阶段，主要着眼于以经济学理论知识为核算基础的最佳收益管理，在这一阶段，管理会计逐渐与传统的成本会计相区分进而独立发展并成为一门新的学科。

4. 综合的管理会计阶段，在这一阶段，会计和管理高度融合，在企业生产等方面涌现出作业成本法等新的成本管理方法。

5. 价值创造会计阶段，这一阶段随着社会经济的发展以及会计和管理研究的深入，如何培育企业核心竞争能力成了管理会计新的关注重点，这一阶段主要涌现出包括平衡计分卡、企业供应链等新的管理会计理论。

（二）我国学者对于管理会计发展历程的表述

早期，我国关于管理会计的观点主要包括胡玉明教授和许金叶教授的两阶段论与四阶段论，随着对管理会计的研究逐渐深入，许多专家学者又相继提出了各种不同的划分方法。

余绪缨教授（1983）认为，管理会计可以分为两个阶段。第一阶段是执行性管理会计阶段，第二阶段是决策性管理会计阶段。执行性管理会计阶段管理会计的主要目的是提高生产效率。这一阶段管理会计研究的主要关注重点集中在企业的生产等日常方面，主要手段和目的在于进行成本控制，带有一定的成本会计的色彩，而不是完全的管理会计。而决策性管理会计阶段运用管理会计的目的在于如何提高企业的经济效益，此时研究和关注重点不再局限于企业日常生产，而是转移到了企业的经营和发展方面。2002年后，余绪缨教授又提出了管理会计的三阶段论，把管理会计分为成本会计阶段、现代管理会计阶段以及后现代管理会计阶段三个阶段。

胡玉明教授（2005）认为，管理会计到目前为止一共经历了两个发展阶段：20世纪的管理会计和21世纪的管理会计。20世纪的管理会计主要侧重于企业的运营管理与经营效益的提升，而对于21世纪的管理会计，胡玉明教授认为，21世纪管理会计的主要研究方向和目的是如何培养企业核心竞争能力。

三、管理会计工具研究

随着管理会计工具的不断创新和发展，为了明晰管理会计工具的应用和研究情况，有必要对其相关文献进行梳理。

（一）单一管理会计工具

1. 预算管理

预算几乎影响着管理会计的每一个方面。成本会计、责任会计、业绩计量和薪酬管理都与预算相关联。预算管理存在多种用途，包括计划和协调一个组织的活动、分配资源、激励员工以及遵循社会规范。因此，预算是管理会计中受到最广泛关注的主题之一，国内外学者均对预算进行了大量的研究。

目前，预算中的经济学模型是由20世纪60年代组织中信息的作用在经济学中的发展演变而来的。起初，研究者建立了单人模型，在该模型中，预算可以为个体提供决策的信息。在不确定条件下，个体对信息的需求取决于需要做的决策和可能提供的信息之间的关系。这就意味着信息的价值源于决策内容，而不是被简单地假定。不同学者从不同的学科视角对预算管理进行了研究：一些学者从经济学的视角验证了参与式预算是如何通过允许雇员和所有者传递私人信息而产生帕累托改进的；一些学者从社会学的视角研究了预算的作用，认为制度理论描述了预算在讨价还价过程中作为符号偏好的表达手段的重要作用；还有一些学者则从心理学的视角研究了预算交互模型，认为在检验模型中应将参与式预算、基于预算的业绩评价和任务不确定性作为自变量和调节变量，满意度、压力和个体业绩作为因变量。

受到实务界的冲击，学者们对预算的态度也存在着分歧。有的学者认为预算对企业的决策有着不可替代的价值，有的学者认为传统的预算已无法适应企业环境的变化，进而提出了超越预算、滚动预算、作业法预算等，还有学者认为预算松弛的存在极大地影响了预算的效用。不同学者的观点分歧，促使了国内外学者们对预算的大量研究。例如：于增彪等提出了中国式预算管理系统框架，为我国会计学界解决预算管理的研究问题与企业实务界预算的分散性问题提供了一个共同的参照体系；Covaleski 等认为预算作为管理控制系统的基石，被广泛运用于规划企业活动、配置资源、激励员工以及遵循社会制度等企业经营管理活动之中；梁莱歆对企业研发预算管理进行调查，分析了我国研发预算管理现状及其存在的主要问题，并提出了改变现状的措施；刘凌冰等使用问卷调查对预算沟通的动因、形式与效果进行研究，建议企业管理者在预算实施中除关注预算流程和技术方法外，也应重视沟通、文化、人员等因素在提高预算效果中的重要作用。

2.成本管理

成本管理是管理会计中的一个重要研究领域，企业采用新的成本管理方法的需求与管理会计学者扩展成本管理研究范围的需求相吻合。管理会计提供了一系列的工具和方法，为试图使企业长期利润最大化的经营管理者提供信息，帮助其进行决策。成本管理领域应用的管理会计工具方法包括但不限于目标成本法、标准成本法、作业成本法等。

（1）目标成本法

该方法是一个利润计划和成本管理的系统，它可以确保新产品和服务满足由市场决定价格和财务回报需求。目标成本法和组织战略之间是影响和被影响的关系，是实现战略利润计划的系统。一些学者从不同的角度对目标成本进行了研究，如孙菊生等深入分析了目标成本规划法所体现的战略性成本管理思想，认为目标成本规划的中心问题是如何设计和传递各种成本压力。

（2）标准成本法

标准成本法的思想于1911年由美国弗雷德里克·温斯洛·泰勒在《科学管理原理》一书中首次提出，他将科学引入企业管理领域，并指出为了提高工人生产效率可以采用计件工资和标准化的方式。随着时代的发展，标准成本法应运而生。Ritzwoller 等将标准成本法引入医疗领域并在综合保健服务系统中制定标准成本措施。王光明、薛恒新通过调查分析标准成本法在我国企业的应用情况，从成本、会计和管理三个角度剖析了标准成本法的优点，指出了我国标准成本法在企业应用中所出现问题的解决关键。有的研究表明，企业使用标准成本法可以加强企业的成本管理，降低企业成本，获取企业利润的最大化。

（3）作业成本法

作业成本法（ABC）被许多学者和企业人员视为20世纪管理会计方面最重要的创新。起初，该方法强调的是非产量相关指标是否具有对企业制造费用进行预测的能力。Kennedy 等对作业成本法（ABC）进行了研究，认为作业成本法可以通过控制成本和提高资产利用率来提高企业的业绩。我国王满、戴杏花等学者对作业成本法的应用进行了具体研究。

3. 营运管理

营运管理作为管理会计的一个重要研究领域，主要涉及促进商品和劳务横向流动的技术、设计和组织原则。本量利分析和标杆管理被视作营运管理的基本方法，成为企业提升竞争力的关键。

（1）本量利（CVP）分析

该方法通过分析成本、产量和利润三者之间的关系，为企业的计划、经营和控制等决策提供依据，是企业经营决策中重要的辅助分析工具之一。钟丽珍使用我国A股上市制造业企业的经验数据分析了成本粘性对企业本量利分析的影响。丁泽富通过案例分析了本量利分析在虚拟电信运营商经营管理中的应用。本量利分析中的边际分析法是将微分的概念引入到经济学中，用数学的图线来说明企业的经济问题。张贵祥认为，边际分析法贯穿企业整个管理经济学的始终，并从企业生产规模决策等几个方面对管理经济学中边际分析法的应用进行了研究。

（2）标杆管理

标杆管理最早于1979年在美国施乐公司使用，其通过将企业自身的一些指标与行业内最佳公司的实践相比较，来持续提高企业的管理水平。葛星等分析了中外企业实施标杆管理的能力成熟度，以此来提高企业实施标杆管理的质量，更新企业的管理模式。季琴、吴晓俊探讨了标杆管理在中小企业薪酬管理中的应用。Madsen等通过对标杆管理的历史脉络进行梳理，评估和检验了管理时尚视角作为理论视角下的标杆管理。

4. 绩效管理

所谓绩效管理，是指各级管理者和员工为了达到组织目标共同参与绩效计划制订、绩效辅导沟通、绩效考核评价、绩效结果应用、绩效目标提高的持续循环过程。绩效管理的目的是持续提高个人、部门和组织的绩效。绩效管理领域应用的管理会计工具方法包括但不限于关键绩效指标（KPI）、经济增加值（EVA）、平衡计分卡（BSC）等。

（1）关键绩效指标（KPI）

KPI是通过提炼最能代表企业绩效的关键指标，并以此为基础建立绩效考核体系来进行绩效考评的模式。Harris、Mongiello通过借鉴文献中的理论概念和经验证据，研究了针对评估总经理使用的"关键指标""解释指标"与"决策指标"的匹配情况。Chan等通过综合文献综述，开发了客观和主观测量的一系列KPI，并通过三个案例对其有效性进行了测试。Parmenter认为KPI的突出之处在于将平衡计分卡流程提炼为12个逻辑步骤，为用户提供了一个实施资源工具包。Wudhikarn使用德尔菲法确定物流业务智力资本的关键绩效指标，使组织能够在有限的资源内更有效地管理其业务。

（2）经济增加值（EVA）

EVA作为一种考核激励机制，是否能够为企业提供有效信息或缓冲代理问题，进而为企业创造价值，是绩效管理的主要研究方向之一。学者们对EVA的研究可分为两个方面：一是EVA指标实施的有用性，如Milunovich、Tseui认为，与会计回报和自由现金流量等传统市场指标相比，EVA指标与市场的价值增值更具有关联性；二是EVA指标实施后的经济后果，如黄卫伟、李春瑜在对EVA的基本原理进行阐述的同时，详细地介绍了TCL集团有限公司、华为技术有限公司以及许继集团有限公司对EVA的实施情况和应用经验。

（3）平衡计分卡（BSC）

BSC强调企业存在多维价值动因，可用来评价企业的业绩情况，即财务、客户关系、内部经营以及学习和创新。学者们对平衡计分卡的研究集中于两类：一类研究通常是验证非财务指标是否领先于财务指标，如Banker等研究发现客户满意度指标、未来企业会计业绩指标与企业的市场价值有正向关系；另一类是研究平衡计分卡的应用和发展情况，如 Kaplan、Norton 研究了平衡计分卡作为财务和非财务的绩效评价系统在战略管理中的广泛使用，Hoque 对平衡计分卡的研究趋势、成就及未来的研究机会等进行了研究。

5. 风险管理

风险管理过去总是关注孤立的交易和有形资产，实施的是机械管理，其观念是降低风险而不是充分利用风险为企业谋利。风险在许多商业模式中是固有的，可以通过有组织有计划的方式将战略、流程、人员、技术和知识整合起来，以评估和管理企业在价值创造过程中面临的不确定性。

政策制定者的一个主要办法是通过立法确定企业高层经理和董事会对风险管理的责任。为了配合立法行动，会计师和准则制定者设计了风险管理框架和指南，以支持管理者推行适当的覆盖全企业的风险管理方法。如美国 COSO 委员会于 2004 年 9 月正式颁布了《企业风险管理整合框架》（COSO-ERM）。该理论框架具有一定的指导性，为董事会提供了有关企业所面临的重要风险以及如何进行风险管理等方面的重要信息。2016 年 COSO 公布了一个针对 2004 年 ERM 框架的《企业全面风险管理——通过策略与绩效调整风险》的修改草案，该草案主要包括风险治理与文化，风险、策略与目标制定，执行中的风险，风险信息、沟通与报告，检测 ERM 的绩效五个方面。

学者们对风险管理进行了不同的研究。Kaplan、Norton 将风险加入业绩模型并作为企业需要管理的另一个风险层面。谢志华基于历史回顾和逻辑推理整合了内部控制、公司治理和风险管理等框架之间的关系，构建了基于风险管理的整合框架。张继德等构建了新型集团企业财务风险管理框架，从宏观视角建立了自上而下的风险管理体系。企业风险管理框架从系统的角度指导企业如何进行风险管理，而风险矩阵模型则是风险评估中的具体技术手段。

（二）管理会计工具整合

理论界和实务界对管理会计工具的整合，并不是简单地将几种管理会计工具进行叠加或者共同使用，而是更注重融合。不同的管理会计工具各有专攻，如何在这些管理会计工具之间建立起有机的联系，并将其整合在同一个企业管理会计框架内，也是近年来管理会计研究中比较令人关注的问题。目前学者们所提出的管理会计工具整合有两种：一是将多种管理会计工具纳入同一个整合框架之中，强调各种管理会计工具之间不是相互独立的，而是存在着互补性；二是以一种管理会计工具为主、其他管理会计工具为辅进行配合的整合模式。

1. 将多种管理会计工具纳入同一整合框架

Ittner、Larcker 以"价值管理"为核心框架，整合了作业成本法、平衡计分卡和经济增加值，构建了一套以价值为基础、以战略为导向的新管理会计工具体系；王斌、高晨以管理会计功能框架为基础，梳理了四种主要管理会计工具的差异性与互补性，提出了平衡计分卡与战略决策行动化，作业基础管理与组织（或业务）流程设计，预算与资源配置及过程监控，平衡计分卡、EVA 指标与管理业绩评价的管理会计工具整合系统的组成内容；Knápková 等提出了以管理会计功能框架为基础并将 EVA、BSC 和标杆管理相结合的观点，验证了其在工业实践中的应用、管理者满意度和管理业绩评价三者的关系，为企业绩效的管理和评价提供了依据；傅元略从战略角度出发，提出了管理控制机制设计的新理念，将全面预算管理、平衡计分卡、经济增加值、作业成本法及作业基础管理融会贯通，构建了基于"战略目标—责任落实—过程控制—考核激励"的管理控制机制的创新模式。

2. 以一种管理会计工具为主、其他管理会计工具为辅的整合模式

Kaplan、Norton 提出以平衡计分卡为核心，将预算管理、作业管理以及股东价值指标等工具整

合到平衡计分卡的控制框架之中。高晨、汤谷良通过对三家大型企业管理会计工具应用进行调查，剖析了我国管理会计工具的应用是否需要整合以及如何整合的问题。Dwivedi、Chakraborty 将作业成本法（ABC）和平衡计分卡相结合，认为两种方法的结合会给不同的组织活动提供更准确、及时的经营和财务信息，从而提高战略和战术决策的有效性。

（三）多种管理会计工具应用情况调查

随着管理会计工具的不断发展和完善，基于权变理论，研究企业如何在不同环境下对管理会计工具进行选择，如何运用管理会计工具为企业创造价值等问题成为学者们关注的重点。学者们对多种管理会计工具进行了调查，调查的内容主要有：多种管理会计工具在企业层面的应用情况或使用领域；管理会计工具理论与实践的差距；多种管理会计工具的重要性排序；等等。

林文雄、吴安妮通过对我国 500 家企业的问卷调查，研究发现目前企业对管理会计的使用主要体现在成本会计、短期决策、资本预算、标准成本核算和管理控制五个领域。冯巧根对我国 200 家企业多种管理会计工具的使用情况进行了问卷调查，发现传统的管理会计工具使用率比较高，如标准成本法、责任会计、业务预算、存货支出预算、资本预算和绩效评价等，但新型管理会计工具却没有达到广泛应用的程度，如战略成本管理、作业成本法、经济增加值、生命周期成本法、目标成本法和质量成本法。Mclellan、Moustafa 针对六个海湾阿拉伯国家合作委员会（GCC）的认证管理会计师（CMA）及其所在公司的"高级管理团队"对 41 种管理会计工具的重要性的看法进行了调查。Chow 等采用问卷调查的方法对西方先进管理会计工具在我国企业的运用状况进行了调查，问卷中重点问及质量管理的内容，调查结果显示持续改进方法、质量成本报告制度和全面质量控制在我国企业中得到了一定程度的应用，但其深度与广度仍有待提高。沙秀娟等对战略成本管理、标准成本法、作业成本法、目标成本法、本量利分析、适时制、全生命周期成本法、价值链分析、预算管理、全面质量管理、平衡计分卡、经济增加值和标杆管理 13 种管理会计工具在价值链上的重要性进行了统计分析。

（四）管理会计工具研究现状评价与未来展望

自改革开放四十多年以来，理论界和实务界对管理会计的研究呈现出多元化的发展态势，但本书通过上述文献梳理和综述，发现针对管理会计工具的研究多集中于单一管理会计工具应用情况分析、管理会计工具的整合运用和多种管理会计应用情况调查，且以理论研究居多，对管理会计工具应用后的经济后果以及企业如何结合自身情况合理地选择和利用管理会计工具的规律性探索研究较少，具体研究述评和展望如下：

近些年管理会计工具的创新不足。自 21 世纪以来管理会计工具本身的创新不多，对管理会计工具的研究大多是基于企业特定需求"点"的某一项或某几项管理会计工具。如何根据我国企业实践的需要，探索某一类型企业应用管理会计工具的规律，并根据大数据样本的结果分析得出最有利于企业采用的管理会计工具？如何根据我国本土企业的需要，创新出具有中国特色的管理会计工具？对上述问题的探索和研究，将成为未来管理会计工具的研究方向之一。

对管理会计工具的应用研究范围较窄。目前理论界对管理会计工具的应用研究主要集中于对单一或几种管理会计工具的应用调查研究，且研究大多集中在企业"应该"采用什么样的管理会计工具或企业在采用上述工具时"应该"注意哪些问题。近几年鲜有文献能够提供管理会计工具在我国企业应用现状的经验证据，且管理会计工具的研究方向较为分散，研究脉络不够清晰，缺乏统一完整的研究架构。因此，有必要对如何根据我国本土企业实践的需要，系统地研究管理会计工具，有效地选择应用管理会计工具，以提升企业的价值创造能力进行深入研究。

现有管理会计工具整合框架涉及的工具有限。现有的关于管理会计工具整合的框架主要是围绕若干种管理会计工具展开，忽略了其他管理会计工具的作用，缺乏管理会计工具整合的系统性研究。同时，缺乏存在单一或整合管理会计工具后对企业影响的经济后果的实证检验研究。理论界不仅要关注企业是否"应该"采用管理会计工具的规范性问题，更重要的是还要提供更多的经验证据用来支持验证其理论。毫无疑问，是否能够提供足够的经验证据，对于以价值创造为基础的管理会计工具能否在实务界得到恰当的运用至关重要。

第二节　管理会计的基本理论

一、管理会计相关学科边界划分的理论

管理会计自产生之初就与财务管理、成本会计和财务会计有着千丝万缕的关系。其一，管理会计与财务管理、成本会计在内容上存在交叉，比如作业成本法同时出现在成本会计与管理会计教材中，并且战略管理会计的内容也慢慢被纳入管理会计体系。但是作业成本法、战略管理是否属于管理会计的内容值得商榷。其二，虽然在理论界管理会计与财务会计的边界划分已统一为内部会计和外部会计的区别，但在此基础上的具体差异仍值得探讨。因此划分管理会计与相关学科的边界是必要的，这是构建管理会计概念框架的基础。

（一）管理会计与财务会计划分的理论分析

关于管理会计与财务会计的关系，国内学术界存在三种观点。第一种观点认为，管理会计是在财务会计基础上的延伸和发展；第二种观点认为，管理会计与财务会计是相互独立并驾齐驱的，不存在依附和附属关系，两者共同构成现代意义会计的重要组成部分；第三种观点认为，财务会计与管理会计是源与流的关系，即管理会计是源，财务会计是流。

1.信息的连续性与非连续性

会计为企业经济管理服务，体现为信息收集、信息输入、信息输出和信息反馈的过程，是一个完整的信息系统，其最根本的立脚点在于信息的管理。在财务会计假设的四个假设中，持续经营假设是假定企业在可预见的未来不会面临清算等中断或者停止经营的情况，企业会无限期地经营下去；会计分期假设是人为地将企业的持续经营活动划分为连续相等的会计核算期间。持续经营假设与会计分期假设的关系在于后者是建立在前者基础之上的，因为只有预计未来企业持续经营，把经济活动的会计核算人为分开才具有合理性，否则会计分期没有意义。针对同一笔经济业务，由于跨越好几个会计期间而被反映在对应期间的财务报表中，造成信息不具有连续性。比如，一项在建工程项目建造时间可能跨季或者跨年，则有关这个项目从投入到建造再到完工的会计处理是分阶段反映在连续的中期报告或者年度报告中，这对外部财务报表使用者而言信息是不连续的，其只能依赖现存的中期或者年度报告，从中查找有关该工程项目的建造信息，而无法掌握项目进行的进度和最新情况。因为外部报表使用者可利用的信息仅有财务报表、审计报告以及企业披露的其他信息，这些信息是过去的历史的信息。

管理会计师由预算、分析、执行、监控以及评价构成的完整的信息流，是以项目为单位的连续的信息传递过程。以项目或者产品周期为一个报告期间，可以完整地展示项目或者产品自初始可行性分析、中期现金流量分析至后期项目收益评价的全过程，使得管理者能够及时跟踪项目或者产品

执行进程，全面把握信息。内部各层级的管理人员作为管理会计的服务对象，相比外部财务报告使用者，更能够掌握完整的连续的信息。可见，管理会计关注信息提供的及时性和获取的完整性，所以财务会计假设中的会计分期假设对管理会计并不适用，因为项目或者产品周期是其固有的特性，人为划分会计期间而忽视项目或者产品周期不便于管理人员的有效决策。

2.流程的可逆性与不可逆性

财务会计在企业会计准则的规范下，严格按照确认、计量、记录和报告的流程对业务活动进行账务处理。当发生一项经济业务并取得相应原始凭证时，财务会计工作人员首先需要进行初始确认，该经济业务是否属于本企业的核算范围；其次确认该业务涉及的会计要素，属于资产负债表中的动态要素，还是属于利润表中的静态要素；再用记账凭证记录和计量经济业务具体项目的性质和金额；最后以财务报告为载体，向外披露企业财务状况、经营成果和现金流量。这个流程是不可逆的，犹如从下往上的正金字塔（图2-1），只有经济业务发生，才有后续报表呈现，体现的是数据反映决策过程。

图2-1 财务会计不可逆流程

管理会计师适应管理需要发展而来，各层级管理者为全面详细地把握下属层级具体需要决策的项目，由下级单位层层汇报收集的信息，利用计算机系统软件做好数据分析和结果汇报，管理者择优决策。命令下发之后，基层单位照章执行，由上级单位或者专门组织对执行结果是否偏离预期以及多大程度上偏离预期效果做出评价。执行单位将根据评价结果做出相应调整。这个流程是可逆的，最终形成的管理会计报告，即信息输出，并非纯粹的分析报告，而是兼具总结与反馈标准的作用。决策点不是流程的终结，而是新流程的开始，是信息传递的聚集点（图2-2）。管理会计流程的可逆性体现数据支持决策，决策调整数据。

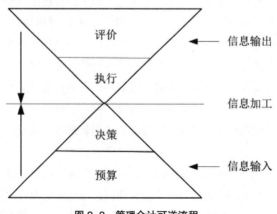

图2-2 管理会计可逆流程

　　财务会计流程的不可逆性和管理会计流程的可逆性，实际上是会计职能的体现。财务会计不可逆流程体现会计核算和监督职能，或者说会计的反映职能，是事后的反映过程；管理会计可逆流程体现会计的预测规划和控制评价职能，联系事前、事中和事后而构成循环的整体。

　　3.事实的客观性与人的主观能动性

　　财务会计在对企业的经济活动进行会计处理的时候必须严格按照《企业会计准则》的规定进行会计核算和报表披露。我国《企业会计准则》是规范性的文件，对企业财务会计行为起规范作用，并且相关的会计处理规定是强制性的，意味着企业必须严格执行准则规定，否则就可能承担财务会计责任。所以从这个意义上来讲，财务会计注重事实的客观性，企业自主决定的空间有限。虽然在某些情况下企业可以自主选择适用的会计政策或者会计方法，但是这种自主权是基于允许的会计原则、计量基础和会计处理方法之上的，这就体现了会计准则和会计制度作为行政法规的强制性。财务会计强调事实的客观性，不仅仅是执行会计制度以及会计准则的规范性要求，也是财务会计信息质量的要求。财务会计注重信息的真实可靠性，强调在相关性的基础上，为使财务会计信息对外部财务报表使用者决策有用而尽可能做到真实可靠。相关且可靠的信息反映的是经济活动的客观性，是确实存在的、相关的，不因从事活动的人员的意志而改变。

　　管理会计相比财务会计，更多地体现人的主观能动性。管理会计比较灵活，不存在相关的准则或者强制性的法律规定，注重人本因素。一方面，不同知识背景、人生阅历和个人偏好的个体对同一事实的解读存在偏差。在其向上传递的信息中不可避免地带有个人色彩，在对同一活动的认知宽度和认知深度上多多少少存在差异，甚至大相径庭。然而另一方面，如果在信息收集过程中，多领域地全面地采集数据资料以形成有依据、可量化的分析报告，并采用科学透明的决策方法，充分发挥人的主观能动性，那么管理会计的流程是可以实现高效化、精确化和收益化的。主观能动性体现了各层级管理者作为决策主体在管理会计活动中所起的关键作用。

（二）管理会计与财务管理划分的理论分析

　　国内关于两者的关系缺乏统一的认知。部分学者认为两者虽然属于不同学科领域，但是内容极大重复，体现在教学中就是不同高校关于财务管理和管理会计教材内容出现不同程度的重复，结构体系松散；部分学者则认为两者具有共同的本质，只是各有侧重。管理会计与财务管理最根本的区别在于理清"财务"与"会计"的关系，同时把握整体与局部的区别。

　　1."财务观"与"会计观"

　　尽管实务中财务与会计不分家，但是理论上财务管理属于财务范畴，管理会计属于会计范畴是毋庸置疑的。财务管理的重点在于资金运动，筹资、投资、运营和分配构成资金链条的关键节点。筹资解决的是如何用最低的资金成本有效筹集资金问题（寻找最低的加权平均资本成本 WACC）；投资解决的是如何高效使用现有资金问题（寻找最优的净现值 NPV）；运营解决的是流动资产、流动负债、长期资产、长期负债的配置问题（寻求合理的营运资本配置率）；分配解决的是在履行纳税义务的同时如何正确处理内部利润留存与股利分配的关系问题（灵活采用股利分配政策，在不损害企业持续发展后劲的同时，关注市场信号，兼顾股东的资本利得收益，毕竟部分股东认为双鸟在林，不如一鸟在手）。这些问题体现各种财务关系，其实质是契约代理问题，旨在处理所有者与经营者的契约关系，促使其目标趋于一致。是外部对内部的约束，即所有者为了防止经营者的背离，要求经营者有效配置和使用资金。相比之下管理会计的重点在于解决如何利用会计信息进行有效决策的问题。

从财务管理的目标来看，其目标经历从利润最大化目标，到股东价值或者公司价值最大化目标，再到利益相关者价值最大化目标的转变，这个过程最终体现的是经营者为所有者服务，通过处理内外各种财务关系，以实现为所有者增加财富的目标。而管理会计的目标是着眼于内部的，与利益相关者没有多大直接联系。管理会计以会计的工作方式，对经济业务活动进行确认、计量、记录，最终以会计语言的形式形成管理会计报告，以实现管理会计目标。因而"财务"与"会计"的具体差别即体现在财务会计和管理会计实现目标的这一不同方式上。

2."整体观"与"局部观"

财务管理与管理会计在整体与局部的关系上影响着管理会计要素的确认。对外投资、对外筹资以及缴纳企业所得税是单位以法人资格从事的业务活动。而管理会计因服务于内部管理，不具备法人资格，不能从事对外经济业务，这就是两者在整体与局部上的业务划分差异，故对管理会计要素确认的影响主要表现为企业所得税的缴纳和利息的支付。

首先，对外投资分为股权投资和非股权投资，在投资有效期内，按照协议约定定期收取投资收益或者获得项目现金流量，此收益和现金流量是税后的，与企业的利润总额无关，是由应纳税所得额决定的。

其次，按照优序融资理论，当企业存在融资需求时，会优先选择留存收益融资，再选择债务融资。

最后选择股权融资。当内源融资达不到需求时，企业更倾向于债务融资而不是股权融资，是因为债务融资存在利息支付，而利息具有节税效应。如果企业采取发行债券的方式融资，需要定期支付债券持有人票面利息；如果采取向银行借款的方式融资，也需要支付银行借款利息。利息是企业取得资金使用权需要付出的成本。而管理会计服务于内部单位，只能处理内部的业务，不具备对外投资、对外筹资的权利，因而不需要支付企业所得税和利息。基于这一讨论，不考虑企业所得税和利息支付，管理会计中的营业利润应当是息税前利润（EBIT），而不是净利润或者利润总额。

从管理会计学科发展趋势来看，战略管理会计、环境管理会计等成为国内外学者研究的热点，不断为管理会计注入新内容。战略管理的内容包括波特五力模型、国家钻石模型、SWOT分析以及价值链分析等等，其中价值链分析是学者研究的热点，因为价值链分析法是分析在价值增值链条上如何实现对企业各种有形、无形资源的合理配置，这与实现管理会计的目标不谋而合，自然深得战略管理会计研究者的喜爱。但是战略管理会计扩大了管理会计的研究范围，由企业内部逐渐扩展到外部，增强了外部性而削弱内部性。战略管理是站在企业整体的角度来研究企业未来发展战略的，而不是研究内部单位的发展方向。其体现的是"整体观"，应该属于财务管理的内容。同理，环境管理会计强调单位的社会责任，认为管理会计应该考虑环境因素的影响，注重社会效益、经济效益与生态效益的统一。这同样扩展了管理会计的研究范围，突破管理会计的内部性。

（三）管理会计与成本会计划分的理论分析

成本会计主要是研究成本核算，重点应用于核算制造业企业的产品成本。直接材料、直接人工和制造费用构成产品成本的重要组成部分，成本会计一般采用品种法、分批法和分步法等方法进行成本计算，主要是解决间接制造费用在不同产品间的分配问题。管理会计中也有成本，但两者在内容上应该是各有侧重的。管理会计侧重成本控制，管理会计中的成本是相关成本，站在各责任中心的角度是责任成本。同时成本控制也是实现管理会计目标的关键环节。

关于管理会计与成本会计的划分，李心合教授主张将成本会计并入管理会计中，因为其认为管理会计是在成本会计基础上引入预算控制、行为会计、责任会计与资本预算等内容发展演变而成的，成本会计构成管理会计组成部分。与之观点一致的是郭凤林，即认为成本会计是管理会计的一部分，是管理会计中侧重财务会计的部分。但后者还认为成本会计侧重成本计算，而管理会计则侧重成本控制与分析。

管理会计根据成本性态假设，将成本分为固定成本、变动成本和混合成本。基于这种划分，再结合本量利分析，计算边际贡献。这种划分的目的是把握成本随业务量变动的具体情况以控制成本，而不是单纯为了成本核算。比如某企业生产产品 A，单价为 2 元，每多生产一件 A 产品增加成本 1.2 元，假设不存在除车间照明用电之外的其他固定成本，车间生产容量为 4000 件，且每月消耗的照明用电支出为 1600 元。在车间的生产容量 4000 件以内，固定成本不会变化，当业务量超过 4000 件需要增开生产班次时，照明用电成本会发生变动。相比固定成本在相关范围内与业务量无关不同，变动成本则是与业务量呈正比例关系。这种情况下，管理会计关注在相关范围内，即业务量在 4000 件以内时，通过增加产品产量来降低单位固定成本。同时企业通过控制原材料和人工成本的投入等控制变动成本的波动。

二、管理会计概念框架的内涵分析

美国注册管理会计师协会将管理会计的定义为：管理会计就是一门服务于管理的会计，或是管理者使用的会计，为企业提供决策支持并以价值创造为目的的学科。我国高等院校传统教材对管理会计的概念描述不统一，但归纳起来可表述为：为了提高企业经营效率，从事会计业务活动人员采用专门化的理念和方法，利用财务会计所提供的数据及其他信息进行处理、分析和报告，使现代企业管理人员尤其是高层经营者，能够对日常发生的各种管理活动进行科学规划与精准控制，现代管理会计是现代会计的一个会计分支。

（一）管理会计的基本定义

所谓管理会计，就是创造组织价值的信息系统，其输出的信息提供给组织内部的管理者和员工。在我国组织是指企业和行政事业单位，在国外是指营利组织、非营利组织和政府机构。这种提法源于两方面：一是哈佛大学教授卡普兰与其他三位教授编写的教科书；二是厦门大学余绪缨教授发表的学术论文。

理解管理会计概念须把握两点：

一是企业价值有三种含义：股东价值、客户价值或利益相关者价值。价值就是需要，股东价值就是股东需要，用利润、经济增加值、投资报酬率等财务指标来表示，而其他如客户、员工、商业伙伴、社区等往往需要用非财务指标表示。但必须牢记：对企业来说，股东价值处于优先地位，是目标函数，客户及其他利益相关者的需要是股东价值的约束条件，也可用数学求解。

二是管理会计提供财务和非财务两种信息。管理会计信息包括财务与非财务两类，但两者不是相互孤立和排斥的，财务信息是因变量，非财务信息是自变量。因为提供财务信息，才被称为会计；但也因为提供非财务信息，很多学者迄今不承认其会计地位。这是莫大的误解！必须牢记：只有那些影响财务信息的非财务信息才是管理会计信息，并非"是个筐，什么都能往里装"。换言之，财务信息是被解释变量，非财务信息是解释变量，两者之间有函数关系，完全用数学表达，结合 IT 可智能化。由此引出一个重要结论，即财务会计反映企业价值创造的结果和分配状况，管理会计则反映企业价值创造的过程和动因。简言之，财务会计分配价值，管理会计创造价值。

（二）管理会计基本假设

国内最早提出管理会计假设理论的是李天民教授，他在 1994 年《对管理会计若干原则问题的探讨》一文中指出管理会计的假设分为会计主体假设、会计分期假设、持续经营假设、货币的时间价值假设、为不同的目的采用不同的成本假设以及效益最大化假设等六个方面。自此至 21 世纪初期，学术界关于管理会计假设的研究不断深入，基本都是以财务会计假设为蓝本，结合管理会计具体内容类比讨论管理会计假设，所以关于管理会计假设形成多种不同的看法。有的从单一结构的角度讨论，有的从复合层次结构的角度讨论，至今未形成统一认知。

1. 假设的内涵特性

在科学研究中，"假设"是需要研究结果证明的。比如数学证明方法中的反证法，先提出相反假设，再通过一系列的证明过程得出结论，当结论与已知条件矛盾时，则原假设成立。与之不同的是，通常意义上的"假设"是对事物研究范围的限定，也是事物实际应用的前提基础。管理会计假设，是根据管理会计客观发展趋势做出的一种主观判断，限定了管理会计实际应用的不确定因素，也构成管理会计理论基础的科学设想。管理会计引入了大量管理工具，数学模型的应用有很多限定性假设，如果假设不成立，则数学模型或者某一管理会计方法就无法使用，而忽略假设，又会导致决策错误。如果将管理会计假设分为基本假设和具体假设，则本书认为具体假设与管理会计工具方法的应用有关，不能抽象出管理会计理论的整体前提，基本假设才是构成管理会计概念框架的内容之一。

2. 基本假设的内容

财务会计与管理会计作为现代会计的重要分支，存在会计上的共性。因此，本文认为财务会计基本假设对管理会计基本假设是有参考价值的，但也需要结合管理会计的特性。下面本文分别从责任主体假设、持续经营假设、货币时间价值假设、成本性态假设和理性决策假设等方面做一一说明，并说明不包含会计分期假设和货币计量假设的理由。

（1）责任主体假设

会计主体是会计活动的空间范围，或者说会计服务的对象。有关会计主体，涉及另外两个相关概念，即"责任主体"和"报告主体"。本文认为站在财务会计的角度，"责任主体"与"报告主体"是相悖的两个概念。理由在于，"会计责任主体"存在于出错后的纠错机制中，或者说强调事后责任的承担主体，便于落实责任，是被动的追究；而"会计报告主体"则是站在报告人的角度，采取主动出击的方式，以达到报告目的，是主动的事前的行为主体。而站在管理会计的角度，"责任主体"与"报告主体"是同等的概念，因为管理会计责任中心既是责任主体，也是报告主体。

第一个讨论点："会计的责任主体"。财务会计责任主体需要承担会计责任和会计法律责任，这一点尤其重要。从审计的角度讲，财务会计责任是按照适用的财务报告编制基础编制的财务报表，能够公允反映企业财务状况、经营成果和现金流量，如果未实现公允反映就要承担相关法律责任。所以会计责任归根结底还是会计法律责任，这一责任来源于《会计法》以及我国财务会计准则体系的约束。通常来讲，管理会计的责任主体不需要承担管理会计法律责任，这是因为管理会计立法尚属空白，且企业发展千差万别，如果国家对管理会计立法干预企业内部发展，难免无法考虑周全，又限制企业发展空间。管理会计责任主体的责任是对内的责任，一般按照责任的不同划分不同的责任中心。比如，成本费用中心为成本费用率负责，投资中心为部门边际报酬率负责，而利润中心则为边际贡献负责。这里的责任是内部为实现管理会计目标制定的层层下达分解的小目标，是各责任中心要完成的某个指标或者某个比率，而未完成预期目标可能会影响责任人员的绩效薪酬或者奖金，一般并不会承担法律责任。

第二个讨论点："会计的报告主体"。财务会计主体不一定是法律主体，因为不具备法人资格的企业可编制特殊目的财务报表，只是不能作为通用财务报告的主体；而法律主体一定是会计主体，是因为任何独立法人都需要编制财务报告。这里不具备独立法人资格的企业（如分公司）是特殊目的财务报告的主体，实际上也就是报告主体。采用"会计报告主体"的概念，是基于会计报告的目标而言的，报告是会计最终的表现形式，是会计信息的载体，报告主体明确会计报表的编报范围，远比"会计主体"的提法要精准。比起财务会计报告，管理会计报告的形式多样，大到集团企业、总分公司以及母子公司，小到企业每个职能部门，都需要预算规划、决策控制和进行业绩评价，每一级管理者都需要管理会计信息。因此报告主体比会计主体更能体现管理会计的空间范围。管理会计师对内会计，是基于管理的会计，管理会计解决的是组织内部管理人员对管理会计信息的获取、分析和使用的问题。故不同部门或者层级机构的人员需要在自身职责范围内，为自己的业绩负责，都可编制内部报告向上级反映责任的履行情况。

因此，单位内部各责任中心构成管理会计责任主体或者报告主体。责任主体假设一方面界定了管理会计的空间范围，另一方面也强调了各责任中心承担责任的边界。相比而言，"工作主体假设"的提法并不适合，因为工作主体太细化，同一责任中心可能有多个工作主体，难以划分责任承担的边界。

（2）持续经营假设

与财务会计假设中概念相同，持续经营假设是指假设在可预见的未来，企业能够持续经营下去，不会面临破产清算或者停止经营的情况。持续经营假设是必要的，因为只有持续经营，才能保持管理会计活动前后连贯性和可预见性。反之，企业若无法持续经营，则预测性的信息就失去价值，决策也就没有了意义。

（3）货币时间价值假设

货币具有时间价值，是时间的推移带来货币的价值增值。管理会计区别于财务会计最重要的一点就是管理会计提供预测性的信息，管理层在进行决策时，往往根据预计现金流量来评价方案的优劣。换言之，只有假设货币具有时间价值，未来预计现金流入或者现金流出才能依据某一折现率折现为当前的价值，即现值，供选择的方案才有了比较的基础。

（4）成本性态假设

成本性态假设，是假定当业务量处于相关范围时，固定成本不受业务量影响；当业务量超出相关范围时，固定成本才会发生变化。而变动成本始终与业务量呈线性关系，半变动成本最终也是可以分解为固定成本与变动成本。成本控制与分析是管理会计的重要内容，而成本性态假设则是进行成本控制的必要前提。

（5）理性决策假设

管理会计注重人的因素，在利用会计信息进行预测与规划、决策与控制、业绩评价的过程中，假设管理者是理性人能够做出理性决策。因为管理者是决策主体，不可避免地受到管理者个人风险偏好的影响，可能针对同一方案，不同管理者有不同的选择；或者说，在相同信息条件下，有的管理者偏好风险，会选择高风险高收益的项目，而有的管理者厌恶风险，会选择比较稳健的项目。

因此，理性决策至少具备以下特征：

一是在相同条件下，不同管理者针对同一方案，得出相同或者类似的结论。即强调理性决策是针对具体的环境条件而言的，不因决策者的不同出现差异。

二是同一决策者在面对多种方案时能选出最优方案。"最优"是一个相对的概念，不是绝对的概念。

（三）管理会计研究对象

理论界对于会计对象的研究基本达成共识，即会计对象是资金运动。关于管理会计对象，自上世纪 80 年代以来，主要形成了以下观点：价值运动论、现金流量论、价值差量论、以财务会计为基础的资金总运动论、多元的直接和间接的资金运动论以及管理成本论等等，为管理会计理论发展开拓了思维。但是不应孤立看待管理会计对象，应结合管理会计主体以及管理会计本质进行研究，故管理会计对象可表述为内部单位的资源配置过程。

1.管理会计对象与主体的关系

管理会计主体是管理会计应用的空间范围，而管理会计对象是管理会计研究的具体内容。管理会计理论中是根据实际管理会计研究内容而提炼出管理会计主体，还是由于管理会计主体先界定管理会计应用的空间范围才有了具体内容的研究。这就好比在争论是先有鸡还是先有蛋。其实，任何一门学科的发展都是建立在实践基础上的，没有实践就无法上升为理论。管理会计自产生之初就是为内部经营管理服务的，成本分析活动、预测与决策活动、规划与控制活动和业绩评价活动均体现了服务的具体内容，管理会计对象就是对这一活动的高度概括，其是基于内部单位这一空间范围而言的，即管理会计主体就是管理会计对象的空间范围。

2.管理会计对象与本质的关系

管理会计本质是管理控制系统，也是决策支持的子系统。内部责任单位通过事前预测、事中控制和事后评价对短期生产经营活动、投资活动等进行管理控制，实现企业资源在数量、金额、方向和时间上的合理配置，这个过程就是管理控制的实现程序。从管理会计工作流程来看，管理会计依靠成本中心提供的成本信息，以及其他需求信息制定全面预算，再将预算指标分配到各责任中心，由各责任中心依照计划从事活动，最终根据标准成本制度分析成本差异，考核评价部门业绩，重点就是解决资源在内部单位的合理调配问题。资源，是企业所拥有或控制的有效因素的总和，企业不仅有能用货币直接计量的财务资源，也有不能用货币自接计量的非财务资源，比如人力资源、市场成熟度、客户满意度、企业文化以及组织经验等。货币是资本的具体表现形式，而资本只是企业资源的一部分，可以说资源囊括了企业内部经济活动的所有因素。

将管理会计对象表述为内部单位的资源配置过程与会计对象是资金运动并不矛盾，只是侧重点不同。因为管理会计对象不但有资金运动，还包括与计划、决策、控制和考核相关的非资金运动。而不论是资金运动还是非资金运动都是企业资源的配置过程。

（四）管理会计要素

会计要素是对会计对象所做的基本分类，是会计核算对象的具体化，是用于反映会计主体财务状况和经营成果的基本单位。

我国财务会计从财务报表体系出发，倒推出财务会计要素。资产、负债和所有者权益等静态要素构成资产负债表的列报单位；收入、费用和利润等动态要素构成利润表的列报单位。关于管理会计要素的讨论，部分学者认为管理会计基本要素是收入、成本、损益和现金流量，而有的学者则认为这四个要素中损益要素应该表述为利润。自《基本指引》发布以来，学者围绕管理会计要素展开了激烈讨论。比如彭宏超、佟成生等均认为《基本指引》中的应用环境、管理会计工具方法、管理会计活动和管理会计信息报告构成管理会计四大应用要素。本书认为探讨管理会计要素的内容，应该明确管理会计要素与管理要素的区别。一方面，计划、组织、领导和控制是管理的四大要素，强调了管理的职能作用。同理，管理的职能作用反映在管理会计的活动过程中就是规划、决策、控制和业绩评价。换言之，这四个关键环节是管理的要素，而不是管理会计的基本要素。另一方面《基本指引》指出管理会计应用的四大要素，是与管理会计实际应用相关，倾向于管理的角度。故管理会计要素应该是在会计要素的基础上，从管理会计报告提供信息的层面出发，考虑管理会计提供信息的类别来最终确定。

管理会计要素反映管理会计的研究范围，即将管理会计研究对象以会计术语的形式呈现出来。换言之，就是明确划分管理会计报告所提供的管理会计信息的类别是与收入相关的信息，还是与成本相关的信息，或者两者兼而有之。因此，可按照管理会计报告提供的信息类别，确定管理会计要素为相关收入、相关成本和息税前利润。

合理性在于：

第一，相关性是管理会计信息的首要质量特征，也是管理会计方法的基本逻辑。只有相关收入、相关成本才能合理计算某方案的净损益，因为不相关成本，比如沉没成本，与采用某方案并没有直接关系。相关成本与相关收入是对称的概念，好比财务会计利润表中的营业收入与营业成本相互配比。这里需要注意"责任成本"的概念，"责任成本"侧重成本承担的主体及各责任中心，强调"责任"，责任对应权利。而"相关成本"侧重与决策项目相关的总成本，强调"相关"，相关对应无关。故"相关成本"与"责任成本"是不同的两个概念。

第二，利润（损益）等于收入扣除成本，管理会计中企业经营成果的利润应该是息税前利润（EBIT），而非净利润或者利润总额。由于所得税和利息是企业整体对外经济活动的现金流出，与内部单位无关，息税前利润正好剔除了所得税和利息的影响。

第三，现金流量不论是股权现金流量还是债权现金流量，其最终的表现形式都是成本、收入或者损益，故本文不将现金流量作为管理会计要素之一。

（五）管理会计信息质量特征

信息质量特征是对报告中所提供的会计信息质量的基本要求。学术界关于管理会计信息质量特征的研究少之又少，散见于部分管理会计学教材以及以"管理会计"为主题的部分文献中。比如，部分学者在分析外部环境、市场定位、组织形态、价值驱动因素、组织能力以及组织文化等权变因素的影响下，提出管理会计信息除了具备"相关性"的特性之外，还应具备通用性、客观性和透明性，以适应组织环境和管理革变。而有的学者则是从管理会计信息主要质量特征和次要质量特征两个层面来分析，认为管理会计信息主要质量特征是相关性，而次要质量特征还包括可理解性、可比性、及时性与真实可靠性等。然而比较系统地研究这一问题的是，杨世忠教授以连载的方式在管理会计逻辑中探讨管理会计信息质量特征，对管理会计相关性、可比性与对称性进行分析。

管理会计是内部会计，管理会计报告的报送对象是内部管理者，故而管理会计信息不要求外部可比，管理会计的可比性体现在内部可比。譬如，不同产品的边际贡献计算方式要一致；同一工程项目的不同年度产生的现金流量计算过程要一致等等。"实质重于形式、谨慎性和重要性"与报表列报有关，管理会计报告并不要求。但是管理会计注重信息"时效性"，与"及时性"还是存在区别。"及时性"内涵在于及时反映历史信息，是对时间的要求。而"时效性"内涵在于反映信息的时间点，是历史的、现在的还是未来的，是对时间点的要求。当然管理会计不是对所有相关的时效性强的信息进行分析运用和评价，对没有任何价值的信息进行研究是徒劳的。管理会计应用性强，管理会计工具涉及很多复杂的数学公式或者模型，如何直观地向管理者传达重要信息，便于管理者理解就显得尤其重要。另外，对于决策过程来讲，用于决策的信息应能够得到验证。故本文认为，管理会计信息需要符合以下质量特征，即相关性、可比性、时效性、价值性、可理解性、可验证性和可靠性。

（六）管理会计计量属性

计量属性反映的是会计要素金额的确定基础。关于会计计量属性研究的现有文献中，大多学者都是围绕财务会计计量属性而开展，讨论在实际应用中对计量属性的选择，或者讨论历史成本、重置成本、现值、公允价值和可变现净值等计量属性与会计目标、会计信息质量特征之间的关系。部分学者也在税务会计与财务会计的差异分析中，提炼出税务会计计量属性。但对管理会计计量属性则很少有文献提及，而它又是企业确认管理会计要素金额不可忽略的因素。

1.管理会计计量属性的应用前提

因为管理会计提供的会计信息并非全部都是财务信息，而只有财务信息才会确认金额，非财务信息不需要确定金额。故管理会计的计量属性是针对相关财务信息而言的。非财务信息的确认与否是由管理会计信息质量特征决定的。换句话说，管理会计信息质量特征决定了管理会计信息的提供，同时财务信息又需要计量属性来确定金额（图2-3）。

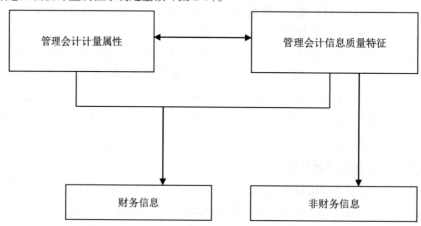

图2-3　管理会计计量属性的应用

附注1：该图直观描述了管理会计计量属性的应用前提，为了图中元素间关系的完整性，标出管理会计计量属性与管理会计信息质量特征之间的关系。

2.管理会计计量属性的选择

基于对管理会计经营决策过程的认识和理解，可以认为管理会计计量属性是灵活多样的，不似财务会计可以历史成本、重置成本、可变现净值、现值和公允价值来统一规定资产、负债、所有者权益、收入以及费用的金额确定基础，不同的决策类型会涉及不同的计量属性。比如生产经营决策中有历史成本、变动成本以及固定成本等；短期投资决策中有现值、机会成本以及可变现净值等；部门业绩评价中有责任成本、内部转移价格以及可控成本等等。其中，本书认为管理会计最基础的计量属性是现值。现值是在考虑货币具有时间价值的假设下，对未来现金流量以恰当折现率进行折现后的价值。管理会计区别于财务会计的一点就在于提供预测性的信息。只有根据预计未来现金流量进行折现，决策项目方案才有选择的基础，因为不同时点的货币价值不同。

在现值计量下，相关收入应按照未来预计现金流入折现后的金额计量；相关成本则按照未来预计现金流出折现后的金额计量；息税前利润按照相关收入与相关成本折现后的金额之差，或者未来净现金流量折现后的金额计量。

3.管理会计计量属性与信息质量特征的关系

由于现值基于货币时间价值，决策的相关性强；而未来有很多偶然因素可能无法预料，预计未来现金流量具有不确定性，并且折现率也不容易确定，决策的可靠性差。即便如此，现值仍然是管理会计的主要计量属性，因为管理会计信息质量特征强调相关性而不是可靠性。无法在现有情况中提供绝对可靠的信息，那么相对可靠的会计信息是当前的必然选择。

三、管理会计的特点

（一）整体性

现代企业管理系统可以根据企业的业态状况不同分解成不同的子系统，而子系统相对于企业的总体经营目标具有一致性，这就要求应在管理会计应用中，把现代企业管理系统作为一个整体分析。树立系统和整体观念，将使管理会计在企业内部的协调运作中的功能增强，使企业各职能组织和生产部门更加具有目标的统一性，从而降低企业内部交易成本。

为此，管理会计的控制应建立在成果导向下，在对经营成果分析的基础上，对生产经营过程应实行精准控制。

（二）可持续发展性

新经济时代，智慧智能工具和方法得到广泛应用，面对我国"工业2025"，我国制造业的生产方式、工具和流程要发生质的变化，越来越多的智慧智能手段将替代人工。就财务管理而言，传统的核算理念将逐渐淡化，财务管理在企业经营决策的作用日益增强，智能化工具和手段在财务活动中也将得到广泛应用。为此，企业决策者应树立可持续发展的理念，认真领会并把握现代管理会计未来可能发展的趋势。因此，现代管理会计应具有可持续发展性，现代管理会计应和现代企业的长期经营活动同向并行，切实使管理会计在现代企业长远决策中发挥不可替代的支撑作用。

目前我国经济已经进入了全面的"转方式、调结构"的转型时期。中国财会专业人士也要与时俱进，不再将自己限制在会计、审计和数据收集这些传统角色里，要摆正位置掺入企业管理，丰富管理会计的内容，成为企业的战略合作伙伴，为自己和企业带来价值。这样企业就有可能持续发展成为全球企业，然后开展国际贸易，吸引投资，雇佣更多的员工，并以可持续的方式实现增长。应该说的是管理会计的职能是从财务会计单纯的核算扩展到解析过去、控制现在、筹划未来有机地结合起来。

1.解析企业过去（资料）的运营服务

管理会计解析过去主要是对财务会计所提供的资料做进一步的加工、改制和延伸，使之更好地关注管理会计行业发展，分析预测管理会计行业发展趋势。

2.控制企业现在的经济指标

管理会计在企业成本、决策控制等方面的作用是通过一系列的指标体系，及时修正在执行过程中出现的偏差，使企业的经济活动严格按照决策预定的轨道卓有成效地进行，为企业管理层及时、准确地提供新时期信贷、供应链合作伙伴和其他利益的丰富信息，以此来实现企业的可持续发展。

3.筹划企业未来的经济指标

预测与决策是管理会计筹划未来的主要形式，是充分利用所掌握的企业丰富资料，严密地进行定量和定性分析分析，帮助管理部门客观地掌握情况，从而提高预测与决策的科学性。现代管理会计解析过去、控制现在、筹划未来这三方面的职能紧密结合在一起综合地发挥作用，形成一种企业的综合性职能。

总之，新时期的管理会计虽然经历了重要的发展历程，历经了市场经济的洗礼，发展的过程不是很平坦，但我们抱有乐观的心态，相信在不久的将来，在财政部《关于全面推进管理会计体系建设的指导意见》精神的指引下，管理会计体系会逐渐像财务会计体系一样，真正能够发挥财务会计所不能的前瞻性，为企业提供决策有用的信息，真正服务于企业的良好运作。

（三）市场导向性

在"工业2025"时代，产品的智能化、智慧化的要求越来越高，尤其在数据和大数据得到广泛应用的情况下，现代管理会计不应只注重企业内部管理，更应注重通过对生产经营过程的精准控制，充分利用信息工具和财务数据，建立大数据应用平台，通过大数据的清洗和整理及分析，准确把握市场环境的变化和需求，可以做出这样的判断，未来的新时期和新时代信息是基础，而数据是生产力，只有以充分、大量和详实的数据才能描述市场、掌握未来，才能牢牢把握主动权。

1.对企业管理导向的认识

（1）何谓管理导向

"导向"一词，从字面上分析，"导"有引导、领导的意思；"向"则是事物的方向。归纳之，"导向"就是引导、领导某事物按预定目标、方向发展。作为一个名词来理解，企业管理导向就是用来设定企业管理目标、引导企业朝着这一目标前进的某一事物。导向具有终极的属性，它所设立、引导的目标是企业发展的终极目标；导向也具有整体性、根本性的属性，是对事物发展从总体上、宏观上进行的谋划，处于统筹事物发展的各个阶段、各种方式的中心环节。

（2）管理导向就是管理观念的认识

企业管理观念是企业经营管理宗旨及经营管理过程中各种基本观点、态度和信念。管理观念之所以是企业管理的导向，是因为管理观念具有这几个特征：

全局性和根本性，即管理观念从方向上综合统管企业的各项经营管理活动。

预期性和指导性，即管理观念是一种自觉的主观意识，能够指导未来的企业管理实践。

长期性，即管理观念所涉及的问题对企业未来的发展有总体上的引导作用。

管理观念贯穿企业经营管理行动的全过程，涉及经营管理内容各个方面，是企业及其全体员工行为的基本价值准则和精神支柱，也是整个企业管理活动的指导思想。因此企业管理观念也就是企业管理的导向。

管理学界的认识从侧面佐证了这一点。80年代初期，美国管理学家托马斯·丁·彼德斯和罗伯特·H.沃特曼提出了管理模式的"7-S结构图"。这个模式观得到世界各国管理学家的高度认可。

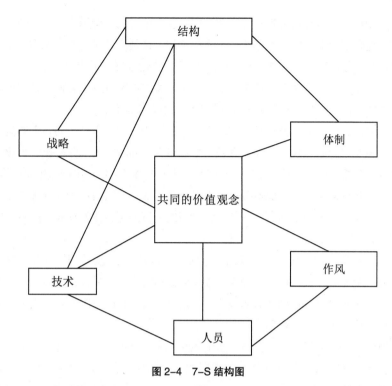

图中，战略、结构是管理的硬件，其余的是软件。而形成共同的价值观则是企业管理的核心。我们认为，共同的价值观和管理观念是同一概念在内涵上的两种不同表述方式。"共同的价值观"提法侧重于从企业文化的角度来说明支配企业发展根本性、整体性的问题；而"管理观念"提法侧重于剖析贯穿管理过程、支配管理行为的内在意识和思维导向。因此，也可以说，居于企业管理模式轴心的就是管理观念。

2.市场导向在现代企业财务管理创新中的实践体现

企业成本全过程管理的开展能够起到控制成本的作用，实现企业的效益发展目标，为企业的经营提供全面的保障，发挥了重要的作用。

（1）企业成本全过程管理内容

事前控制。企业在生产产品前应将材料采购成本预算做好，对材料的数量、价格进行全面的预算，可避免材料浪费等问题的产生。在采购中，要想保证最终的效率，需要对零星物资之外的物资进行集中采购，可节省大量的时间，还应对采购人员进行合理安排。针对技术性比较强的采购活动，应在进行前由专家进行论证，实施集体审批，保证材料采购的合理性，使材料采购成本管理的效果加强，为成本全过程管理建立良好的基础。

事中控制。进行产品生产的时候，应对生产成本费用进行管理，对材料成本、工资费用、管理费用等方面开展管理。在材料成本管理中，由于这部分成本占据了总成本的较大比例，制造企业在材料成本上投入较多，能够达到 60% 以上，需要加强对这部分成本的控制，可通过对采购、库存以及生产等环节的管理来实现成本控制。在工资费用管理中，可通过控制效益及工资的同步增长来降低产品的工资比重，使产品成本得到控制。而工资成本的控制需要通过提升劳动生产率的方式来实现，能够达到更好的效果。在制造费用管理中，这部分开支项目包括了较多的内容，比如设备维修费、折旧费以及人员工资等。在部分企业中制造费用对成本带来的影响比较小，然而当缺少对这部分成本管理的重视的时候，会造成浪费的问题，因此应重视对制造费用成本的管理。在管理费用成本控制中，其中包含了企业组织及管理生产发生的费用，这是产品成本控制中的重要内容，管理费用的控制应集中在业务招待及差旅费用上，使管理费用能够得到有效的管理。

事后控制。在企业成本全过程管理中，事前控制、事中控制以及事后控制是基础内容，在事后控制中包含了成本分析、考核，成本的分析中包括了以下几个流程：

第一是明确目的，借助成本分析来达到降低成本的作用，使成本控制的要点明确，并且给管理者提供相应的决策参考信息，包括产品选择及价格制定等。同时，成本分析能够为业绩的评价提供相应的依据，借助业绩评价来了解企业的经营情况，其中包括了销售费用预算达成率等。

第二是明确分析的对象，通常成本分析的对象有员工成本、材料成本、管理费用等，在分析中需要把握好重点分析及全面分析的原则。结合实际情况进行分析，在处理业务的时候应对成本建议进行重点分析，分析的对象不应过多。

第三是数据收集及整理，通过对数据的规范收集，能够为管理决策提供更加详细的参考内容，应保证数据收集的完整性、及时性、准确性。收集数据的时候，如果存在疏漏，会使成本核算的结果受到影响；当成本数据没有得到及时的收集，会使决策的进行受到阻碍；当成本核算的数据不准确的时候，所得的结果缺少可参考性。

第四是合理选择分析方法，为了保证分析的效果，应选择简单、实用性强的方法，企业不应对分析方法进行照搬，而是结合自身的实际情况来选择，同时应加强对方法的创新，使企业成本全过程管理能够发挥出有效的作用。

第五是得出结论，通过成本分析可获得相应的结果，应对其进行汇总，保证分析结果的客观性，不应带有主观因素。

最后，需要对成本分析进行改善，结合其中的不足开展分析，采取有效的措施改进工作，使成本分析发挥出更好的作用。另外，在成本考核中应包括以下内容，第一是评价企业生产成本计划的进行情况；第二是评价财经纪律以及制度实施的情况；第三是激励员工的积极性，使成本管理的开展更加顺利。

（2）管理会计指导企业成本全过程管理的应用

作业成本法的应用。在技术的快速发展下，大部分国家将创新技术应用到了企业的经营及管理之中，这使产品组织结构发生了变化，也使直接人工成本及直接材料成本的比重降低，提高了制造的费用。这种情况对企业的发展产生了影响，应采取有效的方式来降低制造费用。在传统成本计算中，产品成本计算的中心为产品，但是在新的时代背景下，这种方式应得到改善，通过对成本计算方法的创新，使企业的管理能够获得更加全面的参考依据，为决策的进行带来帮助。企业可采用管理会计中的作业成本法，使企业成本全过程管理顺利开展。作业成本法是一种相比传统核算方法更加精确的方法，受到了多个国家的重视。这种方法的核心是作业，通过对消耗的资源的所有作业进行计量，保证资源消耗成本能够准确地计入到其中，对成本动因进行合理的选择，使发生的作业成本分摊到成本计算对象中。使用该方式可改善传统方式的缺陷。使用作业成本法进行成本管理的时候，需要根据以下要求开展工作，使其发挥出有效的作用。

首先，需要对不增值或者没有必要的作业进行识别，一般作业中包括了必要作业及不必要作业，划分两种作业的方式是其对企业及客户的必要性。当对企业及客户来说必要的时候，可看作必要作业反之则是不必要作业。通常企业的必要作业是可增值的作业，比如存货整理、分类、维护等作业都属于不必要的作业，应对这些环节的成本加强控制，可减少成本的浪费。

其次，应明确重点增值作业，在生产中涉及了较多的作业，在管理会计中应对作业进行全面的分析，将重点增值作业明确，纳入到成本管理之中，使这部分作业成本得到控制。

第三，需要与先进作业进行比较，产品的价值与作业之间存在着密切的联系，虽然作业的增加会使价值提升，但是不能表明作业是具有较高效率的，需要将其与其他作业进行对比，将其完善，可改善作业的效果，使其发挥出更好作用。

第四，应分析作业之间存在的关系，各作业的关系是通过企业组织的作业链来实现的，作业链的建立要求各环节作业之间能够存在联系，同时保证作业的效率，这样才能使成本管理的进行更加顺利。

表 2-1　产品成本表（单位：美元）

项目	电子配件 a	塑料壳 b	a+b
直接材料	4400000	500000	4900000
直接人工	400000	300000	700000
变动制造费用	100000	200000	300000
其他变动成本	100000	/	100000
销售佣金	100000000	/	100000

目标成本法的应用。目标成本法是制定新品目标成本，借助一定的方式来改进产品，对工序进行合理设计，使新品成本能够小于目标成本。在该方式应用中，涉及了营销、开发、采购以及财务会计等部分，应根据相应的要求落实各环节的工作。在目标成本法实施中，包括了以下几个步骤：

第一是确定市场的价格；第二是明确期望利润；第三是在市场价格中将期望利润剔除之后得到的目标成本；第四是通过对价值工程的鉴别来降低产品的成本；第五是使用经营控制及成本控制来降低成本。根据目标成本法的开展步骤进行成本管理，能够使其发挥出有效的作用。

（四）业财融合性

在新时期、新时代，业财融合是财务会计必须注重的企业经营与管理的现状和发展趋势，因此，管理会计作为最能体现企业财融合的方法，已经使管理与会计的边界变得更加模糊，并融为一体。在业财融合模式下，管理中处处有会计，有财务数据，有财务活动；而会计则浸入在每一个管理过程和管理环节中，这是现代管理会计与传统管理会计的重要特征。财政部发布的《指导意见》对加大管理会计的推广应用提出了具体要求，设计了"4 + 1"管理会计体系，在《基本指引》和《应用指引》中，现代管理会计是在传统会计和传统企业管理转型与提升过程中产生的，也是我国会计与世界接轨的重要方面，大力培育和发展现代管理会计，尽快形成具有中国特色的现代管理会计体系，并在理论上加以不断完善，并使之科学化和系统化是当今现代会计体系建设的重要方面。

1. 业财融合定义

业财融合这一理念最早是由欧美国家提出，刚提出就备受企业管理人员与研究人员的关注，并开始大范围地响应运用到现实工作中。其最简单的定义即为业务和财务通过信息化建设有机融合。企业在有限的资源内，财务人员不止步于事后核算，而是对掌握的所有信息加工传递，服务于其他部门，实现自我价值和企业价值的提升，业务人员亦如此。不难看出业财融合这个词在字面含义，多数人看到时会将它与正常公司的内部分工制度所联系起来，会觉得这是一种与传统理念相悖的观点，企业成立之初设立各个部门分工明确，各司其职，岗位与岗位间的融合或许一开始并不能理解，但这体现了如今经济大环境下企业内部管理转型的趋势，业务和财务互相联系，不仅是把外界所获得的信息能互通有无，更是将内部部门间的沟通与了解紧密联系起来，对工作内容按部门需求调整，财务部门需对业务部门提供的信息加以分析嵌合入财务报表等的使用中去，业务部门也可以根据财务部门列出的预算提醒等层面做出适当改变，相互协作更好地完成制定目标。

从上述对业财融合的解释中即体现了信息传递的过程，这是一个企业定会实行且必不可少的过程，业务部门所获取的信息有时不一定通过该部门就能及时了解、掌握重点，需由财务部门拆解制成数据表格才能体现出直观性，继而准确判断，财务人员要认可自己的能力价值，不可固步自封只着眼于自己既定的工作内容，或是只使用陈旧的财务工具而不继续学习，作为一个财务人员要优先与其他部门沟通，发挥自身特长，无须等到年底出具报告再行动，需适时推进与业务人员交流及时改进，创造企业价值。业财融合的重点一个是"业"一个是"财"，还有一点就是信息化。所谓业财融合并非业务与财务完全的紧密嵌合，而是让双方相互勾稽，可以及时掌握到各部门与自己能利用到的信息，业务部门或许对财务上的数据并不敏感，需要通过财务人员为其提纯划重点，同样的业务人员的专业术语部分财务人员也不太理解，这就要求业务部门对财务人员解释说明，部门间的沟通固然是重要的，但大量信息的获取也会造成一些不必要的麻烦，因此企业信息化和数据化的优越性显而易见。总有人会对比业务与财务人员，到底孰轻孰重，但其实两者皆是核心人员。若是有效的业财融合，不仅是业务或财务的部门流程变得不同，整个企业的流程也会有一定改善。

企业运用业财融合益处多多，不仅是传统分工缺陷需要该理论，也反映了现代价值链管理对职业的新需求。从管理机制到成本管理到全方位预算到投资管理到人员沟通等等都是业财融合所要经历的过程，涵盖方方面面，带来了各项活动的分析，优化信息滞后、分析片面的缺点，从大局掌控，使运作流畅，这是每一个企业员工所希望的，将扁平化的工作模式和组织结构进行拉伸，打通财务向业务前端的延伸，也破除业务向财务后端数据不解的壁垒。

2.业财融合下的管理会计特征

在企业的日常运作下，业财融合是将财务管理进一步与企业的业务运营相互融合的管理方法，在面对企业日常的目标制定和战略决策下提供更优的解决方案，支撑着企业的运作大纲，实现业务与财务的协同效应，更进一步创造企业自身价值。现代的财务管理可分为六部分，预算、资金、资产、核算、资本运营、风险管理。如图，按其体系类似于一个金字塔，可分为四大构成，目标、内容、框架与保障。

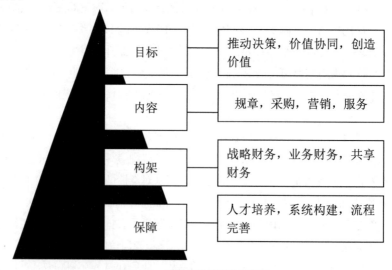

图2-5　现代财务管理体系框架

　　推动决策、价值协同和创造价值是最后目标，在日常工作中，业务部与财务部关注的重点不同，一个是销量业绩，一个是经营状况，两者都缺失了对企业价值创造的关注，业财融合是让各部门统一目标，发挥岗位价值并为企业创造价值。内容层是财务管理的核心，以全局观念带入管理理念，对企业的规章制度、采购流程、产品管理、营销战略、客户服务等切入研究。战略确定企业发展的方向，同时制定战略也需要足够的财务信息支持进行预算决策，采购作为前端环节，采购部门与财务部门的配合能更好地降低成本，产品的管理也应考虑损益和需求，营销方面销售部门与财务部要相互配合调查市场，服务关注顾客满意度做到可持续发展。构架层细化了战略、业务、共享财务，战略财务下包含预算管理体系建设、税务筹划风险控制体系、专业化资本运作等，业务财务包含预算编制、风险管理、绩效管理等，共享财务包含财务报表出具、纳税申报、外审对接等。最后是位于一个三角形底部的保障，是业财融合的基础，最主要的便是人才的培养，业财一体化的信息系统也不可或缺，其次是规范化的财务流程与管理制度体系。目标、内容、框架、保障四层内容相辅相成，互相影响业财融合下管理会计运用的开展。

第三章 企业进行管理会计的办法

第一节 价值链的成本管理

一、价值链成本管理概述

（一）什么是价值链及价值链成本管理

价值链理论最初是由美国哈佛商学院名誉教授迈克尔·波特于1985年在他的著作《竞争优势》中首次提出的。该理论的提出与研究主要是为了帮助公司从市场竞争过程中获得更多的优势来源。迈克尔·波特教授明确地指出，每一家企业都非常有可能被分解成一种包含产品设计、产品开发、产品研究与销售、产品交付以及对整个企业经营活动过程中起到辅助作用的各种不同价值活动。这些活动虽不相同，但相互作用和相互关联，整个构成了企业创造价值的动态过程，这就是所谓的企业价值链。

而价值链成本管理是在价值链理论、作业成本管理等理论基础上建立起来的新的成本管理体系。它是以价值链分析和成本动因分析为手段，全面收集、分析和利用价值链上各环节的成本信息，通过推行和实施全价值链成本管理工具和方法，优化企业价值链，降低企业价值链上各环节成本，实现总成本最优，提升企业长期的竞争优势。

通过价值链分析，首先要确定影响每个价值活动的成本动因。成本动因大致可以细分为两大类，一种是结构性成本动因，结构性成本动因通常包括规模、经验、技术、多样性等从更高层面去影响公司主要成本的驱动因素，公司应有效地管理此类成本；二是执行性成本动因，它主要是与企业执行作业流程密切相关的成本驱动因素，例如：全体员工的企业责任心、全方位产品质量体系管理、产品开发技术和管理人才培养、工厂内部规划管理布局是否效率、产品设计解决方案是否合理。通过对企业执行性成本动因进行分析，优化结构性成本动因和执行性成本动因之间的成本组合，这样才能够真正使得企业价值链的成本尽可能的深度优化，降低企业价值链的总成本。

（二）价值链的主要构成

总体而言，企业价值链主要包括内部价值链、纵向价值链、横向价值链。其主要涉及的内容如下：

1.内部价值链

企业内部的产品研究与开发、设计、采购、生产制造、营销、配送和售后服务构成了企业内部的价值链。识别企业内部价值链的主要内容是划分企业的主要价值活动。构成企业内部价值链的价值作业可分为主要作业和辅助作业两类，内务后勤、制造、物流、市场营销和售后服务这几类一般归属于主要作业；采购管理、技术开发、人力资源管理和基础管理等一般归属于辅助作业。

2. 纵向价值链

纵向价值链反映了企业与供应商、销售商、消费者之间的相互依存关系，对纵向价值链成本进行分析，为企业增强其综合竞争优势提供了机会。企业通过分析纵向价值链上的产品或服务特点及其与本企业价值链的关系，往往可以找到影响自身成本的主要因素，以达到与上下游共同降低成本、提高这些价值相关企业的整体成本竞争优势。

3. 横向价值链

决定企业竞争战略的另一个核心问题是企业在其产业中的相对地位。企业的地位决定了其盈利能力的高低。从更广阔的视野进行横向价值链分析，延伸到产业结构的分析，这对企业选择市场入口及占有哪些细分市场，指导企业在现有市场中合理选择并购、外包、整合策略有着重要的意义，使企业能合理界定自身在产业价值链中的位置及范围。

识别竞争对手的价值链及其成本构成是对竞争对手价值链进行分析的关键，但也是最为困难的环节。没有对竞争对手成本构成的清晰了解，就无法评估竞争对手价值链的合理性和科学性，也无法对竞争对手的成本优势和劣势进行准确的定位。但是，在实践中，由于成本信息是企业的商业秘密，要想直接获取竞争对手的成本信息往往极其困难。所以，企业可以利用一些间接渠道来对竞争对手的成本信息进行收集和分析。因为经销商、供应商、第三方咨询公司一般都会参与多品牌合作，所以通过与他们之间的交流，来对竞争对手某些价值活动成本进行估测；还可以通过确定竞争对手价值活动的成本驱动因素，运用成本行为的知识来估测竞争对手成本的差异；再有就是通过估测竞争对手的成本规模曲线，利用市场份额的差异估测出企业劣势的程度；企业还可以通过分析多个竞争对手的成本信息，进而提高竞争对手成本估算的精度，因为一个竞争对手披露出来的信息可以用来和其他竞争者所透露的信息相互验证，并用来检验某项特定价值活动的规模曲线或其他成本模式的一致性。

（三）价值链成本管理的内涵

通常意义上说，价值链的成本管理主要具有四层意义：

一是企业的成本管理需要与企业战略相结合，站在竞争战略的高度来进行成本规划，寻找影响企业价值的主要成本影响因素，并根据成本动因进行分析、管理和控制。

二是价值链由一个企业各自为了创造价值的不同产品和其业务流程所共同组成，每项企业具有价值的产品和其他活动都意味着能够给整个企业自身带来有形或无形的价值，这些产品和其他具有价值的业务活动能够紧密地联系在一起，构成一个完整的业务流程。

三是价值链不但包含了一个企业内部的所有价值活动，而且也包含了一个企业和供应商、企业与其他利益相关者之间的所有价值关系。

四是价值链主要具备两个驱动性的因素：一个是以消费者为导向的"拉动力"；另一种则是以公司自己为核心的"推动力"。

（四）价值链成本管理的特点

价值链成本管理首先是一个成本信息管理系统。它能够给企业的管理者及时提供有效且必需的成本信息。这些信息可以帮助管理者用来优化整个企业价值链工作流程，构建价值联盟。其次，价值链成本管理又是一个管理控制系统，它能够把产品成本管理范围向前和向后进行延伸，贯穿产品全生命周期。因此，价值链成本管理具有明显的多维特征。首先就是战略和战术维，价值链成本管理注重如何实现战略与战术相互的融合，以企业战略为导向，在战术上可以直接应用于作业层面；

其次是产品成本管理的时间维度，价值链成本管理更多地致力于深入实施整个产品生命周期的成本管理，从事前（产品设计研发阶段的目标成本规划），到事中（产品生产制造、配送、销售）的各环节成本控制，以及产品销售后的服务成本、保修成本，乃至报废回收阶段的成本管理；再次是价值链成本管理不能将管理对象仅仅局限于企业内部，而是要从整个企业价值链联盟的视角来重新看待价值管理活动和盈利行为，即我们要看待纵向价值链和横向价值链与整个企业内部价值链之间的相互关系。比如前端供应商的技术创新，将会直接影响到企业本身，提升企业产品的市场竞争力，对企业产品的成本也会产生直接影响。

（五）价值链成本管理主要任务

价值链成本管理工作的主要任务就是通过搜集、分析、运用价值链中各个环节的成本信息来支撑整个价值链体系的构建与优化。

1.利用各种形式的成本资料来建立价值链

成本信息是一个具有广泛的深度性和多层次性的信息。它涵盖与供应商、原材料、产品、顾客等多种成本目标对象之间的密切关联性。这些成本的信息不但体现了一个公司的内部经营运作情况，还可以直接地反映上游的供应商及下游顾客对于公司的运作成本的影响。通过充分利用价值链中的相关成本信息资讯来选择具有战略性的供应商和销售者，从而建立起高效率的价值联盟。

2.运用成本信息来优化价值链

在价值链的联盟构造和设计完成后，成本管理的主要任务之一就是分析、识别价值链上还有哪些不能增值的作业活动，持续地加以改进，提升价值链上每一个作业的产品价值和增加额程度，从而达到对价值链整体性的优化。

（六）企业价值链成本管理主要环节

价值链成本管理主要工作涵盖事前、事中、事后三个阶段，具体涉及 7 个主要的环节：事前预测和决策；事中的规划、计量和风险控制；事后进行报告和业绩评估。这 7 个环节本身就是一个总体，预测可以给出决策者提供数据，而规划则是把所有决策的过程和结果都具体化，同时为成本控制提供标准；而成本报告是在成本计量的基础上进行加工，同时也是成本业绩评价的基本依据。

|事前|事中|事后|

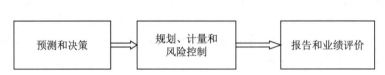

图 3-1　价值链成本管理业务管理环节

二、价值链理论在成本管理中的运用

企业在生产经营过程中，一方面要消耗企业的资源，形成企业的成本，另一方面也在为企业创造价值。当把企业的生产经营管理活动理解为一种价值活动时，企业的成本核算管理就转变为对价值活动的成本管理。

（一）价值链理论在成本管理中的运用

企业在生产经营过程中，一方面要消耗企业的资源，形成企业的成本，另一方面也在为企业创造价值。当把企业的生产经营管理活动理解为一种价值活动时，企业的成本核算管理就转变为对价值活动的成本管理。

采用怎样的成本管理思维来支配企业的成本管理工作，是关系到一个企业是否持续经营发展的关键。将价值链理论运用到成本管理中，是以创新的思维进行成本管理，实现企业价值最大化。

1.注重产品生命周期

依据价值链理论，企业的成本管理应该是一个对投资立项、研究开发与设计、生产、销售、售后服务进行全方位监控的过程。成本管理的重心扩展到整个产品的生命周期，实行产品从设计到废弃的全过程的管理。因此，我国企业不仅应注重从广义的、整体的方面探寻影响成本的因素，而且应从影响产品成本的各个环节和各个方面入手，寻找降低成本的途径。

2.关注成本行为价值

价值链理论是从企业行为的角度而非会计角度考虑成本问题。关注企业的价值活动，通过辨别每项活动的成本动因，特别是无形的成本动因，进行有效的成本管理。成本管理的核心目标是寻求企业持之以恒的成本优势。企业为了保持其成本优势，必须以全局为对象，把企业内部结构和外部环境综合起来考虑，改变企业的行为，提升企业的成本地位。

3.重视外向管理

人们一般将企业的生产经营看成企业的内部管理活动，忽视了企业与外部环境的联系。依据价值链理论，企业应加强与外部价值链的联系。企业应认识到它们的利益是与顾客和供应商及合作伙伴的利益紧密联系在一起的，企业之间的合作，有时会出现双赢的状态。因此，从战略上讲，企业应重视与上下游企业的联系，有利于获取持久竞争优势。随着电子商务时代来临，购买商和供应商的价值链与企业的价值链联系越来越紧密，客户和供应商及合作伙伴的价值活动，影响了企业的行为和经济成果。

4.充分利用信息技术

信息技术的发展应用，对企业价值链优化起到了重要作用。信息经济时代，信息（知识）构成了产品（或服务）的关键成分，变得越来越有价值。不仅信息技术能够提高企业各项价值活动的运作效率，减少不必要的成本支出，而且信息本身能成为产品的附加值的一部分，提高产品的价值。

5.将企业活动融入市场

新经济环境下的成本管理，一方面要考虑竞争对手的成本情况。价值链理论的一个基本的、有洞察力的观点是，一个企业的竞争力取决于企业相对于其他竞争对手的价值链的合理程度。通过将企业的价值链同竞争对手的价值链的比较可以说明，企业同竞争对手相比的相对成本地位，成本优势是如何产生的，是哪些价值活动或因素影响了企业成本，以及预测企业某些方面的成本发展趋势。另一方面要考虑顾客与企业的联系，将顾客对产品的意见反映到企业那里，由此创造的产品（或服务）能满足顾客特定的需求，并以顾客认可的成本提供给顾客。

（二）价值链理论改变传统成本管理的内容与方式

1.成本决策

将价值链思想运用到成本决策中，应该在决策时从企业相互联系的各项价值活动中寻找一个平衡点，促使企业总成本最低。

（1）成本决策应强调整体的观点

企业的一个部门的活动会影响其他部门的活动，对一项活动成本的削减可能会导致另一项活动成本的增加。假定你要把8种产品（每种产品都是由不同的工厂生产的）分发到8个分销中心去，标准做法是每个工厂各自把产品装满到集装箱中，然后运走。由于这 8 个集装箱中的产品必须混合，因而需要打开，然后重新装箱才能运到分销中心去。如果只考虑运输成本，集装箱装满是毫无疑问的，但如果考虑的是整个价值链系统的成本的话，也许不装满更为节约成本。现在，假定把集装箱从一个工厂运到另一个工厂，要求每个工厂装满 1/8。那么，最后一个工厂装满后，就可以直接运到分销中心去，并能满足企业要求。这样做的运输成本要高一些，但考虑到这样能把商品准确堆放从而不需要对商品进行混装，总成本反而会降低。因此，我们应该考虑对整条价值链进行积极的管理，达到从整体降低成本的目的。

（2）成本决策强调联系的观点

任何一项活动对企业最终利润的贡献不仅仅是这项活动所带来的价值增值，同时任何一项活动耗费的成本也不仅仅是它用到的人工、材料和分配的制造费用。

（3）成本决策强调多角度的观点

影响项目成本构成及大小的因素不仅仅存在于企业内部，企业的顾客、市场、供应商都会对其成本状况产生影响。产品消耗成本，但其消耗成本的原因却不只是与产量相关的人工工时或机器小时。例如，全自动生产条件下的产品耗费的人工微乎其微，但由于使用的设备的技术含量很高，其成本仍然很高。

2. 成本核算

对企业的全部生产经营管理活动而言，它一方面要消耗企业的资源，形成企业的成本，另一方面也在为企业创造价值。当把企业的生产经营管理活动理解为一种价值活动时，企业的成本核算管理就转变为对价值活动的管理。从理论上讲，企业每一阶段、每一部分的价值活动都应该对最终产品的价值有所贡献，每一项价值活动都可以成为企业的利润源泉，也是企业竞争优势之所在。企业因资源组织、技术安排的不同，会引起同样的价值活动所创造的价值不同。

如果将企业的生产经营管理活动按照业务活动的内在逻辑关系进行合理的连串，就会出现一条作业链。作业要消耗资源，作业活动是价值活动，因此企业的作业链同时也是价值链。根据这一思想，产生了企业成本管理的新方法——作业成本法。

传统的成本计算方法以直接人工成本、直接人工小时、机器小时等作为制造费用的分配标准，这种分配方法对劳动密集型企业是适用的。但在高新技术环境下，企业使用高度自动化只需要少量人工的流水线，人工成本较低，使制造费用等一些间接计入费用失去了传统的分配标准，更无法去强调产品成本计算的准确性和有效性。

采用作业成本法进行成本核算，应该以"作业"为中心，以作业量作为制造费用的分配标准，通过对作业成本的确认、计算，准确核算企业的成本，目的在于为消除"不增加价值"的作业以及改进"增值作业"提供信息，降低成本。以成本动因确认作业并以之归集分配成本的好处在于能更深刻地找出对企业成本不利的因素，把成本控制的着眼点放在引起成本的原因上。对这些因素进行改进和消除达到对成本有效控制和降低成本的目的。

3. 成本分析

价值链理论改变了成本分析的内容和方式。传统成本分析主要是针对企业内部的价值链进行，分析范围从采购开始，到产品销售为止，而且将重点放在制造环节上，对行业内各环节的联结了解不够，很少考虑竞争对手的成本情况，这些都限制了传统成本分析方法发挥作用。在战略成本研究中，主要是利用价值链分析方法分析企业的成本行为，通过它来挖掘成本的差异化的现有及潜在来源。价值链分析方法为成本优势分析提供了一种基本工具和框架，将企业的经营过程分解为既分离又相关的活动，并对这些活动及影响活动的动因进行深入分析，根据分析结果，从顾客价值出发，尽量消除不增值作业，加强能增强差异化的作业，从而达到降低成本、提高企业竞争力的目的。

具体来说，价值链理论将一个企业的活动分为内部后勤、生产作业、外部后勤、市场和营销、服务、采购、技术开发、人力资源管理、企业基础设施九个方面。企业每项价值活动的成本包括：

外购经营投入，如原材料、储备物资、低值易耗品等；

人力资源成本，如招聘费、工资、福利费、离职费等；

资本化费用，如固定资产、无形资产、递延资产等。

企业必须将以上成本分摊到价值链的各项价值活动中去，分摊的目的是产生一个反映成本分布的价值链，比较各价值活动成本的分布，分析各项价值活动作占总成本的比例和增长趋势，并列出各价值活动的成本驱动因素及相互关系。进行成本分析，为成本管理和战略的制定提供依据。

4.成本控制和考核

成本控制和考核的一个重要原则是：必须将成本控制与人或部门结合在一起。按照传统的成本计算方法将费用归集到产品上去形成的产品成本，是一种融合企业各部门或各种人员所耗费的资源费用的综合成本，不能直接根据可控原则进行成本计算对象来加以解决。我们可以采用合适的过渡性成本计算来解决这一问题。这一合适的过渡性成本计算对象就是作业活动。用作业作为一种桥梁，既准确地计算了成本，又可按责任会计的思想将作业作为责任中心对成本加以控制和考核。

（三）运用价值链理论提升成本优势

价值链分析作为一种战略分析工具，研究企业的价值活动以及各环节之间的相互关系。将价值链分析运用到成本管理中，是从企业生产经营的整体状况出发，考虑企业的成本结构和成本布局，从宏观的角度看待企业的成本问题，同时将企业置身于所处的竞争环境中，与竞争对手的成本状况进行比较，分析差距，寻求应对措施，使企业的总成本处于优势地位。

1.从价值链的内容来分析

企业成本价值链分析分为内部价值链分析和外部价值链分析，下面我们将分别从这两个方面来分析企业成本：

（1）企业内部价值链分析

按照企业内部价值链所包含的价值活动的范围大小，可以将企业内部价值链进一步划分为三个层次，即企业整体价值链、各业务单元的价值链和各业务单元内部的价值链。企业内部价值链分析的步骤是：首先确认价值链的单项价值活动，并确认单项价值活动应分摊的成本和资产；然后评估单项价值活动的成本与其对顾客满意的贡献，找出企业内部各单元价值链之间的联系；接着评估单元价值链之间联系的协调性，采取改进行动。

企业通过上面的分析步骤，可以发现其价值链中有哪些价值活动不利于企业成本优势的形成，并从以下几个方面进行改进：

合理安排高成本价值活动的经营和运作方式以及地理位置。

消除那些只增加成本但不增加顾客价值的活动。

投资于可以长期有助于成本节约的活动。如改进产品设计，使产品的生产更加具有经济性，或加强技术改善，如办公自动化、柔性制造技术、计算机控制系统等方面。

将非核心业务实行外包，寻找低成本企业完成企业一部分价值活动，一方面降低企业成本，另一方面集中资源发展核心业务。

改变工作方式，提高员工的工作效率，提高关键价值活动的效率。

（2）企业外部价值链分析

企业外部价值链包括供应商价值链、购买商价值链、竞争对手价值链和产业价值链四个方面的内容。外部价值链分析的目的是找到企业在行业中所处的位置，了解企业的上下游与企业的联系，并与自己从事相同价值活动的竞争对手进行比较，找出其成本的竞争优势和竞争劣势。其基本步骤是列出企业的上游企业、下游企业、同业竞争者和潜在竞争者，并对其主要供应商、购买商、竞争对手和产业的价值链进行分析，并从建立成本竞争优势的角度出发，确定企业的整合战略。

这些战略改进措施包括：

供应商与企业的直接联系就是供应商向企业提供的原材料产品及相关服务，对供应商价值链及其与企业价值链之间的联系进行分析，就应该对所提供的原材料以及相关服务的价格、材料、规格、供应方式等进行分析，进而评估供应商的价值链及其与企业价值链之间的联系的合理性，采取战略改进行动。

可以采取以下措施：

提高企业议价能力，通过与供应商进行谈判降低采购成本。

考虑多家供应商，选择成本、质量等都符合要求的供应商，保证企业采购成本、生产成本等企业整体成本最低。

与供应商建立良好的合作伙伴关系，双方互相协作，创造适应两者的价值链联结方式，达成供应商价值链与企业价值链的合理对接。

分析供应商的价值链，对供应商实施兼并，实现规模经济，发挥整体效应，给企业带来成本和竞争优势。

企业的产品价值的实现由市场来决定，即由顾客的消费来确认。那么对购买商价值链及其与企业价值链之间的联系进行分析，首先要了解最终消费者的购买支付能力、产品需求、偏好等，然后分析购买商的盈利水平，评估购买价值链及其与企业价值链之间的联系的合理性，采取战略改进行动。这些改进行动包括：

考虑不同的产品销售模式，或创造新的销售模式，使之更符合产品特性，使运输、维修成本等综合成本达到最低。

考虑多家购买商，选择分销成本、维修成本等总成本最低的购买商。

与购买商建立战略合作关系，双方的价值链合理的联结方式。

改善购买商价值链，以节约其运营成本，从而降低最终消费者的购买成本。

分析购买商的价值链，对购买商品实施兼并，增加企业的成本竞争优势。

竞争对手价值链分析的思路是：竞争对手与企业处于同一价值链环节，或者跨越价值链的几个环节，识别竞争者价值链和价值作业的基础上，通过对其价值链调查、分析和模拟，测算出竞争对手相比成本上的优势与劣势，结合分析结构确定扬长避短的策略来战胜对手。对竞争对手的价值链进行分析，一方面是反思企业相同的价值活动的成本劣势，分析产生差距的原因，另一方面利用对竞争对手价值分析所得到的信息来开展成本标杆学习，以消除成本劣势，创造成本优势。成本标杆学习的核心是比较企业价值链中的价值活动的优劣程度，如何采购原材料、如何培训员工、如何安排生产流程以及开发新产品的速度、质量控制等等。标杆学习的目的是理解企业价值活动实施的最好办法，并将其应用到本企业的价值链中，以降低成本，提高成本竞争力。

产业价值链分析的目的是解决两大问题：一是产业进入或产业退出。企业通过分析自身与上游

（供应商）与下游（分销商或顾客）价值链的关系及利润共享情况，以及对未来发展趋势的合理预期做出产业进入或产业退出的决策。二是纵向整合。纵向整合分为向前整合和向后整合。向前整合即将企业生产范围向价值链的下游延伸，向后整合即将企业生产范围向价值链的上游延伸。常见的纵向整合的决策有"生产还是购买"以及"出售半成品还是进一步加工"，通常可以通过纵向整合使企业获得更多的边际利润或者巩固竞争优势。另外，企业应关注产业价值链的拓展以及发展趋势问题。我们常常可以看到某个行业的兴旺发达可以带动其他行业的发展，如电影《哈利·波特》的热映，带来了相关产品如书籍、服装、玩具制品等产业的发展。因此，企业要善于抓住市场机会，充分利用热效应开发产品，不仅可以节省广告宣传费，还可以达到品牌效应。

2.从企业的价值链的改变程度来分析企业成本

企业的价值链与成本息息相关，价值链的组成方式以及其内容关乎着企业的成本构成和比例。那么价值链的变化也会反映到企业的成本变化中，因此，可以从价值链的改变程度来分析企业成本。

（1）改进价值链

在识别企业现有的价值链基础上，确定企业价值链由哪些具体的价值活动构成，并以此来归集成本和分摊资产；找出各价值活动所占总成本的比例和增长趋势，从价值链角度分析企业成本行为的影响因素；通过控制各种影响成本因素来降低企业的成本。

（2）重构价值链

改变企业现有的价值链，即重构价值链，能够改变企业成本结构以及布局。重构价值链也是在识别企业现有的价值链基础上进行的，通过改变企业战略或对企业业务流程重组来改变企业的整个价值活动，取得并维持企业长久的持续的成本优势。

对于再造价值链对成本优势产生的影响，迈克尔·波特认为，这种相对成本地位的显著变动就体现在重新构建的价值链与竞争对手存在很大不同。与零零散散的改善相比，新的价值链可能在内在本质上比原有价值链更有效率，从而在根本上改变企业的成本结构，达到或低于竞争对手的水平，甚至为所在产业建立起一个新的成本标准；另外，新的价值链可能以扬长避短的方式改变了竞争的基础，使一些重要的成本驱动因素向有利于企业的方向发展，从而在很大程度上改善企业的成本地位。

三、从价值链的角度分析企业成本

（一）考察企业成本地位

价值链是在认识企业自身的价值链的基础上，识别影响企业成本行为的各项影响因素，并对这些因素进行控制，改进企业价值活动，控制企业成本。

1.识别企业自身的价值链

识别企业的价值链，就是将企业的整体生产经营活动进行细分，将其划分为相互关联的价值活动。在这里，根据价值相关性，将企业整体活动细分为价值创造活动、价值维持活动、价值保证活动三部分。

（1）直接活动（即价值创造活动）

涉及直接为买方创造价值的各种活动，例如零部件加工、安装、产品设计、销售、人员招聘等。

（2）间接活动（即价值维持活动）

指那些使直接活动持续进行成为可能的各种活动，如设备维修与管理、工具制造、原材料供应与储存、新产品开发等。

（3）质量保证活动（即价值保证活动）

指保证其他活动质量的各种活动，例如监督、视察、检测、核对、调整和返工等。这些活动有着完全不同的经济效果，对竞争优势的确立起着不同的作用，应该加以区分，权衡取舍，以确定核心和非核心活动。

企业每项价值活动的成本可以划分为营业成本和资产，营业成本又包括外购经营投入成本和人力资源投入成本。外购经营投入成本包括为生产而投入的原材料、储备物资和其他低值易耗品的成本。人力资源成本是指企业为获得或重置人力资源而发生的货币性和非货币性成本，包括：人力资源取得成本、人力资源发展成本、人力资源保持成本、人力资源离职成本。资产在这里指资本化的费用开支（受益期限在1年或1个经营周期以上），包括固定资产、无形资产、递延资产和其他长期资产。在成本管理中，企业必须将这些营业成本和资产分摊到价值链的各项价值活动中去，描绘出企业成本分布的价值链，比较各价值活动的成本分布比例，从而找出可以改善成本的突破口。

会计学中应准确划分收益性支出与资本性支出划分，以正确计算企业当期损益。按配比性原则，收益性支出应做当期费用处理，而资本性支出不能支出当期全部作为费用，应在其获益期内分期摊销。

价值链的成本分摊过程可以沿用会计学中的配比原则，营业成本相当于收益性支出，应分摊到它们发生的活动中去，而资产类似于资本性支出，则应分摊到使用、控制它们或者对其使用影响最大的活动中去。

2.从价值链角度分析企业成本行为的影响因素

企业所面临的竞争环境外部环境和内部环境中的诸多因素在对企业的价值行为发生着影响，并进而影响着企业的成本。

（1）成本行为的结构性影响因素

成本行为的结构性影响因素的特点成本行为的结构性影响因素往往具有以下特点：

这类因素的发生需要较长的时间，而且一经形成往往很难改变，它们对企业成本的影响将是持久的和深远的。

它们往往发生在生产开始以前，其支出属于资本性支出，构成了以后生产产品的约束性成本，因此需要在此类成本发生前进行认真的评估与分析。

这些因素既对企业未来的产品成本产生影响，并对企业竞争优势能否形成有着决定性的作用。因此，企业在考察这些因素时，应将它们与企业的竞争战略联系起来，以分析它们对企业成本的影响为切入点，重点考察其对企业竞争优势的影响。

成本行为的结构性影响因素。

企业规模。它主要通过规模经济效应来对成本产生影响。规模导致了专业化协作和技术管理水平的提高，同时规模的扩张使诸生产要素达到一种新的配置比例平衡，激发出新的生产力，显著地降低了成本，产生规模经济。当规模超过一定程度，会导致生产复杂性的提高和管理成本的上升，生产的自然条件趋于恶化，从而使规模经济超出临界点，转化为规模不经济。

厂址选择。一旦管理者决定在一个确定的地理位置开展新的业务，许多成本就会沉淀为固定成本，难以降低也难以改变。地理位置显然是影响企业成本的一项独立性因素，几乎对各种价值活动的成本都具有一定的影响，地理位置导致了企业在劳动力、管理、能源、基础设施、原材料、产品消费需求、运输模式和通信系统、工资水平、税负等方面的差异。此外，企业所处的位置的交通便利的程度以及可利用的基础设施的状况也会对经营成本造成影响。企业的地理位置有其历史、产业规划、国家政策的外部性原因，但这并不等于说企业在这方面无所作为。企业可以重新设计其开展价值活动的地点，甚至是搬迁基础设施，降低成本的机会总是存在的。

企业的学习曲线。开展某项活动的成本可能因为经验和学习的经济性而随时间下降。经验性成本节约的来源有两个：一个是内部积累，即企业员工通过反复的实践学会了如何更有效地完成他们的工作任务和使用新的技术。一个是外部学习，指的是企业可以从外部（如竞争对手、供应商、客户）寻找一些有价值的学习利益，如获取竞争对手的产品样品，研究其产品的制造原理；以本行业优秀企业的业绩为标准，进行成本标杆学习等。

企业可以通过内部经验的积累和外部学习的利益，在劳动效率提高方面，在改进运作流程方面，在资产利用率的提高方面，在降低购建资产的成本方面，发现并学习到众多的降低成本的机理和经验。这种学习活动所带来的直接结果是企业产品或服务的单位成本的下降。需要指出的是企业经验也会通过供应商、购买商等方面流向其他企业，发生外溢效应。企业可以通过学习其他企业的经验来使自己在成本改进方面获益，同时其自身知识在整个产业内的溢出又使企业丧失成本优势的持久性。那么，企业只有加快学习速度，减少知识外溢情况的发生，扩大企业之间的相对成本差别，保持自身的成本优势。

企业的业务范围。企业为了提高其竞争地位，可能会使自己所经营的业务范围更广泛更直接，一种方式是从本企业现在的业务领域出发，向行业价值链的两端延伸，直至原材料的提供和面向普通消费者销售产品。这种业务范围的扩展也可以称为纵向整合。

（2）成本行为的执行性影响因素

成本行为的执行性影响因素引导着成本管理的方向和重点，在结构性成本动因分析的前提下，以执行性成本动因分析的结果作为成本改善的立足点，也更有利于企业确立竞争优势。

联系。一种价值活动的成本常常受到其他活动完成情况的影响，因此在确保企业的价值活动能以一种协调合作的方式开展的情况下，就可以降低成本。企业价值活动之间的联系是多样化的，单单研究一项价值活动是不能全面理解企业成本行为的。企业通过协调价值链中的联系活动能够为总成本的降低创造机会，这也是形成竞争优势的有效途径。

劳动力参与。人是执行作业程序的重要因素，企业战略必须通过人的积极参与才能完成，成本管理战略也不例外。由于企业的任何价值活动都应分摊成本，成本的降低和成本竞争优势的形成是各项活动共同作用的结果。

生产能力的利用程度。提高生产能力的利用程度，可以扩大产量，使得单位产品负担的折旧和其他固定费用降低，产品的单位固定成本下降，形成规模经济。如果企业的资本密集度较高或者固定成本占总成本的比重较大，这个成本动因的作用就更明显。也就是说，当企业的价值活动与大量的固定成本关联时，企业的运营成本受到生产能力利用程度的影响就越大。生产能力利用不足，就会使企业产品的单位成本遭受到较大的损失，企业通过提高生产能力利用程度降低成本的机会就越多。在这种情况下，寻求建立能够使企业生产能力得以满负荷运转的经营模式，就成为获取成本优势的一个重要途径。

3.通过控制各种影响成本因素来降低企业的成本

当企业完成了以价值链来归集营业成本和分摊资产，并分析过其价值活动的影响因素后，企业就有潜在的可能性在控制这些因素方面取得优越位置。

（1）选择规模

企业主要依据市场需求量来选择合适的企业规模，以求降低成本。企业一方面要寻求产品销路，另一方面又要使自己的企业规模（如决定开设多少个工厂）调整到恰当的程度，以选择正确的企业结构，取得尽可能低的成本。

（2）选择厂址

我们应该充分考虑地理位置这一重要因素。地理位置因素会在企业生产的空间组织方面和原材料及产品的运输分配方面对企业的成本发生影响。生产空间组织要考虑建厂地区和建厂地点的选择。影响选择建厂地区和地点的条件：靠近原材料产地，能源供应充足，水源有保障，气候因素，运输距离、方式与运价的选择，劳动力资源的分布，接近消费市场，社会文化习俗影响，教学科研机构的分布等。

（3）学习管理

学习曲线效应使得管理者加强企业的学习管理成为必要。企业应结合长期竞争战略来制定学习战略目标，对战略知识进行评估以确定知识换代周期，确定支持学习战略的组织结构，将学习纳入雇佣合同并作为人事评估依据，审定本企业的内部培训计划和学习网络的效率和质量，确定赶超竞争对手的基准点。通过这些方式来利用学习曲线加强管理，同时对知识溢出保持必要的戒备心理和防范措施，采取必要的法律手续来保护发明和知识产权。

（4）识别联系和慎待整合

价值链内部的成本因素往往是互相联系的，企业如能准确认识到这些联系并加以利用，是可以改变其成本地位的。比如企业质量成本是由预防检验成本和损失成本这两部分构成的，预防检验成本加大了，产品质量上去了，则损失成本就会降低；对于企业来说，只有当二者之和最小时（也即单位预防检验成本等于单位质量损失成本时），才是企业的最优质量成本。对于存货成本控制、持有现金的成本控制，也是同样道理。改善渠道内纵向联系的目的是使渠道成员各自的价值链达到最优化并从中受益。整合和解散本身都具备降低成本的可能性，系统地看待整合非常有必要。

（二）改变企业成本结构和竞争基础

价值链理论中，论述了企业可以采取的竞争战略以及如何利用价值链这一分析工具实施各种战略，那么在不同的战略下，企业应采取不同的成本定位。波特所给的价值链就是我们所说的业务活动，对业务流程进行再造与价值链的重构有着必然的联系，我们可以利用流程再造的思想对价值链进行重构。

1.以战略定位为起点进行价值链重构

采用成本领先战略的企业，企业的战略重心是成本。采用差异化战略的企业，如何实现差异化是核心，成本管理要有助于差异化的实施，不应以成本为理由妨碍差异。用户一体化战略初期需要投入大量成本与用户建立联系，之后成本投入趋于稳定。

2.建立联盟

针对企业内部之间和企业外部企业之间的合作关系，建立起战略联盟或动态联盟关系。战略联盟强调企业之间比较长期的合作关系，其目标也大多着眼于企业未来战略目标的实现。动态联盟强调企业之间暂时的、依赖于市场机遇的联盟关系，其目标大多是比较具体的、有时限要求的。

战略联盟是一种获取可持续竞争优势的重要手段，关键是要针对集团的实际情况建立专门的联盟管理部门，在内部为联盟确立战略优先点，调动整个集团范围内的资源。

战略联盟的建立，使企业对资源的使用界限，一方面可以提高本企业资源的使用效率，减少沉没成本，另一方面，又可以节约在可获取资源方面的新的投入，降低转置成本，从而降低企业的进入和退出壁垒，提高了企业战略调整的灵活性。

3.通过业务流程再造，重构价值链

（1）业务流程与价值链

"业务流程"是指一组共同为顾客创造价值而又相互关联的活动。而价值链是企业为客户、股东、企业职员等利益集团创造价值所进行的一系列经济活动的总称。价值链可以描述成从供应商开始，直到客户价值实现一系列价值增值活动的流程。基本业务流程对应价值链中的基本活动，决定和影响着形成企业独特性或竞争力的因素。辅助业务流程对应价值链中的辅助活动。根据价值链理论，该企业的流程如图3-2所示：

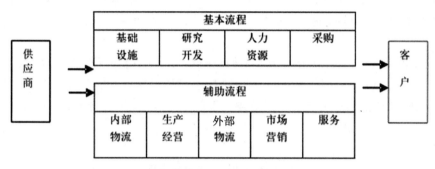

图3-2　企业业务流程图

（2）如何对企业业务流程实施再造

借鉴业务流程重组的思路，考虑价值链重构分为以下两个步骤：

对现有价值链进行评价。采用评分法，让顾客评价每一项价值活动对顾客所得到的产品和服务有多大的价值贡献度，明确哪些价值活动是最主要的增值活动，重新审视和整合企业的价值链。

对企业价值链进行重构。减少非增值环节，从根本上改进公司的价值链，把价值链设计成为客户驱动的、基于价值的开放式结构。这样的价值管理创造知识、消除浪费并放弃无效工作，提高为客户的服务水平。

具体包括以下几个步骤：

把从企业内部视角基于活动分析确定的价值活动以及从企业外部视角基于客户需求确定的价值活动，使两者相一致，作为价值链改进的方向。

深刻认识的企业价值链，进一步细化价值活动，确定活动、资源、控制、企业规律和信息流及其相互之间关系的表达。将价值活动分解为子活动，必要时可以进行多级分解。

识别每个价值活动的绩效差异，并设定恰当的企业绩效目标，以便进一步对每项价值活动做出具体的实施改进措施。

第二节　财务报告的费用管理

管理会计的发展要求企业必须构建相应的财务报告体系。目前我国企业财务报告体系普遍存在几点不足。部分企业内部管理机制有待完善、财务报告信息披露存在滞后性、财务报告结构设置缺乏合理性。要完善企业内部控制管理机制、促进财务报告披露的准确性和及时性、进一步完善财务报告结构。

一、管理会计报告和财务报告的本质区别

（一）管理会计报告的五大特点

管理会计报告和财务报告比，有五大特点：

1. 相关性

财务报告对外，是给股东、债权人、税务机关等政府部门以及其他外部相关机构，管理会计报告对内，与企业的经营和决策相关。

2. 分层次

财务报告仅以编制报告企业作为唯一主体，一个层次，但管理会计报告则不同，根据管理的需要，可能会分为公司、事业部、部门、业务区域等各个不同层级展开。

3. 多维度

财务报告的维度单一，而管理会计报告的维度更多，比如说我们的预算和分析，可以从客户、产品、渠道、区域、项目等不同维度展开。在时间上，管理会计报告也并不一定局限于财务报告的编制时间，管理精细化和颗粒化程度高，管理会计报告可以按周编制，甚至可以日清日结，也可以按项目和产品的生命周期编制，一切视经营和管理的决策需要。

4. 预见性

财务会计报告主要是总结过去，但管理会计报告则更重在面向未来。作为管理会计，一定要具备果—因思维，这个果是未来的果，是我们将来要达成的目标，预算管理就是典型的果—因思维的呈现，我们要达成什么要的目标，需要匹配什么样的资源，什么时候完成哪一阶段性的目标？可能会存在什么样的风险，如何规避？实际经营时发生了多大偏差？原因在哪里？如何改进？这都是管理会计报告需要呈现的内容。

5. 灵活性

财务报告必须严格遵循相关的会计法规和准则制度，管理会计则并不需要。企业可以根据自身的管理基础、管理需要，以及所处的行业、阶段，自行确定管理会计报告的格式、流程，以及所采用的方法。

当我们理解透彻了管理会计报告的特性，就会知道管理会计报告的模板和工具只可借鉴，不可套用。

（二）管理会计报告的两大层级

管理会计报告到底包括哪些内容呢？一般来讲，管理会计报告可以分为两大层级：一是战略层，二是经营层。

1. 战略层管理会计报告

战略层管理会计报告是向三会提交，即董事会、股东大会、监事会，是治理层级关注的事。CEO 之上谓之治理，CEO 之下谓之管理。

战略层管理会计关注的主要内容包括外部环境对关注市场环境、竞争对手情况、宏观经济形势、企业战略、全产业链等，侧重分析外部环境存在的机会与威胁。

战略层管理会计报告主要包括价值创造报告、风险分析报告、经营分析报告、综合业绩报告，此外还有重大事项报告和例外事项报告。

2. 经营层管理会计报告

经营层管理会计报告则主要是向 CEO 提交，是与经营管理相关，关注企业的整体运营数据，侧

重的是内部的信息，主要分析内部的资源和能力。

经营层管理会计报告主要包括：

全面预算管理报告。

成本管理和盈利分析报告。

融资分析报告。

资金管理报告。

项目可行性报告。

业绩评价报告。

其他资产管理报告等。

管理会计报告的内容虽然广泛，但并不是每次提交的报告都要包括所有内容，有些内容是视业务的开展才需要提交，比如说项目可行性报告，是企业有新项目开发才需要展开分析项目概况、市场预测、财务评价以及潜在风险等并提交报告，还有融资分析报告，也是企业认为需要融资时才展开分析企业的资金需求、融资渠道、融资成本以及潜在风险等。

二、企业财务报告体系的构建

管理会计的发展要求企业必须构建相应的财务报告体系。随着我国市场经济发展步伐的不断加快，我国企业职能发生了巨大的变化，以往的会计基础已经不能够完全适应企业发展需要，权责发生制的引入对企业的财务管理工作起着重要的作用，有效促进了财务信息准确性、全面性、及时性的提升。

企业财务报告管理是财务管理的重要内容之一，希望能够通过引入权责发生制后进一步优化和完善单位的财务报告体系，准确、全面、及时地反映相关信息，为单位未来发展正确决策的制定奠定坚实基础。企业财务报告是指能够将企业财务管理状况以及经营成果反映出来的总结性书面文件。企业财务报告体系则是系统地将企业财务管理状况以及经营成果通过财务报表以及财务说明书等形式反映给报告使用者，使其能够了解和掌握单位发展情况，进而有针对性地制定决策，有效指导单位预算执行工作顺利开展的管理体系。财务报告体系主要包括财务报表和财务说明书两大点内容。其中财务报表主要是对单位一定期间内的财务状况进行反映，主要内容包括资产负债表、收入支出表、专项资金收支情况表以及基建投资表等。财务说明书主要是对单位收入、支出、节余、分配等情况进行描述，同时还需要描述可能对单位造成重大影响的相关事项。

三、管理会计报告构建的现实要求和基础

在以"大智移云"为主导的新经济时代，企业的外部经营环境和内部经营方式都发生了改变，传统的商业模式被颠覆，财务报告的作用持续退化，越来越不能准确地反映公司价值的变化和驱动因素。但是，鉴于财务报告一致性和趋同性的要求，根据新经济时代的特点全面改革财务报告的时机尚不成熟，以具有灵活性和多样性特征的管理会计报告弥补财务报告的缺陷就成为当前的现实要求。

（一）财务报告有用性恶化的表现

新经济是以智力、研发和创意等无形资源为主要驱动因素，依靠信息技术进步和商业模式创新推动经济社会可持续发展的智慧型经济形态。在新经济形态下，不论是在决策有用性还是在受托责任评价方面，会计信息的相关性均呈现出快速恶化的趋势，主要表现在以下几个方面：

1.无形资产的价值创造功能被严重低估

新经济时代催生了新的商业模式和盈利模式，企业将大量资源投放到研发、创意设计、专利申请、业务流程再造、客户获取、品牌维护、市场开辟、网络更新、数据库建设、人才培养等无形投资方面，使得企业在无形资产上的投资大大超过了在实物资产上的投资，无形资产日益成为公司价值创造的驱动器及竞争优势的建构器，对资本市场的股票市值产生积极影响。但传统财务报告中将无形资产费用化处理的做法导致无形资产的价值无法合理地体现和存续于为企业带来经济利益流入的期间内，且难以根据其后续增加值进行合理调整，造成资产负债表和利润表均与事实相差甚远，企业的资产和权益被严重低估的问题。

2.会计估计等职业判断出现误差

会计规则和准则趋同性的要求使得其只能规定经济交易事项的通用处理原则，在实际应用时需要依赖会计人员的职业判断。同时，多年来持续颁布的会计规则和准则将越来越多的会计估计引入财务报告，为会计政策的选择提供了更大的空间，使得财务报告受会计人员的主观影响而出现人为的错误引导和判断误差，会计信息价值走上迷失之路。

3.非交易经营事项的确认存在延迟或偏差

传统会计记录以及由此形成的财务报告往往对企业已经与第三方发生的交易进行记录并反映在财务报告中，而对于没有明确与第三方发生交易的非交易经营事项（如软件开发在可行性测试阶段的成败、竞争对手的新产品或颠覆性战略的影响、影响公司的新法规等），未能及时、准确地予以确认和记录。

在新经济时代，非交易经营事项对公司价值的影响巨大，而且数量日趋增多，由此导致了财务报告和经营现实的偏差，造成财务报告有用性进一步恶化。

4.新资产和新效应未能在财务报告中体现

在以信息技术为主导的新经济时代，信息技术加速迭代，形成了独特的网络效应，即平台资产的价值随着越来越多用户的频繁使用而增加。然而，平台资产的网络效应因难以可靠计量而在会计上不予确认，造成平台型企业资产价值被低估。在新经济模式下，企业往往通过获取和维护客户、提高客户的黏性和体验感等方式来提升其在行业中的地位，行业地位的提升可以给企业带来"规模收益递增"和"边际成本递减"效应，从而带动其股票市值增值，但由于其在会计上不易确认和难以操作，也尚未在财务报告中体现。网络平台拥有的用户流和信息流等"数字资产"成为企业最具价值的核心资源，当其与生态战略相结合时，将产生几何级数增长的价值效用，成为企业开拓市场、获取竞争优势、创造企业价值的重要无形资产，但其同样因为难以确认而未能在财务报告中反映。

总之，由于传统会计准则和财务报告的桎梏，新经济时代出现的新问题、新资产、新效应都不能在财务报告中得到反映，财务报告的有用性江河日下。而由于现实的种种因素，彻底改革财务报告的时机尚不成熟，因此会计界需要转换视角，适应新经济的新特点，从管理会计的角度探索会计报告创新的新路径。

（二）管理会计报告的代表性披露框架

我国学者对管理会计报告内容和框架的研究从未止息，分别从内部财务管理报告、内部报告、内部管理报告等角度进行了深入思考，前瞻性地提出管理会计报告应以财务信息为主，同时包括非财务信息，不仅应反映过去的交易事项，更应注重对未来或有事项的预测、计划、决策和控制，以发挥决。策支持作用。《管理会计应用指引第801号——企业管理会计报告》将管理会计报告定义为

"企业运用管理会计方法，根据财务和业务的基础信息加工整理形成的，满足企业价值管理和决策支持需要的内部报告"，为管理会计报告的内容披露提供了概念框架。

为了响应利益相关者集团以及投资者提出的改进报告工作的需求，将战略、风险、关键绩效指标（KPI）以及财务业绩有机地联系在一起，2013 年 12 月国际综合报告委员会（IIRC）发布了《国际综合报告框架》，旨在为投资者提供更具相关性的信息，帮助他们更有效地分配资本，提高资本的使用效率。2016 年 IMA 发布了《管理会计公告——综合报告》，强调从整体角度出发，在一份报告中同时列示和解释财务及非财务信息。

综上，国内外学者对非财务事项在经营业绩和长期价值创造方面所发挥的作用已达成共识，都主张在管理会计报告中列示并解释财务和非财务信息。在此基础上，本书总结了几种代表性的披露框架：

1. 平衡计分卡

Kaplan 和 Norton 提出的平衡计分卡作为一种绩效管理理念和实用工具，从财务、客户、内部业务流程、创新与学习四个维度对企业绩效进行评价，包含了财务与非财务信息。

2. 价值创造图

英国皇家特许管理会计师公会（CIMA）于 2005 年提出的价值创造图，旨在为企业辨认和计量知识资产及其对价值创造的贡献。其核心要义是：价值创造是人力资源作用于利益攸关者关系和结构资源而产生的经济增值行为。

3. 价值链计分板

Baruch Lev 提出的价值链计分板综合运用了财务指标与非财务指标，并将其有机嵌入驱动价值创造创新过程，旨在以结构性的方式向资本市场传递企业如何将创新转化为股东价值信息。

4. 无形资产监控表

Karl-Erik Sveiby 提出的无形资产监控表分别从外部客户维度、内部组织结构和技术流程维度、员工的学习与成长能力维度对稳定性指标、效率指标和增长 / 革新指标几个方面进行评价，有助于投资者了解企业管理层是否对智慧资本进行持续监控和改进。

5.Skandia 导航图

瑞典保险公司 Skandia 提出的 Skandia 导航图由财务重心、客户重心、流程重心、人力重心、革新和发展重心所组成。其中：财务重心主要是货币化计量；客户重心同时运用财务和非财务指标，评估客户资本的价值；流程重心侧重于评估组织内部对信息等技术的有效运用；人力重心侧重于评估人力资源开发投入及其效果；革新和发展重心聚焦于对组织创新能力的评估。

6. 智慧资本雷达图

Stewart 提出的智慧资本雷达图以市净率为总体计量指标，从人力资本、结构资本和客户资本三个维度，各精选三个计量指标进行披露，以便于企业管理层和投资者了解智慧资本现状及其变动轨迹。

7. 无形资源报告框架

世界智慧资本 / 智慧资产行动组织（WICI）于 2016 年发布的《无形资源报告框架》，将无形资源概括为人力资本、结构资本和关系资本，以叙述性信息与定量化信息相结合的方式，围绕价值创造机制，向利益攸关者披露智慧资本等无形资源及其与价值创造的关系。该框架包括公司的业务和价值创造概述、过去到现在的无形资源和价值创造、现在到将来的无形资源和价值创造三个部分。

8.战略性资源与效果报告

列夫和谷丰将新经济企业价值创造驱动因素归纳为资源开发、战略性资源占有、资源维护、资源配置和价值创造等方面，并以定量与定性分析相结合的方式，提出了战略性资源与效果报告。战略性资源本质上都与智慧资本的人力资本、结构资本和关系资本密切相关。

9.智慧资本投入与产出表

Baruch Lev 提出的智慧资本投入与产出表，基于创新能力、人力资源、客户资源、网络效应四个维度，分别从投入和产出端对智慧资本的投入产出效果进行信息披露。虽然上述披露框架的形式各不相同，反映非财务信息的具体内容表述不一（有无形资产、无形资源、智慧资本、战略性资源等称谓），但基本思路和内容一脉相承，都是以平衡计分卡四个维度的内容为基础，对无形资源进行更详细的分类，大致包括人力资本、知识资本和结构资本，具有一致的出发点和目标指向，在理念层面已形成基本共识，我们需要努力的方向是使之具有可操作性和推广应用价值。为此，综合上述方法，本文厘清其中的概念和逻辑关系，构造了一个具有现实可操作性的管理会计报告框架。

四、战略性资源的概念框架

在新经济时代，维持企业生存和发展的核心竞争力和价值创造能力不再取决于存货和固定资产等有形资产，也不再取决于股东和债权人投入的财务资本，而主要取决于嵌入企业组织、有助于企业价值创造的资源（投入要素）及资源整合使用能力。

战略性资源的概念源于资源基础理论。资源基础理论以资源作为企业创造价值和获取竞争优势的基础，聚焦企业内部资源与能力要素，认为资源的范畴包括产生持久竞争优势的资产（狭义资源）、能力、核心能力、知识、动态能力等。这是战略性资源的雏形。随着研究的深入，在挖掘隐藏在企业资源背后更深层次动因的基础上，形成了企业能力理论，认为企业成功的关键不在于资源本身，而在于企业对资源的使用方式，取决于企业将其内部关键流程转变为顾客提供卓越价值的战略能力，即核心能力，这是企业获取竞争优势的关键。随着对企业竞争优势根源和核心能力本质探究的深入，又形成了企业知识理论，该理论认为隐藏在核心能力背后并决定企业持久竞争优势的是企业掌握的知识，这种知识的异质性决定着企业的异质性，是企业获取与形成竞争优势的决定因素。随后的动态能力理论认为，动态能力是"企业整合、建立和再配置内外部能力以适应快速变化环境的能力"，由动态能力所配置和调整的资源结构是持续竞争优势的来源。由此，形成了目前的动态资源基础观，构成了战略性资源的整体概念框架，如图 3-3 所示。

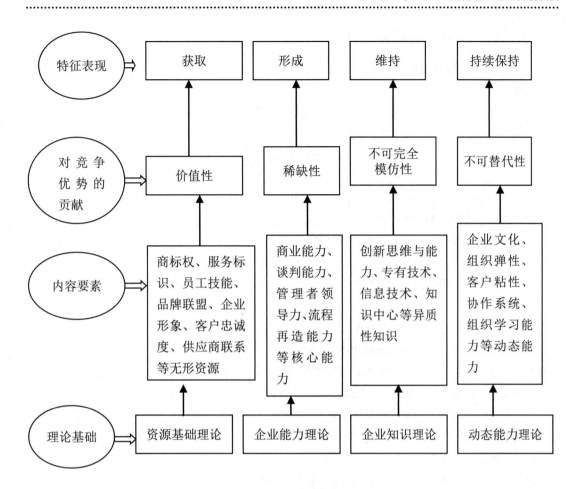

图 3-3　战略性资源概念框架

由图 3-3 可知，随着资源理论由资源基础观向动态资源基础观的演变，战略性资源的概念逐渐丰富并深化，其四大特征（价值性、稀缺性、不可完全模仿性和不可替代性）在形成企业竞争优势的过程中层层递进，保障了企业的稳定地位。

战略性资源的价值性要求企业的资源只有在具有价值，即能用来发掘机会或消除威胁时，才可能成为严格意义上的资源，这是形成竞争优势的基础；稀缺性是指企业拥有的有价值资源的数量少于完全竞争状态下所需资源的数量，这是形成竞争优势的保障，有价值但不稀缺的资源只能形成竞争均势，有价值且稀缺的资源才能形成竞争优势；不可完全模仿性是指资源不可复制，或者因竞争对手获取资源的难度太大而使企业难以被超越，从而在一定时期内拥有独特的竞争地位；不可替代性体现为其他企业不能模仿出相同或者相似的能力或者资源，也不能找到完全不同的资源或者能力来替代现有资源，以开发或实施相同的战略，拥有战略性资源的企业就可以保持持续的竞争优势。将战略性资源的上述四个特征整合在一起的概念框架，可完整概括获取、形成、维持并持续保持企业竞争优势的全过程。以此为基础列示企业的相关信息，可帮助企业管理者及内外部利益相关者了解企业价值创造的关键驱动因素以及保持持续竞争优势的内在动力，进而帮助他们做出更准确、更全面、更具前瞻性的判断。

五、管理会计报告框架设计

（一）报告的基本要素

1.报告对象

传统财务报告以报表使用者和投资者为主要服务对象，主要披露企业的财务信息。在新经济背景下，财务数据无法充分反映战略、风险管理以及财务业绩三者之间的相互作用，有用性越来越差。越来越多的投资者意识到，对经营业绩和长期价值创造而言，非财务事项所反映的可持续性是一个非常重要的因素。而传统的管理会计报告以企业内部管理者为服务对象，提供满足管理者决策需要的财务与非财务信息，似乎更能满足以投资者为主体的利益相关者对非财务事项信息的要求，承担起提供能反映企业现在和未来可持续发展的相关、及时、可靠信息的责任。因此，基于战略性资源的管理会计报告的报告对象既包括内部管理者，又包括以企业外部投资者为主体的利益相关者。凡是关注企业价值创造过程和能力、持续竞争优势和可持续发展能力的内部管理者和员工、外部投资者、相关管理机构和职能部门，均可成为战略性资源管理会计报告的提供对象。

2.报告目标

在新经济时代，企业的生产组织形式发生了重大变化，各生产要素的稀缺性已重新排列，经营活动的不确定性急剧增加，经营风险也不断加大。滞后的会计信息增加了决策过程中的不确定性。建立在两权分离公司治理结构和资本市场有效性假设基础之上的决策有用观的会计具体目标，已经不足以涵盖新时代会计的历史使命。因此，在上述报告对象扩展的基础上，基于战略性资源的管理会计报告应当同时满足企业外部投资者和内部管理者等利益相关者的信息需求为目标，既能反映企业管理层受托责任履行情况，有助于财务报告使用者做出经济决策，又能提供财务和非财务信息，满足内部管理者的决策需要。

总之，要通过对战略性资源信息的分析、提炼、整合和报告，将战略性资源在提高社会生产效率方面的贡献充分展现出来，帮助以外部投资者和内部管理者为主体的利益相关者了解企业的价值创造过程和结果，掌握企业获取、形成并维持竞争优势的关键因素，进而做出正确的判断和决策，在实现自身利益最大化的同时，在复杂多变的不确定性新经济环境中，实现社会资源的优化配置，促进社会经济健康、良性、可持续发展。

3.报告原则

为了实现上述报告目标，以及避免在新经济时代背景下会计信息有用性的弱化，编制基于战略性资源的管理会计报告应当考虑以下几项原则。

（1）信息连通性原则

信息的连通性是指影响组织及其价值创造过程的所有因素之间的关联性，包括财务和非财务信息之间的关联性、财务和业务信息之间的关联性、定性和定量数据之间的关联性、现时经济事项和未来经营效果之间的关联性，以及资源的存量、增量、消耗和使用效果的关联性等。要实现各种信息之间的连通，还应秉承综合思维的理念，在对组织及其业务流程进行整合的过程中最大程度地发挥综合思维的作用。

（2）重要性原则

重要性是综合报告指导原则的基石。凡是能反映不同时期组织运营和价值创造流程的重要信息都应纳入报告内容之中。鉴于新经济时代企业实现价值创造的核心因素已不再是传统观念上的实体资产，而是企业所拥有的战略性资源，基于战略性资源的管理会计报告应将战略性资源的投入、存量、维护及配置等过程作为重要信息进行综合反映。需要注意的是，重要性并非一成不变，而是处于动态变化之中。重要信息不仅包括反映财务绩效的正面信息，还应包括反映企业面对的风险和机遇，以及对企业发展和价值创造有重大影响的信息，如财务效果、风险、机会、组织发展前景的积极和消极趋势等。

（3）需求导向原则

基于战略性资源的管理会计报告着力于满足新经济时代不同投资者的信息需求，既通过事实性会计指标的构建来改善传统会计信息的滞后性，缓解会计信息相关性不断弱化的问题，又通过报告的信息披露逻辑来反映企业价值创造的全过程，帮助投资者了解企业是怎样投入、使用、配置资源进而创造价值的。企业向投资者披露的信息应当有助于投资者和其他利益相关者了解企业持续竞争优势的构建情况，以及企业为获得持续竞争优势所采取战略的成效。

（4）未来导向原则

未来导向原则包含前瞻信息的重要性以及组织战略重点在时间维度上的分布，既要关注未来以及短期、中期和长期的价值创造流程，又要阐释组织过去经营事项与未来发展的关系。在报告中要反映组织对过去战略和运营决策的调整以及其和新战略保持一致的内容，为组织未来的发展和进程提供更有用的信息。

（5）简洁性原则

简洁性指简明扼要，戒除冗杂。简洁性要求只报告相关信息，无需不相关的细节。但是，不能以牺牲其他指导原则和信息列报为代价，要在它们之间达到平衡。一般而言，要满足简洁性的要求，需要报告具有清晰的结构，对概念进行准确界定，详细反映重要事项的确定流程，揭示组织的特有信息而避免使用通用术语。

（6）可靠性原则

可靠性原则要求报告的信息是值得信赖的，不能包含错误信息。组织应该运用各种控制机制、内外部检查手段等防范措施保证信息的可靠性。为此，可借助高管层对报告的信息进行监管和评估，在编制报告后，还要动态地披露相关信息，以保证其前瞻性信息的可靠性。

（7）行业差异原则

虽然管理会计报告在不同的企业之间呈现出不同的特点，但其在同行业之间有规律可循。在构建管理会计报告框架体系时，应当充分考虑不同行业的特点，在其特有的战略性资源的基础上构建行业管理会计报告体系，帮助企业更好地反映价值创造过程。

（二）报告内容框架

1.框架构建思路

由于战略性资源的价值性、稀缺性、不可完全模仿性和不可替代性特征，其在企业价值创造和持续竞争优势的形成过程中履行着战略性资源的获取、形成、维持和持续保持的功能，这成为编制基于战略性资源的管理会计报告的一条主线。另外，根据管理会计报告"向利益相关者提供集成了财务和非财务信息，能反映现在和未来的短期、中期和长期价值创造过程的综合信息"的目标要求，引入平衡计分卡这一管理会计工具，将财务、客户、业务流程、学习与成长四个维度纳入战略性资源的四项功能之中，构建出二维管理会计报告框架，以揭示新经济时代以战略性资源为核心要素的企业价值创造过程，详见图3-4。

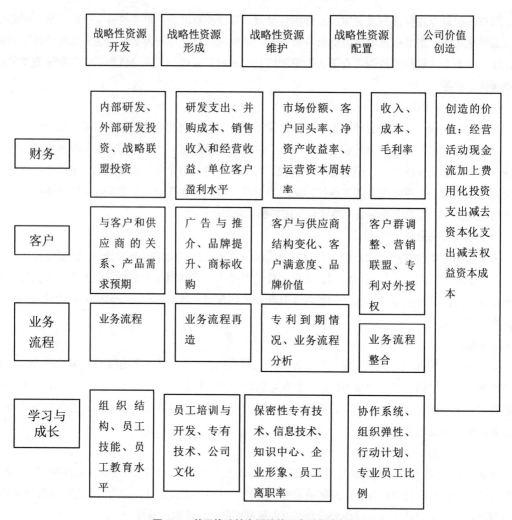

图3-4 基于战略性资源的管理会计报告框架

图3-4的纵栏从左到右依次为战略性资源的开发、形成、维护、配置以及最终的公司价值创造，体现了报告的五个信息有用性特征，展示出企业在战略性资源上的投资、形成及存量、保护和维护，战略性资源在价值创造中的具体配置和使用，以及战略性资源配置的收益（生产效率）——创造的全部价值。横栏用平衡计分卡的四个维度进行分类列示，清晰地体现各项要素的定位。纵横结合的二维报告框架，形成了一个有机整合管理活动及其最终效果的信息系统，可以全面反映企业战略、活动以及最终效果，展现企业价值创造的全过程以及竞争优势的持续保持趋势。报告中的大部分信息用货币计量，部分指标是定量信息，部分是定性信息或描述性信息，五个特征依次递进，展示出企业持续竞争优势的形成路径。

该报告框架主要有三个特点：

第一，只有少量信息来自于现行基于会计准则的财务报告系统强制披露的内容，大部分属于适应新经济时代特点的战略性资源信息，这些信息可以帮助企业内外部利益相关者了解、分析、评价企业的战略目标及其价值创造的动因和路径。

第二，该报告中列示的项目大部分是事实性信息，不需要企业管理者的估计、预测和推测，克服了基于会计准则的财务报告信息相关性弱化的趋势。

第三，该报告从资源开发出发到价值创造结束，对企业战略的制定、执行和结果进行了全程综合反映，但由于不同行业之间的基本战略和商业模式存在显著差异，该报告应该是特定于行业的，实践中应区分不同行业分别构建。

2.内容要素

基于图3-4纵栏的五个信息有用性特征，提炼出该报告框架的五个内容要素。

（1）资源开发

资源开发主要反映企业战略性资源的投入情况，包括战略性资源的特征、价值和相关细节信息。例如，财务维度的研发投资，客户维度的企业与客户和供应商的关系、产品需求预测情况，学习与成长维度的员工技能与教育水平等。

（2）资源形成

资源形成是指企业获取战略性资源的方式和途径，主要反映公司在构建战略性资源上的投资（支出）的具体信息以及预计战略性资源到期、损毁等情况，以帮助投资者综合战略性资源的现实特点做出投资决策。例如，财务维度的研发支出、并购成本和经营收益，客户维度的品牌提升，业务流程维度的流程再造，学习与成长维度的员工培训与开发、专有技术增加、企业文化培育等。

（3）资源维护

资源维护是指报告要清晰地列示企业战略性资源被竞争对手侵权以及被新技术替代的风险，并反映管理层对此采取的措施。例如，财务维度的产品市场份额变化，客户维度的客户满意度，业务流程维度的产品专利到期情况，学习与成长维度的知识管理系统、员工离职率等。

（4）资源配置

对战略性资源的具体配置决定了企业最终的经营绩效。因此，资源配置要反映企业战略性资源的配置途径和方式，以使内外部利益相关者对企业战略及其执行效果做出准确评估，从而准确预测企业的经营业绩。财务维度包括收入、成本、毛利率等，客户维度包括客户群调整、营销联盟、专利对外授权等，业务流程维度主要表现为业务流程整合，学习与成长维度包括协作系统、组织弹性、行动计划、专业员工占比等。

（5）价值创造

价值创造即定量并报告公司创造、保护和配置战略性资源最终实现的价值。为了避免公司高管估计和预测的负面影响，提高会计信息的相关性，该报告重点关注现金流，以经营活动产生的现金流为起点，考虑与战略性资源相关的所有未经资本化确认的投资金额，同时考虑相关的权益资本成本，对当期的价值创造进行重新衡量。

第三节 资源分配的资产管理

随着管理会计理论和实务不断发展，具备了用会计的思维去感悟公司的内部管理，更好地服务于公司提高质量和效益、培育核心能力、提升企业可持续发展能力的理论和实践基础。近年来，面对着资源短缺和浪费的矛盾，面对着产能过剩与高端产品竞争力不强的矛盾，无论从国家和社会层面，还是从企业层面，都提出了提高发展质量和效益，提高可持续发展能力的管理要求。优化资源配置，统筹利用资源，实现人尽其才、物尽其用无疑是提高发展质量和效益的重要途径和方法。用管理会计的思维和方法去分析资源配置，可以更好地优化配置方案，以保证通过资源优化配置来提升企业发展质量和效益目标。

一、资源优化配置与管理会计的概述与联系

资源优化配置指的是能够带来高效率的资源使用，其着眼点在于"优化"，既包括企业内部的人、财、物、科技、信息等资源的使用和安排的优化，也包括社会范围内人、财、物等资源配置的优化。资源配置是否优化，其标准主要是看资源的使用是否带来了生产的高效率和企业经济效益的大幅度提高。从目前的资源占用和使用的情况来看，无论企业大小，都面临着资源进一步优化的问题。大多数的企业，都被要求独立完成相应的生产经营任务，具备了各自为战，不断提升内部管理水平，在一定的社会经济条件下，这种资源使用和管理模式为促进改革和发展起到了重要的作用。但是从整个企业层面，特别是大规模的企业来看也存在着市场各占一块，无序竞争，人员、装备重复配备，技术重复开发等问题。企业的一部分区域或者业务板块装备、技术闲置，人员富余，而在另一区域或者板块，也可能出现因装备、技术、人员不能满足市场需求，不得已而放弃市场的现象，而且从企业每个区域或者板块上来看，也会存在着结构性的人员、装备富余或不足。一边短缺一边浪费，一边闲置一边不足的资源矛盾和问题必然降低了企业的总体效益。

面对着资源配置不合理影响企业发展质量和效益的问题，企业应当明晰资源的功能及机构的职责，打破业务板块的界限、区域限制和单位壁垒，统筹优化、整合、共享各类资源，充分挖掘现有资源的优势和潜力，建立一体化和市场化资源配置的长效机制，有效解决资源分散、重复、闲置、低效等问题，形成功能完善、布局合理、优质高效的资源配置格局，促进资源效益的最大化和企业更有质量、更有效益、更可持续发展。

管理会计师旨在提高企业经济效益，并通过一系列专门方法，利用财务会计提供的资料及其他资料进行加工、整理和报告，使企业各级管理人员能据以对日常发生的各项经济活动进行规划与控制，并帮助决策者做出各种专门决策的一个会计分支。管理会计在企业的财务管理活动中正在起到越来越重要的作用，成为帮助决策者做出财务决策的一个分支，从传统的财务会计上来看，管理会计是会计的同源分流。

从现代管理上来看，管理会计更侧重于企业内部经营管理，是企业管理的重要组成部分，能够渗透到企业组织的各个层面，为企业管理提供相关信息和科学方法；是从会计的视角对公司的市场、机构、人力资源、生产经营体制和成本的竞争优势等方面进行专业的分析、研究与决策。管理会计从基础的成本形态分析发展到财务预算与预测、质量、技术、生产运营、人力资源管理、风险与内控管理、企业战略绩效评价。通过分析评价，为提升企业经济效益提供决策依据，与现代化的管理融为一体，成为企业管理系统中的一个子系统，更应该是管理学的一个分支，从管理学的角度看，管理会计与管理是同向合流。

从以上关于资源优化配置和管理会计的概述上看，管理会计能够为资源优化决策提供专业服务和智力支持，使资源配置更科学、更高效。首先从管理目标上看，资源优化配置和管理会计的目标都是为了提高企业的发展质量和效益，提升企业的核心竞争能力和可持续发展能力，目标的一致性，使其具备了互相联系的基础和前提；其次从资源优化的内容上看，涉及市场、人员、装备、技术等企业拥有的各项资源的调整，资源的调整必然涉及各方利益的变化和企业效益的变化，而财务管理的财务预算、机会成本、本量利分析、绩效评价等方法可以对资源调整的变化进行定量分析，为决策提供更可靠和直观的依据；从涉及面上看，企业资源优化配置涉及企业的各个层面、各个领域、各项业务，涉及人财物的全面调整，而管理会计也涵盖了企业价值管理的各个层面，涉及各个业务

领域和各层面的价值分析与评价，用管理会计的思维和方法对资源优化配置方案进行预测、分析和评价是必要也是可行的。

二、管理会计在资源优化配置中的基本应用

企业资源优化的主要内容包括市场的优化、机构与人员的优化、装备及其他资产的优化、技术的优化等公司所拥有的所有资源。在资源优化配置中如何运用管理会计的财务预算、机会成本、边际贡献、筹融资管理、风险和内控管理、综合业绩评价等方法和理念，是管理会计应用于企业内部管理，为决策提供科学依据的重要内容。

（一）利用财务预算对资源调整方案进行对比分析

管理会计把财务预算看作利用企业资源增加企业价值的一种方法，是对经营成果进行量化分析的有效工作。财务预算的基础是业务预算，市场的占有率和拥有量是企业实现收入和效益的前提和基础，同时市场的调整也对人、财、物等资源的调整起到决定性的作用。资源优化的财务预算编制与企业正常生产经营预算的编制内容和编制方法并无二致，必须明确预算编制条件，先编制业务预算，财务必须同口径编制，保证预算指标的可比性。根据企业现有资源状况和调整后的资源状况通过财务预算的方式反映企业的财务状况和收入、成本、利润以及资本支出、筹融资成本等情况，与企业资源调整的战略目标进行对比分析，为资源调整决策提供量化依据。

（二）利用机会成本的概念对资源优化方案进行分析评价

机会成本虽然不构成一般意义上的成本，不构成企业的实际支出，不入账也不反映在财务预算中，但它是决策者进行正确决策所必须考虑的现实的因素。忽视了机会成本，往往有可能使投资决策发生失误。机会成本是指为了得到某种东西而所要放弃另一些东西的最大价值。企业在对资源进行优化时，必然会对市场、人员、装备、技术等有所取舍，但凡有新取得和放弃的时候，考虑机会成本对效益的影响就显得尤为重要。

（三）利用边际贡献和本量利分析对资源优化方案进行评价

边际贡献和本量利分析方法是基础的管理会计，也是成本会计与管理会计相衔接的重要方法。通过对成本形态的分类，反映固定成本、变动成本与收入、利润之间的关系，反映产品或者劳务对利润的贡献程度，通过对资源优化前后本量利的分析，可以反映企业固定成本、变动成本、盈亏平衡点、利润贡献程度，进而反映企业市场、人员、装备、技术等资源的对企业效益的影响程度以及资源之间变化对利润的影响。

（四）利用风险管理方法对资源优化配置方案进行分析评价

在市场经济条件下，任何企业都会面临着战略、市场、运营、财务、法律等方面的风险，管理会计认为风险是可以管理和控制的，我们不仅要看到风险的不利面，也要看到风险的有利面，有风险才会有机遇。企业在对资源进行调整中，随着市场、人员、装备和技术的调整，所面临的风险也会随之发生变化，必须重新进行风险识别、风险评估、风险分析并制定风险应对措施，同时随着市场、机构、人员等的变化，企业的风险环境和内控环境也会随着发生变化，有必要利用风险管理的技术对资源调整后的风险进行全面的评价，看是否与企业的战略相适应，并随时调整企业的风险和内控管理，以保证企业战略目标的实现。

（五）利用综合业绩评价方法对资源优化方案进行评价

在管理会计中，企业综合业绩评价方法主要包括基于价值和基于价值创造的经济增加值和平衡

计分卡两种比较实用的评价方法。经济增加值是目前普遍采用的业绩考核和评价方法，平衡计分卡更是系统性的战略绩效评价方法。企业进行资源调整，有必要进行经济增加值的计算，可以直观地对比调整前后经济增加值的变化。而平衡加分卡业绩评价方法更能全面、系统地反映资源调整前后的变化，资源调整主要涉及市场、人员、装备、技术等方面的优化，平衡计分卡是从财务、客户、内部业务流程、学习与成长四个维度进行系统评价，与资源调整的各个方面是可以对应的，这种对应的分析评价更能全面反映资源调整的各个方面对企业战略绩效的影响程度。

三、发挥管理会计在资源优化配置中作用的基本要求

管理会计师用会计的思维去感悟管理，资源优化配置是企业一项综合性的管理工作，如何去感悟这项具体的管理活动，并将这种专业的感悟对企业其他人的行为施加积极的影响，如何解释、预测和引导各有关人的行为，不仅是对财务管理人员业务素质和业务能力提出更高的要求，更是管理观念和理念的转变和提升。

（一）把握企业核心能力和可持续发展的方向

资源优化配置工作是公司生产经营的全面调整，必然涉及各机构、各板块和员工利益的调整，必须要求各个层级的员工提高大局意识，打破部门和单位之间的围墙，在思想上拆除影响企业整体利益的藩篱。管理会计在评价资源优化配置方案时更要从企业的整体上、全局上系统、客观地进行评价，牢牢把握企业核心能力培育和可持续发展这个方向，使资源优化配置的工作真正实现全面提高企业发展的质量和效益。

（二）提高价值管理的意识和能力

价值管理是以价值为基础的一种管理方法，是以企业价值最大化观念为先导，以折现现金流量模型为基本技术支持的，会合企业内部各层次、各环节、各种雇员共同参与的一个管理系统。资源优化配置就是企业的一种价值管理方式，财务管理人员作为企业价值管理的专业人员，首先要有价值管理的意识和相应的专业技能，同时要引导各级管理人员增强价值管理的意识，使他们能够接受价值运用财务会计专业知识对资源优化配置方案的评价结果，否则管理会计难以在企业管理中得到应用。

（三）处理好刚性与柔性管理的关系

企业的资源优化配置和管理会计工作作为企业管理的具体行为，都有一个基本假设，即理性经济人假设，指作为经济决策的主体都是充满理智的，既不会感情用事，也不会盲从，而是精于判断和计算，其行为是理性的。其结果很可能造成一部分员工不能接受，不能理解，使工作难以开展，这就要求我们要充分考虑各层面员工的承受能力，以人为本，协调处理好刚性要求与柔性管理的问题。财务管理人员也不能局限于财务数据，以枯燥的数据和大多数人不懂的会计语言去解读评价过程和结果，要用大家都可以理解的语言去解读转化，实现管理的柔性化。

（四）将管理会计融入到企业管理中去

管理会计作为企业管理的一个子系统，更应注重管理，要渗透到企业组织的各个层面，为企业管理提供详尽、全面的信息和科学的工具方法，确保企业的决策和运行方向正确，降低企业运营成本，提升企业获利能力，同时又能管控风险。只有将管理会计融入到企业管理中去，才能发挥其真正的管理作用，才能实现以会计的思维评价管理工作，才能在企业风险管控、成本控制、提高企业发展质量和效益方面发挥更大的作用。

随着市场经济的不断发展，企业面临着国际化、金融化、知识化的竞争环境。这就要求企业的财务管理人员向价值管理转变，管理会计要从追求效率的执行会计向追求效益的决策会计转变，从强调把事情做好向强调把事情做对转变，将管理会计融入到企业的管理中去，为企业正确的经营管理和决策提供有效信息和智力支持，更好地推进企业核心能力的培植和企业可持续发展能力的提升。

第四章　管理会计与成本会计的关系

第一节　管理会计与成本会计的联系

一、管理会计理论需求与供给分析

在科技信息飞速发展的时代中，当前我国企业总数量增长迅猛。这些企业为我国的经济发展做出了巨大的贡献。随着企业的增多，财务人员被各大企业所重视，良好的财务管理能够使得企业运营成本降低，企业利益得到最大化。因此，在新时代下，各家企业都会设置财务部门，这一部门主要包括的岗位有：出纳、资产管理会计、税务会计、成本会计、费用会计、营收会计、应付会计、财务主管、财务经理、财务总监。可见，财务部门并没有明确地设立管理会计的岗位，在我国管理会计至今还没有得到大范围的重视与应用，只有少数企业为了能够减少损失、在运营决策中能够快速地调整方案，会聘请管理会计。这些企业的管理会计在实际工作中主要依据管理会计理论为企业管理者出谋划策，使得企业能够在如今经济压力较大的环境下持续发展并具有一定的竞争力。

（一）管理会计理论的需求分析

管理会计理论的市场需求主要取决于这一理论能否满足企业的"辩解需求"，同时这一理论在企业中的应用是否会影响企业或者不同部门员工的利益，也决定了管理会计理论能否被市场所需要。

1. 辩解需求

从外部市场上讲，我国的财务会计工作的准则、监管机构的准则、企业信息披露等方面均无管理会计理论，在市场中管理会计理论也无成形的制度对不同群体的利益进行分配。那么，在实际环境中，管理会计主要负责哪些工作呢？其实企业管理人员在做决策、对员工进行绩效考核、对企业项目或者产品进行预算、计算产品或者人工成本等工作时，他们所需要的计算数据或者各项制度标准均是由管理会计进行数据的获取，并对数据进行处理与分析后，提供给企业管理人员，从而使得企业的产品能够获得更大的销量，产生巨大的利润。由此可见，管理会计理论是否能被市场所需求，主要以其对企业、对全体员工、对社会其他群体是否产生实质的经济利益为标准进行判定。我国的财务会计准则是由国家相关部门统一制定的，在全国范围内统一使用，具有广泛性、强制性等特点。而管理会计准则与财务会计准则有着巨大的差别，管理会计准则是以会计公告或者指南的形式存在，主要用来协调管理会计的实际工作，这一准则不具备财务会计准则具备的特点，因此，管理会计准则难以达到财务会计准则的地位，也难以得到重视。

从内部市场上讲，管理会计参与企业的决策过程，同时对企业的内部相关制度的安排与评价负责，为管理层进行决策提供所需要的信息。企业在运营中由于不同部门、不同群体之间产生利益冲突，从而使得企业会出现不同的利益集团，企业的资源也难以得到公平分配。因此，想要解决这一问题，实现企业利益的最大化，需要依据一个既能将企业内部管理调整得井然有序，又能使企业的资源得到合理分配的理论，并将这一理论作为企业的"辩解需求"。为了便于企业的管理者协调各部门之间的利益关系，均衡分配企业的资源，化解企业内部存在的矛盾，管理会计理论对于企业而言，是一种必要的"辩解需求"。这一理论为管理者在管理过程中的每一个环节的行为提供了理论支持，使得管理者的每一个管理行为都属于合理的、正当的。这一理论除了对于管理者有着巨大的帮助，企业内部的其他部门也对这一理论存在"辩解需求"。这些部门想要争取和维护属于自己的利益，需要一定的理论依据，要求企业提供的利益保障才能得到认可。但在此过程中，由于内部不同部门对利益的需求不同，在它们之间也存在着一些差异利益，为了对每个部门都能够做到公平，就需要不同的管理会计理论，比如预算理论、责任会计理论、转移定价理论等。

以转移定价理论为例进行详细的分析。在企业中，由于价格的转移，企业内部的资金以及盈利出现了一定的变化，内部的各个部门的利益也发生了相应的变化，从而改变了企业的整体运营战略。因此，较好的转移价格政策才能够使得企业内部更加和谐，工作效率才能够得到提高。对于与企业合作的一些供应方公司，想要实现产品的价值，可通过为企业提供原材料来实现。但原材料的价格通常会以市场价格作为基础，从而获得更高的转移价格。作为购买方的企业，想要获得更大的利润，就需要从成本上进行控制，尤其是采购生产用的原材料时，只有选择以成本为基础的转移价格才能够获得较低的成本，从而提升企业的利润空间。

2.竞争需求

自会计理论出现以来，我们所见到的会计理论通常都以发行物的形式存在，企业在运营中，财务部门以会计理论作为依据进行工作。会计理论能够被社会许许多多的企业所需要，因为这一理论能够使得企业的成本降低，并且由于理论的非竞争性、非排他性，所以深受许多企业的好评。在上文中提到的"辩解需求"里，因企业利益团体较多，为了能够协调这些利益团体，需要多个财务会计理论才能够实现利益公平。可见，财务会计理论会有一定的利益偏向性和排他性。而管理会计理论的出现是为了使企业管理层在决策、管理时能够有一定的依据，同时降低企业的经营成本，提升企业的业绩成果，增加企业在市场上的竞争能力，实现企业的经济效益的提高。因此，管理会计的理论被企业管理层所需要，并作为企业能够妥善经营与管理的指导方针存在于各个企业中。管理会计理论与财务会计理论虽然同作为财务人员应了解的理论，但二者在属性上有着一定的差异。统一管理会计理论能给不同性质的企业带来需求，为企业增加竞争力，改善企业的管理状况，提升企业的效益。同时这一理论也能够为社会公众带来一定的利益，社会中的各个团体对这一理论都能够产生需求，其性质属于纯公共物品，为社会当前的竞争环境提供了公平性、友好性。

3.教学需求和信息需求

会计理论的需求最早是被西方的经济学家提出来的。Watts和Zimmerman此前认为会计理论在教学需求方面的存在，主要是为了解决不同的会计实务中的操作问题，从而使得教学实务的难度得以提高，想要方便教育学生，会计理论就必须得到统一，这种要求与管理会计理论要求是大致相似的。财务会计理论使得企业的信息需要向外界披露，使得外界人员了解企业的一些财务信息，而管理会计理论则不同，在信息需求方面，管理会计不需要将相关信息对外界展示或者披露，外部人员没有对企业会计行为预测和了解的需求。

（二）管理会计理论的供给分析

为企业或者其他群体制定、提供管理会计理论的主要有两大人群，一是经济研究机构、政府相关部门、高校，二是外界的一些以中介形式存在的管理咨询公司。

1. 来自专职研究人员的理论供给

企业在经营中会遇到内部辩解需求以及外部竞争需求，管理层为了更好地平衡利益团体，督促各部门相互协调，配合完成工作，就不得不引入管理会计理论。而企业对管理会计理论的需求也影响着管理会计理论的供给。许多会计人员能够在工作中表现得非常优秀，能够有条不紊地完成财务管理工作，这也离不开他们对会计研究者发表的相关文献的了解与掌握。

可见，为了使得我国经济的发展能够更上一层楼，在经济方面就需要投入巨大的科研费用，保证经济研究能够有一定的成果。会计学者能够全身心地投入到科研工作中，这与他们最终获得现实利益是分不开的。一方面相关部门回报科研人员的是丰厚的薪酬，另一方面则是他们的科研成果一旦被社会各阶层所接受，能够推动社会的经济发展，便会受到外界的赞誉，同时也能够使他们的社会地位和价值得以提升。这些现实的巨大利益会使得研究管理会计的人员更加关注利益分配的问题以及自身竞争力的提升问题，从而将从这些关注点中获得的研究成果应用到企业中，使得企业能够急流勇进，屹立在企业之林中。

2. 来自管理咨询公司的理论供给

作为特殊存在的管理咨询公司，在当下社会中也较为流行这类公司，其主要为各个企业提供相关的系列服务，比如代账、管理会计理论的支持等。管理咨询公司属于经营性质的实体组织，为企业提供服务，企业需要支付一定的费用，才能够享受相应的服务。在这种实际交易中，企业可根据实际需求购买管理咨询公司的相关服务，要求管理咨询公司在收到佣金后为企业落实服务。而管理咨询公司之所以能够为企业提供科学的、可靠的管理会计理论以及管理服务，主要是由于管理咨询公司针对这些专业性较强的问题，会聘请资深的学者顾问对问题进行解答。此外，对于难以给出准确答复的问题，公司会根据以往的工作经验或者公司内部研究，为企业提供更优质的服务。管理咨询公司为企业提供物质服务时，收取相应的费用；为企业解答相关的咨询问题时，是不收费的。这一做法主要是为了提高咨询公司的声誉以及名望，为公司树立良好的服务口碑，从而获得更多的企业客户资源，为公司的长远发展做足够的准备。管理咨询公司为企业提供的理论供给通常以实际可见的文件形式供给企业，并获得价格对等的佣金。但在某些情况下，管理咨询公司为了能够拥有较好的声誉，也为了使得公司能够在同行业中拥有足够的市场竞争力，会将一些理论成果以某种形式进行部分内容的披露，保证公司咨询服务的价值，同时也获得了社会地位。

3. 管理会计理论研究成本对其供给的影响

在西方经济学家 Watts 和 Zimmerman 的研究表明，会计理论需求的供给成本没有外界传说中的高，实际上是非常地低，研究人员可以使用非常低的成本为企业的不同团体提供合适的理论。这一结论在我国的实际情况中只适用于财务会计理论的研究，并不适用于管理会计理论的研究。管理会计理论的作用范围较广，在研究管理会计理论时必须结合实际案例以及真实数据的调研才能够得出适用于任何企业的管理会计理论，而整个过程需要耗费巨大的人力、物力成本。

管理会计理论需求的研究成本主要包括以下几方面：

研究学者要得出准确的理论，必须集中精力，投入大量的时间，耗费心血研究理论。研究的理论越难，则耗费的时间成本越大。

任何管理会计理论的供给方想要为企业提供实用的管理会计理论，都需要学习专业的知识，并在后期为了跟上时代的发展，需要不断地阅读相关的文献或者政策，学习变动的、先进的知识，了解和掌握国家的政策变化，从而为企业提供较好的管理会计理论。当供给方的理论知识达到一定的水平时，后期的学习成本便不会过度增加，而属于一种固定的成本支出。

理论研究者在对案例企业的数据采集时，会产生信息成本，这种信息成本是由企业数据信息量的多少决定的。

由此可见，当这些成本增加时，也说明了企业发展较好，业务量较大，从而使得管理会计理论的需求增加。当需求得以增加时，相应的供给也会随之增加。

（三）管理会计理论需求与供给的模型解释

Watts 和 Zimmerman 在其发表的经济学术著作《实证会计理论》中给出了管理会计理论的需求与供给的框架图，如图 4-1 所示。

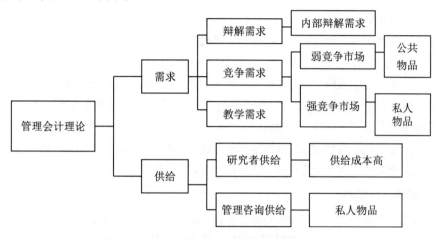

图 4-1　管理会计理论需求与供给框架

从图 4-1 可知，管理会计理论之所以能够被企业所需求，主要是因为它能够使得企业的内部得以协调，外部能够获得足够的竞争力，作为企业管理者，通常会选择便于企业管理的服务。虽然财务会计理论在市场上的声望比管理会计理论高，但是管理会计理论正在逐步跨入市场中，与财务会计理论在实用程度上形成了对比。而在供给方面，由于研究者对管理会计理论需要进行不同部门的数据研究，而财务会计理论较为综合，研究者可以全方位地进行研究，因此，由研究者提供的管理会计理论要比提供财务会计理论价格高，从而使得管理会计理论的需求降低，其供给量也随之降低。管理咨询公司将管理会计理论作为私人物品与企业或者其他团体进行交换，获得对等的价格。而企业获取财务会计理论则可通过其他渠道免费获得，所以二者相比较，管理会计理论需求受到一定的影响，供给也受到了一定的影响。

二、管理会计与成本会计的联系分析

管理会计与成本会计的联系如图 4-2 所示。

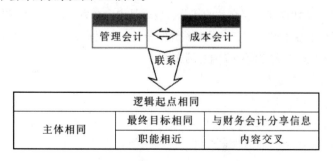

图 4-2　管理会计与成本会计的联系

（一）逻辑起点相同

纵观前人对会计的概念的理解，无论是会计信息系统论，还是管理活动论，会计都是管理的函数，会计有助于管理，这是肯定的，不然会计为什么属于管理学的二级学科呢？管理会计与成本会计都是会计的灵活运用，进而提升其主体的管理水平。管理的目标是提升组织的经营效果和效率，难道管理会计和成本会计不是这个目的吗？管理会计的逻辑起点是会计，也就是说管理会计属于会计的范畴。范畴是对一个感念的最高概括。成本会计的逻辑起点也是会计，即成本会计也属于会计的范畴。成本会计与管理会计都在会计研究的范围内。

（二）主体相同

会计研究的主体共有 3 种：第一，主体是金融机构；第二，主体是现代企业；第三，主体是个人。管理会计研究的主体是现代企业，主要研究的是企业如何利用会计进行有效的决策甚至是计划和考核。另一方面，金融机构主要研究的是资本的运营，其前提是资本的剩余，涉及日常经营管理的方面少之又少，对于个人主体来说，也并不涉及日常经营管理（除非是个人独资者）。成本会计的研究主体同样是现代企业。同样，金融机构与个人并不涉及日常的生产经营活动，而且对于个人来说除非是个人企业，成本核算方法以及成本归集方法并没有什么作用，反而会造成管理成本大于管理效益等问题。因此管理会计与成本会计的主体都是现代企业。

（三）最终目标相同

由于管理会计与成本会计的逻辑起点都是会计，而且主体都是现代企业，其目标都是为了提升企业的经营效率与效果，为企业创造财富，实现价值增值，因此，管理会计与成本会计的最终目标是一致的。

（四）都具有预测、决策、控制、考核职能

管理会计中的全面预算管理，成本会计中的计划成本的制定，都体现了预测的职能；管理会计中的长短期决策，成本会计中的成本分配方法的选择也是对成本的决策；管理会计中的存货控制，成本会计中的成本控制体现的都是控制的职能；管理会计与成本会计均设置有相应的标准，再将实际与标准的差异进行分析，从而进行有效的奖惩，也体现了考核评价职能。

（五）都需要与财务会计分享相关的信息

管理会计大多数的资料来源于财务会计，例如，变动成本法中产品成本与期间成本都是来自于财务会计中所记载的数据。成本会计更是离不开财务会计，对于成本的核算以及成本费用的归集，都需要用到财务会计系统中的相关内容和数据。

（六）存在内容交叉

管理会计与成本会计存在内容交叉的部分，也就是说，在各自的学科体系中存在相同的内容，例如成本控制，对标准成本的制定，以及对差异的分析，不仅在管理会计中有相关的知识结构，成本会计当中也有。因此，二者之间存在内容的交叉。

第二节　管理会计与成本会计的区别

管理会计与成本会计的区别如图 4-3 所示。

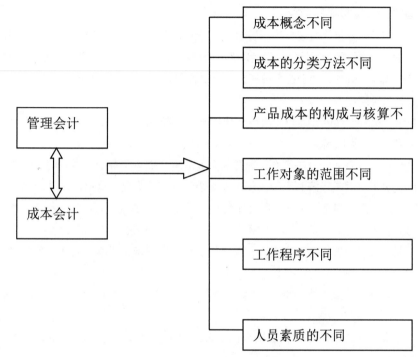

图 4-3　管理会计与成本会计的区别

一、成本的概念不同

从管理会计的角度，成本是指企业在生产经营过程中对象化的，以货币表现的，为达到一定目的而应当或可能发生的各种经济资源的价值牺牲或代价。管理会计重视成本的原因以及成本发生的必要性，例如在短期决策和长期决策中，成本的概念通常包括机会成本，即做出选择而要放弃的代价与牺牲。也就是说，管理会计中的成本的时态既可以是过去发生的也可以是未来发生的。从成本会计的角度，生产过程中所耗费的生产资料的转移的价值和劳动者为自己劳动所创造的价值的货币表现，也就是企业生产过程当中所耗费的资金的总和。不难看出，此处的成本更强调的是已消耗的价值牺牲，强调的是过去发生的。成本会计当中的成本的归集、分配、核算都是针对已经消耗的、已经发生的生产费用进行的。

（一）成本会计中成本的含义

在成本会计中，产品成本是核心概念，产品成本是企业为了生产一定种类、一定数量的产品发生的耗费。成本开支范围由国家统一规定。主要包括：

为制造产品而消耗的原材料、辅助材料、外购半成品和燃料动力费。

企业支付给生产单位职工的薪酬，包括工资、奖金、津贴和补贴，职工福利费，医疗保险费、养老保险费、失业保险费、工伤保险费等社会保险费，住房公积金，工会经费和职工教育经费，非货币性福利。

生产用固定资产折旧费、维修费。

生产单位因生产原因发生的废品损失，季节性、修理期间的停工损失。

企业生产单位为管理和组织生产而支付的办公费、水电费、劳动保护费、设计费和差旅费等。（包括直接材料、燃料及动力、直接人工、制造费用、废品损失等）

（二）管理会计中成本的含义

管理会计的核心内容包括决策会计与控制（执行）会计，二者都离不开"成本"，因此，管理会计的核心理念是"不同目的，不同成本"。为决策会计目的，要用"相关成本"概念；为控制会计目的，要用"可控成本"概念。基于这个理解，可以说管理会计是一门以"成本"概念为导向的学问。

1. 相关成本与决策

按时间长短，决策会计可分为短期决策会计与长期决策会计。

（1）相关成本与短期决策会计

短期决策会计，即企业经营决策会计，是为企业战术性决策服务的，需要解决企业现存资源的优化配置问题，决策目标是经济利润最大化（而非会计利润最大化，这里的会计利润是经济学中的概念，其实是指财务会计利润，并非管理会计利润）。管理会计通过相关利润分析法（相关利润决策法）提供"相关成本"信息，基本的决策模型是：相关收入 – 相关成本 = 相关利润。

相关成本是与决策方案（备选方案）相关联的、有差别的未来成本。确认一项成本是不是相关成本必须同时满足三个条件：

关联性。假如备选方案执行，该项成本才会发生，否则不会发生。因此，相关成本是可避免成本。

差别性。备选方案之间的差异构成决策的基础，有比较才有鉴别，无差别则无以比较。故而，相关成本是差别成本。

未来性。决策是面向未来的，决策所需要的信息理所当然是未来信息，而非历史信息。因而，相关成本是未来成本。基于这一点，可以说管理会计是"未来学家"，而财务会计是提供历史信息的，相当于"历史学家"，而且是以历史成本为计价原则的会计，引入公允价值计量也难以改变这个实质，因为公允价值一旦使用，就成为历史成本。凡是不满足其中任何一条的成本，皆为无关成本，不可纳入决策的视野。

通常用到的相关成本有：机会成本、边际成本、差别成本、付现成本、专属成本、可避免成本等。无关成本则有：共同成本、联合成本、沉没成本、不可避免成本等。当人们直接用财务会计信息做决策时，就使用了无关成本，不知不觉就会犯决策错误。行为经济学将一种错误的决策行为命名为"沉没成本效应"，警示人们不可用沉没成本这种无关成本来做决策。

由此可知，在经济学中称为隐性成本的机会成本等概念，位列相关成本范畴。因此，相关利润本质上就是经济利润，管理会计与经济学做了"无缝链接"。可以说，管理会计的伟大之处，就是将"天上的"经济学落到了地上，脚踏实地，可以真真切切为企业决策服务。

（2）相关成本与长期决策会计

长期决策会计，即资本预算（会计），是为企业战略性决策——长期投资决策服务的，需要解决企业增量资源的优化配置问题，决策目标是企业价值最大化，最佳的决策方法是净现值法。为提供净现值这类决策相关信息，需要明确净现金流量、贴现率、经济寿命这三大参数，即净现金流量的大小、净现金流量的风险以及净现金流量持续的时间。管理会计主要负责提供净现金流量的信息，财务管理负责反映净现金流量的风险，净现金流量持续的时间实际上牵涉企业战略问题，应交给战略管理处理。三方"联合作战"，才能圆满解决企业战略决策。

长期决策所需的净现金流量信息实为投资项目可预计提供的增量现金流量，也就是相关现金流量。测算一个投资项目的相关现金流量，可分为三部分进行，即初始的净现金流量、营业的净现金流量与终结的净现金流量。其中，营业的净现金流量＝销售现金收入－（付现成本＋所得税）。其实，所得税也是付现成本，不过因其计算方法与企业所得税法有关而单独列示。付现成本属于相关成本，计算营业的净现金流量显然离不开相关成本。因此，长期决策也要运用相关成本。可以说，整个决策会计师靠"相关成本"概念支撑起来的，在学习与运用决策会计时，须正确理解与把握"相关成本"概念。

2. 可控成本与部门业绩评价

控制会计的主要内容包括三个部分：全面预算（管理）、成本控制与责任会计。全面预算是连接决策会计与控制会计的纽带与桥梁：编制预算，即将决策用预算的形式表达出来；执行预算，即控制预算目标是否能实现，最终用预算作为评价标准对预算执行的效果进行业绩评价。预算目标中，成本目标是非常重要的一部分，企业必须重视成本控制才能实现预算目标。责任会计的核心是业绩评价，实际上是反馈控制，责任会计也可以嵌入全面预算管理的业绩评价之中。可见，全面预算（管理）、成本控制、责任会计逻辑上是"三位一体"的，共同构成控制会计。

可控成本的概念通常出现在责任会计中，基本含义是指企业特定部门（责任中心）知道要发生的、能以货币计量的、其行为可以对成本的大小施加影响的成本。简言之，它是责任主体可以且能够负责的成本，一个责任主体的所有可控成本之和即为责任成本。可见，可控成本的本质是"责任"二字。管理会计中的业绩评价，应该是评价企业中各责任主体履行责任（义务）的情况，故必须基于可控制原则。目标成本、标准成本、作业成本、存货成本、质量成本、全生命周期成本、环境成本、精益成本等，用于部门业绩评价与考核时，必须基于可控原则进行确认与计量；成本控制也应基于可控原则进行。如果评价与考核责任主体不能控制的成本也就是其不能负责的成本，业绩评价一定失效，也不利于正确激励部门与员工，往往导致该奖励的没有奖励，该罚的没有罚，企业的人心将无法凝聚。财务会计提供的信息并没有区分可控与否，是可控制成本与不可控成本的"混合物"，因而不适宜企业内的部门业绩评价与考核。遗憾的是，许多企业依然根据财务会计信息进行部门业绩评价与考核，一直走在错误的路上而不自知。

为了满足正确业绩评价的需要，管理会计不能到最后才在责任会计中强调可控成本，应该一以贯之地在责任全面预算（管理）、成本控制、责任会计中使用可控成本概念，这是管理会计逻辑一致性的内在要求。

二、成本的分类方法不同

成本按不同的标志可以划分为不同的种类。对于不同的成本研究对象，成本的划分也是不同的。对于管理会计来说，最主要的是以成本的形态进行划分，区分为变动成本、固定成本和混合成本。当然在进行决策分析的过程当中，也会根据成本的相关性区分为相关成本和无关成本，在做决策的时候，利用成本效益原则时，只考虑相关成本，并不考虑无关成本，沉没成本。成本会计主要是根据成本的核算划分为产品成本和期间费用。因此，在成本的分类时，管理会计与成本会计的侧重点是不同的。

（一）成本会计成本的分类

1.固定成本

固定成本是指在特定的产量范围内不受产量变动影响，一定期间的总额能保持相对稳定的成本。例如，固定月工资、固定资产折旧、取暖费、财产保险费、职工培训费、科研开发费、广告费等。

固定成本的稳定性，是针对成本总额而言的，如果从单位产品分摊的固定成本来看则正好相反。产量增加时，单位产品分摊的固定成本将会减少；产量减少时，单位产品分摊的固定成本将会增加。

2.变动成本

变动成本是指在特定的产量范围内其总额随产量变动而正比例变动的成本。例如，直接材料、直接人工、外部加工费等。

这类成本直接受产量的影响，两者保持正比例关系，比例系数稳定。这个比例系数就是单位产品的变动成本。

单位成本的稳定性是有条件的，即产量变动的范围是有限的。如原材料消耗通常会与产量成正比，属于变动成本，如果产量很低，不能发挥套裁下料的节约潜力，或者产量过高，使废品率上升，单位产品的材料成本也会上升。这就是说，变动成本和产量之间的线性关系，通常只在一定的相关范围内存在。在相关范围之外就可能表现为非线性的。

3.混合成本

混合成本，是指除固定成本和变动成本之外的，介于两者之间的成本，它们因产量变动而变动，但不是成正比例关系。

（1）半变动成本

半变动成本，是指在初始基数的基础上随产量正比例增长的成本。例如，电费和电话费等公用事业费、燃料、维护和修理费等，多属于半变动成本。

这类成本通常有一个初始基础，一般不随产量变化，相当于固定成本；在这个基础上，成本总额随产量变化成正比例变化，又相当于变动成本。这两部分混合在一起，构成半变动成本。

（2）阶梯式成本

阶梯式成本，是指总额随产量呈阶梯式增长的成本，亦称步增成本或半固定成本。例如，受开工班次影响的动力费、整车运输费用、检验人员工资等。

这类成本在一定产量范围内发生额不变，当产量增长超过一定限度，其发生额会突然跳跃到一个新的水平，然后，在产量增长的一定限度内其发生额又保持不变，直到另一个新的跳跃为止。

（3）延期变动成本

延期变动成本，是指在一定产量范围内总额保持稳定，超过特定产量则开始随产量比例增长的成本。例如，在正常产量情况下给员工支付固定月工资，当产量超过正常水平后则需支付加班费，这种人工成本就属于延期变动成本。

（4）曲线成本

曲线成本是指总额随产量增长而呈曲线增长的成本。这种成本和产量有依存关系，但不是直线关系。

例如，自备水源的成本，用水量越大则总成本越高，但两者不成正比例，而呈非线性关系。用水量越大则总成本越高，但越来越慢，变化率是递减的。保持一定量存货的成本也属于曲线成本。

（二）管理会计成本的分类

管理会计中的成本分类如下

1.成本按其核算的目标分类

成本按核算目标不同可分为业务成本、责任成本和质量成本三大类。

2.成本按其实际发生的时态分类

成本按其时态分类可分为历史成本和未来成本两类。区分历史成本和未来成本有助于合理组织事前成本的决策、事中成本的控制和事后成本的计算、分析和考核。

3.成本按其相关性分类

成本的相关性是指成本的发生与特定决策方案是否有关的性质。成本按此分类可分为相关成本和无关成本两类。

4.成本按其可控性分类

成本的可控性是指责任单位对其成本的发生是否可以在事先预计并落实责任、在事中施加影响以及在事后进行考核的性质。以此为标志，成本可分为可控成本和不可控成本两类。

5.成本按其可辨认性分类

成本的可辨认性是指成本的发生与特定的归集对象之间的联系，又称可追溯性，以此为标志可将成本分为直接成本和间接成本两大类。

6.成本按其经济用途分类

成本按其经济用途分类可分为生产成本和非生产成本两类。生产成本又称为制造成本，是指在生产过程中为制造产品而发生的成本。包括：直接材料、直接人工和制造费用三个成本项目。非生产成本又称非制造成本，是指生产成本以外的成本。

7.成本按其可盘存性分类

按可盘存性进行分类，可将一定时期内发生的成本分为产品成本和期间成本。成本按可盘存性分类的意义在于能够指导企业准确进行存货估价，正确计算损益。

三、产品成本的构成与核算不同

成本会计当中的产品成本的核算相当于采用了完全成本法的做法，将固定成本在已完工的产品成本和期末在产品当中进行分摊，产品成本中包含了固定成本。而管理会计采用的成本的形态进行分类，将成本划分为变动成本和固定成本，因此，成本核算的方法是采用了变动成本法的做法，产品成本全部都是变动成本。

（一）成本会计成本的构成与核算

成本项目中一个重要的内容就是直接消耗的主要原材料，一般企业都在60％以上。所以就这个问题，企业的成本会计和仓库和车间要密切配合，搞好原材料的核算工作。归集原材料成本主要根据车间开具的领料单。这个领料单一般是一式三份：车间留存一份、仓库一份、财务一份。在实际工作中，月末三家要核对领料单，差一张也不行。之后成本会计根据领料单编制本月材料耗用明细表，据此进行会计处理。

财务制度规定，要划分产成品和在产品的成本界限，所以到月末成本会计要和车间一起盘点在产品，如果主要原材料成本占总成本的比重比较大，那么在产品成本可以只计算原材料成本，不计算加工成本。根据上月在产＋本月领料－本月在产＝本月实际消耗，计算出实际的材料成本。

正确核算当月的产成数量，因为这是计算当月成本的基础，这也需要成本会计和成品库还有车间核对当月的入库单，三家要把产成数对齐了。

（二）管理会计成本的构成与核算

1.产品成本核算的要求

做好各项基础工作。

正确划分各种费用支出的界限。

根据生产特点和管理要求选择适当的成本计算方法。

遵守一致性原则。

编制产品成本报表。

2.产品成本核算的一般程序

根据生产特点和成本管理的要求，确定成本核算对象。

确定成本项目。企业计算产品生产成本，一般应当设置"直接材料""燃料及动力""直接人工""制造费用"等成本项目。

设置有关成本和费用明细账。

收集确定各种产品的生产量、入库量等，并对所有已经发生的生产费用进行审核。

归集所发生的全部生产费用，并按照确定的成本对象予以分配，按成本项目计算各种产品的在产品成本、产成品成本和单位成本。

结转产品销售成本。

3.产品成本核算对象

指确定归集和分配生产费用的具体对象，即生产费用承担的客体。

（1）作用

确定成本核算对象，是设立成本明细分类账户、归集和分配生产费用以及正确计算成本的前提。一般不应中途变更。

（2）成本核算对象确定根据

表 4-1　成本核算对象确定根据

1.大批大量单步骤生产产品或管理上不要求提供有关生产步骤成本信息	以产品品种为成本核算对象
2.小批单件生产产品	以每批或每件产品为成本核算对象
3.多步骤连续加工产品且管理上要求提供有关生产步骤成本信息	以每种产品及各生产步骤为成本核算对象
【提示】产品规格繁多的，可将产品结构、耗用原材料和工艺过程基本相同的各种产品，适当合并作为成本核算对象	

4.产品成本项目

为具体反映计入产品生产成本的生产费用的各种经济用途，还应将其进一步划分为若干个项目，即产品生产成本项目，简称产品成本项目或成本项目。

对于制造企业而言，一般可设置"直接材料""燃料及动力""直接人工"和"制造费用"等项目。

表4-2 产品成本项目

成本项目	含义
直接材料	构成产品实体的原材料以及有助于产品形成的主要材料和辅助材料
燃料及动力	直接用于产品生产的外购和自制的燃料及动力
直接人工	直接从事产品生产的工人的职工薪酬
制造费用	企业为生产产品和提供劳务而发生的各项间接费用

四、工作对象的范围不同

管理会计所针对的工作对象的范围不仅涉及企业的成本控制，还包括企业的日常决策、全面预算。而成本会计所针对的工作对象是对成本的管理，包括对成本的核算、成本的控制等方面，并不包括是否生产的决策，以及对项目是否投产。

（一）成本会计工作对象的范围

1. 成本计划

成本核算又可以称为"计划成本"，是成本管理的事前控制，也是成本管理中整个过程的前提条件，那成本的预算怎么做呢？

首先，以工业企业为例子，介绍一下成本预算的过程及流程：

一般来说工业制造企业做计划的时候，通常都是以市场销售部门的计划为前提。

市场部要根据市场环境、同年上期、去年同期等数据来制订出任务额和销售计划。

做好之后，成本会计依据市场营销部的计划成本明细，配合生产部核算所需的直接采购、直接人工、外购动力等做出生产计划。

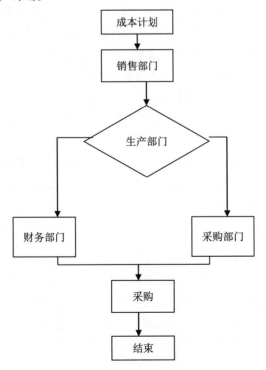

图4-4 成本预算的过程及流程

最后这个生产计划就是作为采购部门领导做采购计划的依据，也是采购部门依据生产部的计划按需采购。

2.成本核算

成本核算是对成本对象的费用归集的过程。但凡做过制造业的成本会计都知道，能涉及的数据之多、之大；产品入库、原材料入库。

3.成本管理

成本管理是成本会计最重要的一个环节，但是好多成本会计都只停留到成本核算的这一步，如何做成本管理呢？这个核心也是瓶颈。这一块不做多分享，成本管理从来都是仁者见仁，智者见智的工作。

4.成本控制及分析

成本控制及分析是成本管理中的最后一道关口，如果说成本预算是事前控制的话，成本控制及分析就是事后查漏补缺。

（二）管理会计工作对象的范围

现代管理会计的对象是现金流动，这是因为现金流动具有最大的综合性，其流入与流出既有数量上的差别，也有时间上的差别，通过现金流动的动态，可以把企业生产经营的资金、成本、盈利这几个方面综合起来进行统一评价，为企业改善生产经营、提高经济效益提供重要的、综合性的信息。

现代管理会计阶段：企业会计还是以公司会计为其主要形式，为适应现代化管理的需要，企业会计的内部职能大大地扩展了，重点转移到了现金流动的分析，并把全面反映企业现金流动的报表——现金流量表看作最重要的会计报表。这种以现金流动为中心的企业会计核算，具有更大的综合性，可对企业生产经营中的生产经营中成本的耗费水平、资金的占用水平和经营盈利水平这几个方面总括起来进行统一评价，为企业改善生产经营、提高经济效益提供重要的、综合性的信息。

企业生产经营中现金流出与流入数量上的差别，制约着企业的盈利水平。

现金流出与流入时间上的差别，则制约着企业资金占用的水平。

现金流出与流入数量上的差别和时间上的差别还可综合起来进行考察。时间上的差别，可通过"货币时间价值"进行换算，转化为在同一个时点上看问题，使时间上的差别也通过数量上的差别来表现。

综合以上各方面，以现金流动为中心的核算，具有更大的综合性和敏感性。通过把握现金流动的动态，就可以全面、系统、及时地掌握企业生产经营的主要过程与主要方面，在预测、决策、计划、控制等各个环节发挥积极的作用。

五、工作程序不同

管理会计工作的程序性较差，没有固定的工作程序可以遵循，有较大的回旋余地，根据具体问题具体分析的原则，企业会根据自身的特点设置管理会计的工作流程，这会导致不同企业间缺乏可比性。成本的核算对于成熟的企业来说至关重要，已经成为企业的常规作业，凭证的生成、汇总、费用的汇总和分配程序，以及成本核算的方法都是制度化的、常规的，具有稳定性，并不经常发生变化。因此成本会计的工作程序通常情况下都是不变的、稳定的。

（一）成本会计的工作程序

保存好原始记录，它是进行各项核算的前提条件，是编制费用预算、严格控制成本费用支出的重要依据。成本会计有关的原始记录主要包括以下内容：

反映生产经营过程中物化劳动消耗的原始记录。

反映劳动消耗的原始记录。

反映在生产经营过程中发生的各种费用支出的原始记录。

其他原始记录。

原始记录是一切核算的基础，成本核算更是如此。因此，原始记录必须真实正确，内容完整，手续齐全，要素完备，以便为成本计算、控制、预测和决策提供客观的依据。

建立适合企业内部的结算价格；企业内部各单位之间往往会相互提供半成品、材料、劳务等等，为了分清企业内部各单位的经济责任，明确各单位工作业绩以及总体评价与考核的需要，应制定企业内部结算价格。制定结算价格的主要依据有：

内部转移的材料物资等，应以当时的市场价格作为内部结算价格；

材料物资、劳务等也可以以市场价格为基础，双方协商定价，即我们通常所说的"议价"，作为内部的结算价格；

企业生产的零部件、半成品等在内部转移时，可以用标准成本或计划成本作为内部结算价格；

在原有成本的基础上，加上合理的利润（即一定利润率计算）作为内部的价格。

除上述计价方法外，企业也可以根据生产特点和管理要求以及结算的具体情况来确定其合理的结算价格进行结算。

对材料物资还得进行定期或不定期的清查盘点，进行账面调整，以保证库存材料物资的真实性，确保成本中的材料等费用更加准确。

当企业编制成本计划时，是根据计划期内平均消耗水平所制定的定额；当定额作为分配实际成本标准时，是以能体现现行消耗水平的定额为依据来衡量的；当企业为实现预期利润而控制成本时，是根据企业实现预期利润必须达到的消耗水平作为衡量的尺度。

成本会计的主要工作是核算和控制企业的所有存货成本。

成本会计可能是会计工作中最烦琐的工作。因为原材料、在产品、产成品的种类繁多，要核算清楚则工作量巨大。企业的从财务来说可以建立核心竞争力的只有成本最优。成本会计所有工作应该都是建立在此基础上的。

（二）管理会计的工作程序

编制和监督执行财务收支计划、信贷计划，拟订资金筹措和使用方案，开辟源，合理有效地使用资金。

进行成本费用预测、控制、核算、分析和考核，全面提高公司员工的成本意识，督促公司有关部门降低消耗、节约费用、提高经济效益。

利用财务会计资料进行经济活动分析。

负责对公司财会机构的设置、会计人员的配备、会计专业职务的设置和聘任出方案组织会计人员的业务培训和考核；支持会计人员依法行使职权。

监督公司财务计划的执行、预算外资金收支与财务收支有关的各项经济活动及其经济效益。

纠正财务工作中的差错弊端，规范公司的经济行为。针对公司财务工作中出现问题的原因提出改进建议和措施。

定期或不定期对公司下属公司（包括控股合资公司和各分支机构）进行稽核审计，提出报告书。

公司对外投资或重大设备采购前的项目财务风险控制报告。

及时向董事会提供财务分析、各种财务数据、效益预测报告，制订财务计划。

六、人员素质不同

成本会计人员的主要工作是固定性的、程序性的，计算方法仅涉及简单的数学运算，对于人员的素质要求并不是太高。但是对于管理会计来说，面临的问题是开放性的，而且需要用到大量的现代数学的方法，例如线性代数的应用等方法，因此，对于人员的素质要求相对较高。

（一）成本会计人员的素质要求

掌握企业财务会计工作的专业知识和技能，具有对本岗位工作中各项业务处理的能力。

熟悉企业经营管理和本公司产品生产经营方面的各种知识。

懂得计算机应用基本知识，能熟练地操作电脑，进行会计作业电脑化处理。

有事业心，工作认真负责，对上级的指示有很好的领悟能力，能尽守职责，按要求完成岗位工作任务。

工作严谨，办事沉着、稳重，对会计各项工作中数据处理能够做到细心操作、认真检查、准确无误。

有很好的组织纪律观念，能严格遵守财会工作制度和财经纪律与原则，敢于抵制各种违章违纪、损害公司利益的行为。

能够做到廉洁奉公，不贪图私利，讲原则，具有良好的实事求是的工作作风。

身体健康，有较充沛的工作精力和从事经济工作应有的清晰敏捷的思维能力。

（二）管理会计人员的素质要求

会计人员在完成某项会计活动时，往往需要的不是一种能力，而是多种能力的组合。各种能力的总和构成会计人员的业务胜任能力。它是衡量会计人员在会计活动中的认识能力和操作能力所达到的水平。会计人员的业务胜任能力主要由观察能力、记忆能力、思维能力、想象能力和操作能力这五种基本能力构成这些能力之间相互联系、相互制约，各自都在业务胜任的能力结构中发挥着一定的作用。单纯追求某一能力的发展，而忽视其他能力的发展，会造成业务胜任能力的失衡，形成业务胜任能力的畸形。

观察能力是会计人员收集会计信息、获得对会计对象感性认识的基本心理素质，观察能力是保证顺利完成会计工作、取得会计业绩的重要心理因素。敏锐的观察力使会计人员能够利用表面上微不足道的线索取得显著的会计成果。

记忆是会计专业知识的仓库，它为思维提供原材料。会计人员在思考问题时所应用的材料大都来自记忆，一个出色的会计人员要求有较好的记忆检索的功能，能迅速找到自己所需的思想材料，为确定会计工作的不确定因素及时提供材料。知识老化的周期缩短，更要求会计人员具有良好的记忆能力。

思维能力在整个会计工作过程中起着指导和调节的作用，对会计工作质量控制有着重要的影响。较强的思维能力要求会计人员具有丰富的知识和经验，空洞的头脑是不可能进行思维的。一个人在某方面的知识越丰富，技能技巧越熟练，思路就越灵活，判断就越准确。此外，丰富的知识和经验可以使人产生广泛的联想，使思维灵活而敏捷，有丰富经验的会计人员对会计事实的判断力强，得出的会计结论更符合事实。

想象能力同样重要，因为知识毕竟是过去的、已有的东西，它是有限的，而想象力不受时间空间的限制，是无限的。它概括着世界上的一切，是知识进化的源泉。

在实践操作上，有的会计感慨会计难，难在成本核算；有的会计感慨会计难，难在税务核算；有的会计感慨会计难，难在会计报表的编制。因此，对于人员的操作能力要求相对较高。

观察能力、记忆能力、思维能力、想象能力是业务胜任能力中的认识能力，只有认识能力而缺乏操作能力，是难以取得会计业绩的。会计业务要求会计人员必须是手脑并用的人才。

第五章　管理会计在企业成本管理中的应用

第一节　企业成本核算中的有效应用

单从概念上进行分析，会计核算与管理会计属于两个相对独立的财务信息系统，但倘若由数据来源来看具有一致特征，都与企业经济活动存在高度相关。所以，二者存在一种相辅相成、共同发展的关系。从本质上而言，企业规范的会计核算，依赖于管理会计工具，二者的目标存在一致性，即确保企业财产安全、财务信息的真实性，为企业决策提供依据。

一、会计核算是管理会计的基础

（一）会计核算的准确性可影响管理会计

1.记账准确

进行会计核算时，需要对所涉及的各笔经济业务做出处理，如现金流的归集、附件资料的整理等等。在记账准确的基础上，管理会计可提供更多有价值的信息，使企业管理层的决策更加科学。

2.算账准确

（1）收入

以权责发生制作为基本原则，进行收入的确认，倘若满足相关的确认标准，则需按照具体情况针对所涉及的数据进行核实。开具相关发票，明确收入金额，与当期预算执行实况比对分析，在此基础上立足管理会计的视角进行追踪问效。

（2）支出、成本以及费用要准确

支付的结果是形成某项财产的规定为支出，包括运用银行存款进行机械或设施的购买；支付的结果是形成日常费用的规定为费用，这里主要是报销差旅费等；如若支付的结果发生了价值转移，则将这一过程归结为成本，主要包括缴纳税费、生产车间领用原材料等。以支付结果作为依据，可基于三者进行合理的划分。

（3）对账准确

对账指的是债权债务双方针对往来账务进行核对的过程。就大多数情况而言，如若对债权方而言为收入，则债务方对应着成本。对账的准确性直接关乎着报表编制的精准程度，倘若未能够进行准确的数据核对，就会出现债权债务失真的情况，影响到双方的具体决策。

（4）编表准确

编表是会计核算的最后一环，也是重要的工作步骤，是在上述工序中获得的财务状况及经营成果。从作用上进行分析，记账、算账、对账分别对应着基础、核心、保障，而编表则是三者共同形成的结果。这四个环节相互影响、前后衔接，任意环节出现偏差，均可影响到报表的准确性，影响到管理会计的质量。除此之外，对于管理会计而言，其可能采用的量本利分析模型、短期经营决策、全面预算等管理手段，在分析或决策时多依赖于会计核算，以会计核算数据作为基础，以使管理层做出的决策更加科学。

（二）会计核算的及时性可影响管理会计

1.记账要及时

时限性是财务工作的突出特性，大部分财务数据信息资料报送存在一定的时间限制，为满足这一要求，会计核算的速度必须要及时、快速。就实际情况来看，经营业务是不断展开的，会计核算也需突出及时有效的特性，出现一笔即需要进行核算，对于核算过程中发现的问题进行及时的反馈与调整，而做出的反馈及调整本身就是一种管理方式。记账要及时，指的是不应该将账目集中到月末处理或采取批量式的处理方式，如此做法不但难以及时发现问题，另一方面，也会使管理滞后。及时有效的会计核算要求相关工作人员的配合，从多个环节入手进行保障。

2.算账要及时

（1）收入确认要及时

收入入账的及时性直接关乎着当期损益。倘若基于入账时间进行人工控制，以粉饰报表的方式使利润出现偏差，会对企业发展造成不利影响。因此，当期收入需进行及时且有效的处理，注重各环节工作，相关负责人与职工保持良好的沟通，确保信息对称。

（2）支出、成本及费用计量要及时

能否确保支出及时入账，直接关乎着当期资产。应付却未付的支出也会对当期负债造成直接影响，从而难以真实反映出企业实际的财务情况及经营成果，对管理会计造成不良影响。

（3）会计核算强调业财结合对管理会计产生积极影响

核算人员在明确自身职责的基础上，立足公司经营业务，把握行业发展动态，可提升核算质量。就实际情况而言，核算处理方式在一定程度上取决于经营业务性质，需核算人员充分把握此方面问题。业财结合属于一个不间断的长期过程，强调的是管理思想，而并非基于单一业务加以跟踪，也并非短期策略，需企业管理层人士给予足够的重视。一方面，需要为管理会计工作者提供充足的空间，另一方面，应当鼓励其参与外出调研走访，以便更好把握问题，实现理论与实践的充分结合。

二、管理会计是对会计核算结果的把握及应用

管理会计在运用各类模型及工具进行分析与决策时，多数情况下会以会计核算内容作为依据，如若企业的会计核算缺乏规范性或缺乏合理性，那么在管理会计工作中可能难以获取有效数据。如此一来，不仅直接影响了管理会计工作效率，也会影响到财务决策。所以，在会计核算时应当以管理会计需求为导向，力求在强化会计核算水平的同时，将其数据准确应用至管理会计中。一般而言，我们可将利润表视作企业的"面子"，而资产负债表则对应"底子"。前者强调的是某一阶段内的经营成果，站在损益观的视角针对盈亏实况加以分析；后者体现的是某一时间节点的财务状况。在明确这一问题的基础上，将所涉及的各财务指标及经营成果指标，通过合理化运用环比、同比等有效方式，基于年度预算加以对照，明确其中的差异所在，并探究其主要原因，针对现存问题给出可行性较强的应对方案。基于重大事项做出专门的说明，提出有针对性的解决方案，力求将问题细致化，实现财务思想与工作实务的紧密结合，提升管理会计水平，促使企业管理者做出合理的决策。

三、会计核算与管理会计的融合发展

（一）可行性分析

会计核算与管理会计相辅相成、共同发展。大数据技术的快速发展，为二者的融合提供了良好的基础。首先，二者的目标存在相似性，且数据来源存在一致性，当下的信息共享技术及大数据分析技术使二者突破了信息壁垒，因此，会计核算与管理会计的融合具有高度可行性。

（二）融合路径

1.树立正确的会计观。正确会计观的树立要求企业管理层及相关的财务工作者能够对会计职能进行充分的认知。能够明确会计核算职能以及参与管理决策的职能，而并非单单强调其中之一。要求会计人员能够充分认知会计在企业管理中的关键作用，在进行实际核算工作时能够以管理会计的应用需求为依据，针对具体的工作内容加以规范。

2.构建有效的融合体系。融合体系的构建要求企业注重如下三点问题：在充分认知会计核算内容与管理会计规范的基础上，针对管理会计的要求，建立并健全相应的管理会计制度，基于相关工作者的职能及权限进行合理的划分；针对融合时所可能发生的问题进行预测，制定好应对方案；在上述两点的基础上，制定可行性较强的融合体系。

3.运用信息共享技术。以信息共享技术作为依托，可实现会计核算与管理会计间的数据共享。就实际情况来看，数据质量不理想、不全面影响到了管理会计的顺利实施，运用信息共享技术可有效地改善这一情况。在具体的工作中，企业应立足当下的财务共享理念构建信息共享平台。对平台的有效利用，不仅可使在业务端产生的基础数据快速传输至会计核算模块，提升核算的效率及有效性，此外，也可以将所涉及的数据在管理会计模块共享，在此基础上采取量本利分析模型、短期经营决策模型或其他模型进行数据分析，从而为管理层的决策提供真实的数据支持。

4.发挥大数据的支撑作用。大数据技术是时代发展的产物，在多个行业得到广泛应用，在会计核算、管理会计中取得了良好的应用效果，也为二者的融合提供了新的可能。在具体的实践中，企业应在明确大数据技术积极作用的基础上，以其为支撑，通过会计核算针对企业内部产生的一系列基础数据进行收集，发挥互联网的优势，构建自身数据库，在此基础上运用大数据的数据挖掘及分析技术，针对尚未发现的关系进行预测，从而促进管理层的决策。除此之外，依托于大数据技术，管理会计参与业务活动的过程更为简洁，使管理会计的价值得以充分体现。

四、案例分析

现代成本会计是财务会计和管理会计在成本领域的综合产物，将成本核算和生产经营相互衔接，对生产经营过程中的各项成本进行分类、核算、控制、分析、预测和考核。现代成本会计是传统成本会计的延伸和丰富，将成本会计工作的重心从成本核算转移至成本控制和成本决策。案例以制造业企业为例，对现代成本会计体系的观念、方法和作用进行简要、直观的系统性分析。

（一）现代成本会计体系的重要观念

1.决策有用观

现代成本会计体系下的决策有用观，是指成本会计信息应当尽可能满足信息使用者的决策需求，即现代成本会计应当以服务经营决策为主要目标。企业管理者需要大量可靠的、相关的成本会计信息，用于各项经营管理决策。科学、合理的成本分析能让管理者准确地掌握成本结构、经营成果等信息，为成本控制决策提供依据，从而提高企业管理水平，增强企业的价值创造能力。由此可见，

成本会计信息对于经营管理决策具有广泛的重要性。此外，经营管理决策不仅基于历史信息，更需要面向未来，综合考虑各种因素，科学估计某一成本对象未来的成本目标和水平，帮助企业管理者做出最优决策。因此现代成本会计对于未来成本的预测也能够有效地帮助企业制定正确的战略决策。

2. 从成本核算向成本控制转变

在传统成本会计体系下，成本核算是最为核心的内容。而在现代成本会计体系下，成本控制越发重要。在成本核算当中，只要边际贡献大于零就可行，即销售收入大于变动成本即可，不需要考虑固定成本。而成本控制首先是产品全生命周期成本的控制。产品全生命周期成本是指产品在其生命周期内所耗费的资源的总和，包括产品研发、设计、制造、销售、售后服务等环节所发生的各项成本费用。产品全生命周期成本控制拓展了传统成本控制的空间范围，使成本控制更加全面。成本控制包括事前控制，即将成本控制目标落实到产品的设计环节；事中控制，即在产品的制造环节切实贯彻成本控制；事后控制，即将产品制造环节发现的有利于成本控制的信息反馈到产品的设计，最终形成一个持续改善的动态管理过程，确保成本管理能够服务于企业维持长期的竞争优势。

3. 持续提高理论

现代成本会计体系下的持续提高理论，是指企业应当结合自身生产经营情况，找到所能达到的最低成本水平（以下简称"基准点"），并以此为目标逐步降低成本。首先，基准点并非一成不变，会随着内外环境的变动而变动。比如，原材料价格的上涨、劳动力的匮乏等会导致基准点上升；生产流程的优化、生产技术的进步等会导致基准点下降。其次，基准点的制定具有行业性。企业在寻找基准点时需要参考行业中其他企业的成本水平，而企业自身的成本水平也会成为行业中其他企业的参考。换言之，依据持续提高理论，同行业企业之间会形成一种相互促进、共同降低成本的现象。

4. 约束理论

现代成本会计体系下的约束理论，是指每个企业都存在所谓的瓶颈、短板或者软肋，约束了生产能力，进而约束了生产成本的下降空间。因此，企业需要通过分析自身的生产经营活动，找到最为薄弱的环节并加以完善，从而提高生产能力、降低生产成本。譬如，一家工业企业拥有行业内最为领先的生产设备，但员工的操作水平有限，那么加大生产设备的投入很难再提升生产能力。而对员工的操作进行针对性培训将大大提升生产能力，进而降低生产成本。现代成本会计体系中几种重要的观念彼此之间并非孤立无关。决策有关论突出了成本会计目标，即服务于经营管理决策。

现代成本会计在核算功能的基础上更加注重决策功能和控制功能，即利用成本会计信息改善经营管理决策、降低经营管理成本。在成本控制方面，企业具体可以将成本控制在什么水平以及如何达到该水平，则涉及持续提高理论和约束理论的应用。

（二）现代成本会计体系的重要方法

1. 价值链分析

传统成本会计聚焦于生产过程中的成本核算与管控，忽视企业整体经营成本，而现代成本会计体系下的价值链分析，将企业看作研发、设计、生产、销售、售后服务等一系列相互区分又相互联系的价值活动的合集。在企业生产经营的过程中，每一项活动都需要消耗资源，然而并非每一项活动都能为企业带来价值，也并非每一项活动给企业带来的价值都是一样的。因此企业需要借助成本会计信息鉴别出哪些活动是有价值的，哪些活动是没有价值的，并从总成本的角度考察经营管理的效果，而不是片面追求价值链上单一活动的低成本。通过剔除或者减少不能为企业带来价值的活动、保留并强化为企业带来高价值的活动改进价值链，并对价值链上各个活动加以优化，协同推进资源的合理配置和成本的有效管控，进而达到以最小的成本投入创造最大的价值的效果。正如迈克尔·波特在价值链分析法中所提到的，企业要保持的竞争优势，实际上就是企业在价值链某些特定环节上的优势。譬如，一家工业企业生产能力强但营销能力差，终端销售环节微利甚至亏损，那么相较于自产自销，该企业放弃销售环节直接将产品出售给中间商对价值创造更为有利。

2. 作业成本法

传统成本会计体系下，产品成本核算中涉及制造费用，一般是以人工小时或者机器小时（产量基础）作为单一的分配依据进行简单分摊。由于很多制造费用并不是产量的函数，统一按照产量基础进行分配产生的成本会计信息并不准确，容易误导企业管理者的经营决策。而在现代成本会计体系下，作业成本法引进了作业和成本动因的概念，极大地提高了成本会计信息的准确性。

依据作业成本法，企业每进行一项作业都需要耗用一定的资源，每生产一件产品都需要耗用一定的作业，即作业消耗产品、产品消耗作业。因此，在核算产品成本时，应当首先按照生产经营过程中发生的各项作业（如材料订购、生产准备、车床加工等）来归集成本，计算得到作业成本；然后再将作业成本分配到产品，最终完成产品的成本核算。此外，作业成本法在分配成本时，使用多种不同层面的成本动因，而不再是统一使用产量基础作为分配依据。成本动因具体包括资源动因和作业动因两个层面，前者是将资源分配到作业的依据，后者是将作业分配到产品的依据。

以作业动因为例，生产准备的作业动因是生产批次，材料检验的作业动因是入库批次，维修机器的作业动因是工时。作业成本法的成本分配主要使用追溯和动因分配，凡是易于追溯到产品的材料、人工和其他成本都可以直接归属于特定产品，尽量减少不准确的分配。不能追溯到产品的成本，则先追溯有关作业或分配到有关作业，计算作业成本，然后再使用不同层面和数量众多的作业动因将作业成本分配到产品，尽可能减少不准确的分摊，因此能够提供更加真实、准确的成本信息。作业成本法的独到之处，在于采用不同层面的、众多的成本动因进行成本分配，要比采用单一分配基础更加合理，更能保证产品成本计算的准确性。作业成本法的应用不单单优化了制造费用的分配，提升了成本核算的准确性，在作业分配到产品的过程中更是提供了有关增值作业和非增值作业的分析依据。企业可以通过消除非增值作业实现成本控制。

3. 适时生产制度

适时生产制度是指企业的生产能够精准地满足客户在时间、质量和数量上的需求。依据适时生产制度，企业的原材料和产成品都处于零库存状态，只有当客户提交订单后，企业才会开始原材料的采购和产品的生产活动。这就要求供应商需要及时将原材料配送到生产现场且原材料符合生产需求。低库存甚至零库存的好处在于可以降低仓储、保管、搬运占用的成本，消除了生产过剩、库存积压的浪费。JIT 是依据适时生产制度发展起来的精益生产管理系统，作为存货管理的工具在制造业企业中得到广泛应用。零库存是降低储存成本的理想状态，在实际的生产经营过程中，企业借助信息化系统及时掌握采购、生产、仓储及销售相关信息，合理规划存货订货时点、订货批量，使存货采购、仓储、加工、销售整个过程能够紧密衔接，在满足生产经营需要的同时减少存货资金占有率，尽可能降低存货管理总成本，提高劳动生产率和企业综合效益。

4. 全面质量管理依据

为了取得真正的经济效益，企业必须以顾客的需求为出发点，以顾客的满意为落脚点。质量是指顾客对产品和相关服务的满意程度，而质量成本是指企业为了保证和提高产品及相关服务的质量而支出的一切费用，以及由于未达到产品和相关服务的质量标准而产生的一切损失。质量成本一般包括预防成本、检验成本、内部缺陷成本和外部缺陷成本。其中，预防成本和检验成本属于控制成本，与产品质量成正相关关系；内部缺陷成本和外部缺陷成本属于损失成本，与产品质量成负相关关系。因此，企业产品管理需要在保证客户满意度的情况下，保证产品质量成本维持在低水平状态。

在现代成本会计体系下，企业管理者价值链视角下的成本管理，注重从整体的角度合理配置企业内部资源，对保证产品质量进行必要投入。一味追求低成本、忽略质量管理的短视行为，只可能为企业带来一时的利益，而这背后隐藏着巨大的损失。一方面，存在质量问题的产品带来返修、退货等一系列问题，增加了企业的外部缺陷成本；另一方面，质量低劣的产品最终将失去顾客和市场，缩小企业的利润空间。换言之，质量成本是企业所必须付出的，质量管理是企业所必须重视的。

管理实践中应重点把握现代成本会计体系中的几种重要方法之间的内在联系。从成本控制的角度，价值链分析、作业成本法和适时生产制度的核心都在于识别和消除非增值作业。全面质量管理则起到矫正作用，即成本控制的大前提是保证产品质量。从成本核算的角度，作业成本法极大地提高了成本会计信息的准确性，进而更好地服务于企业的经营管理决策，如库存管理和质量管理决策。

（三）现代成本会计体系的主要作用

1. 丰富了成本的含义

现代成本会计体系下，成本不再单单局限于制造环节，而是放眼于产品的全生命周期。具体包括上游成本，即研发、设计环节所花费的成本；中游成本，即制造环节所花费的成本；下游成本，即销售和售后服务环节所花费的成本。因此，成本核算和成本控制应该以产品的研发和设计为起点，贯穿产品的全生命周期，为企业管理者提供管理用的成本信息，充分发挥成本会计的预测和决策作用。

2. 完善了成本的核算

现代成本会计突破了传统成本会计中的会计分期假设和货币计量假设。现代成本会计改变了传统会计成本体系下货币计量假设的币值不变假设，即以历史成本为计量基础，降低了成本会计信息的相关性和有用性。同时考虑了通货膨胀，引进了现行价格，更有利于正确评价企业的经营业绩。此外，作业成本法的应用大大优化了成本分配法，尤其是提高了制造费用分配的准确性，拓展了成本会计的成本核算功能。

3. 加强了成本的控制

在科技不断发展和市场竞争日趋激烈的背景之下，企业成本管理环境更加复杂，传统成本管理理论的一些不足也逐渐显现出来：一是成本控制的范围和视角较为狭隘，局限于企业内部的产品生产，主要服务于短期决策，难以支持企业长期竞争优势的实现；二是缺乏对成本产生动因的深入分析，成本核算的精确性影响成本控制和决策的准确性。因此，企业为适应市场环境变化，获得成本优势，必须革新成本管理理念和管理方法，形成现代成本会计体系。现代成本会计体系中的重要观念和方法几乎都围绕着成本会计的成本控制功能，突破了传统成本管理控制的局限性，在企业成本控制中发挥出越来越重要的作用。

在现代成本会计体系下，企业管理者应当运用价值链成本管理视角，从整体的角度对企业成本进行管控，对价值链上每一个活动的成本进行准确核算和分析，特别是在生产环节，运用作业成本法等先进成本核算方式，提高成本核算的精确度，为企业进行成本管控提供准确的成本信息。同时，在保证产品质量和客户满意度的基础上，寻求降低企业成本的有效方法，激发并保持企业长期的竞争优势。现代成本会计将成本核算和生产经营相互衔接，运用多种成本核算和成本分析方法，对生产经营过程中的各项成本进行分类、核算、控制、分析、预测和考核。现代成本会计是传统成本会计的延伸，具有丰富成本含义、完善成本核算、加强成本控制的作用。企业应当加强对现代成本会计的应用，通过对成本的有效控制，实现对全产业链的监督，最终实现更高的经济效益。

第二节　关注成本中的可控因素

成本会计工作的目标，是企业在生产活动中，准确反映出人工、原料等生产要素的消耗情况，采用合适的分配方法，提高产品成本的准确性。管理会计师管理决策的基础，更加注重固定成本、变动成本的区分。以短期的管理决策为例，管理会计工作的开展，是分析成本的具体组成，然后改进生产流程，采用有利的技术方法，最终降低经济成本。另外，在部门管理和绩效考核中，采用先进的管理方法，也能够控制运营成本的支出，在保证运营收益的基础上，增加利润空间。

一、成本会计在企业中的运用

进入 21 世纪后，我国市场经济较以往有了很大发展，同时伴随着改革开放进程的逐步推进，一大批现代企业如雨后春笋般涌现，而在此背景下，企业为了适应日益激烈的市场竞争，就必须用更加科学的管理模式实现企业的现代化发展。但是，目前多数企业在管理方面的重视程度依旧不足，其中以成本会计管理方面最为严重，同时在现代办公技术逐渐普及的发展趋势下，对于企业成本会计管理水平的要求越来越高，这使得企业提高成本会计管理质量迫在眉睫。基于此，围绕成本会计在企业中的运用进行探索，符合当前企业发展的需求，值得我们给予足够重视。

（一）企业成本会计管理现状

我国市场经济发展迅速，而市场经济的进步必定会带动行业的进步以及企业的进步，因此包括成本会计管理在内的企业管理将直接关系到企业能否适应行业的发展需求。同时，在新的经济发展阶段下，以 OA 办公自动化系统为主的现代办公系统早已被各大企业所重视和推广，其不仅能够极大提高企业的办公效率，还能为企业成本会计管理工作提供极其便利的工具。但是，从目前来看，多数企业并没有真正重视起成本会计管理工作，管理水平相对较低，很不利于企业的长期健康发展。一方面，多数企业基础员工的成本意识较差，实际会计成本管理困难较多，一些管理规定并不能有效地落实，使得成本会计部门往往形同虚设，工作质量相对较差；另一方面，多数企业并未具备较为专业的成本会计管理理念，相关会计系统及管理技术的引入力度也有所不足，这使得成本会计工作者在开展日常工作时往往会有心无力，工作效率相对较低。

（二）企业成本会计发展过程中的影响因素

从目前来看，我国成本会计正步入一个新的发展阶段，一方面，在现代办公技术及方法的支持下，传统手工记账方法已经基本被淘汰，取而代之的则是更加系统、更加高效的互联网成本会计管理系统；另一方面，伴随着行业的推广，成本会计逐渐被各行各业所认可和重视，其应用范围越来越广，同时由于需要与各行业特点相结合，其理论体系也较以往更加复杂。可以确定的是，当前阶段企业成本会计发展迅速，且在成本会计给予企业发展机遇的同时，成本会计所受到的影响因素也越来越多，而正是这些影响因素制约了成本会计管理质量的提高，基于此，我们从几方面探讨了当前企业成本会计发展过程中的影响因素。

1.目标管理

目标管理是影响当前企业成本会计发展的一大关键因素，具体来说，目标管理指的是对目标成本的制定、控制、分析和分解，而成本会计管理工作其中比较重要的一项便是借助目标管理结果来确定企业的宏观发展决策。但是，目标管理是一项相对复杂的工作，其负责人员不仅要围绕企业的总体目标来制定每一个部门及个人的工作目标，还要配以足够完善的监管措施和激励机制来确保该目标的实现。可以看出，目标管理的难度往往较大，因此多数企业很难具有较高的目标管理质量，因此也就在很大程度上制约了企业成本会计的发展。

2. 理论限制

伴随着技术的进步，企业成本会计管理工作获得了很大的发展机遇，但受企业经营者思想观念的影响，一些企业仍未将现代管理理念和技术应用至实际的成本会计管理工作中，这就使得成本会计的发展受到了理论、技术、设备几方面因素的影响。其中，由于市场竞争日益激烈，企业为了一时发展只重视利益，而忽略创新，使得国内外一些先进的管理技术得不到推广，不仅不利于企业的长期健康发展，也不利于行业的持续进步。同时，很多企业缺乏完善的人才培养机制，所具有的成本会计工作人员普遍素质较低，使得成本会计管理效率相对较低。

3. 市场调控

成本会计的基础在于企业的各类成本数据和成本信息，而这些数据和信息往往会受到市场调控的影响。一方面，企业为了发展，往往会与多家企业建立合作联系，而当企业为了利益最大化而选择不同的企业进行合作时，企业的成本信息便会发生变动，进而便会导致成本会计具有一定的多变性；另一方面，一些经济政策及国家规定的下发，往往会使产品的市场价值发生变化，进而便会影响企业的宏观战略决策并导致成本数据的变动。

（三）成本会计在企业中合理运用的主要措施

1. 在企业决策上的运用

成本会计质量给企业的宏观决策带来很大的影响，尤其是各类成本信息的准确度将直接决定企业的发展。近年来市场经济发展瞬息万变，企业为了生存就必须洞悉市场的变化规律，而这给成本会计工作提出了更高的要求，成本会计工作者必须进一步提高自身工作质量，为企业提供更加真实、有效、准确的成本信息，帮助企业制定更加科学、合理、长期的宏观发展目标，只有这样，才能确保企业在激烈的市场竞争中能够有一席之地。

2. 在企业生产上的运用

成本会计管理最根本的目的在于节约企业生产成本，提高企业利益。一方面，企业可借助成本会计管理有效对产品及其原材料进行质量控制，在增加企业产品利润空间的同时确保产品的质量，帮助企业树立良好的企业形象，使其获取更多的合作和市场资源；另一方面，企业可将成本会计与企业生产、物流、客服等环节紧密联系起来，用成本会计理论指导生产，用具体生产情况引导成本会计管理。

3. 在企业发展上的运用

成本会计管理不仅需要对企业成本进行管控，还需要对市场成本进行实时监测。一方面，企业成本会计工作者需要及时了解国家下发的各类市场调控规定，确定其是否会对企业的成本信息造成影响；另一方面，企业要紧密围绕市场来开展成本会计工作，成本会计管理人员对市场要有系统的把握，要能够第一时间确定企业的最佳合作伙伴，确保企业始终拥有较强的市场竞争力。

4. 在企业售后上的运用

现代企业更加看重企业口碑，而正如上文所述，优秀的成本会计工作能够让企业在利益最大化的同时减少产品的故障，提高产品的口碑。同时，借助成本会计工作，企业产品的后期维修成本也将降到最低，而这对于企业形象的树立以及企业的健康发展无疑有着巨大的帮助。

二、管理会计工具在企业成本管理中的应用

成本管理作为企业运营中的重要组成部分，有利于维护经济效益。而管理会计工具有助于促进成本管理工作的顺利开展，受到广泛应用。

（一）作业成本法

作为管理会计工具的组成之一，作业成本法在企业成本管理中发挥着重要作用。作业成本法也称为作业量基准成本计算方法，其应用过程主要包括工作成本计算、成本要素及两者之间的关系分析等。

作业成本法在实际应用中，以产品在操作中的所有程序为基础，深入分析产品作业过程中对于企业资源的消耗情况，进而合理分配成本，尽可能实现资源利用的最大化。例如：企业内部某两种产品的生产量分别为 2000 件和 3000 件，每件产品所消耗的人工费用是 7 元和 5 元，用于产品生产的材料消耗为 12 元和 10 元，利用这些信息，会计人员可以运用作业成本法分析出两种产品的资源消耗情况。同时还能够结合产品生产过程中所消耗的电力资源、设备维修与调整费用以及产品质检过程中所需花费的资金，进而综合全面地给予企业管理者规范的产品资源消耗数据。有助于企业管理者了解两种产品的资源消耗对比情况，进而依据相关数据进行定价，实现良好的成本管理，强化资源的高效利用。

（二）目标成本法

目标成本法在企业成本管理过程中的应用也较为广泛，区别于作业成本法，目标成本法的应用主要将市场发展现状作为企业运营的重要基础。在深入调查市场情况的基础上依托于市场导向进行产品的目标利润制定，然后对产品的周期成本以及相关的资源消耗进行合理规划，进而主观性地对成本进行管理控制。由于目标成本法涉及产品生产各个环节的具体规划，因此工作应该从产品的开始设计阶段展开落实。

例如：经过严格的市场调查，显示企业即将生产的某产品在市场上的销售定价为 1600 元，而企业自身对于产品所定的利润目标为 300 元。根据上述信息就能确定产品在生产过程中消耗的资源应该少于 1300 元。进而利用目标成本法对各项资源消耗内容进行合理分配，规范生产过程的资源消耗，在强调各工序按规定执行的情况下实现高质量的成本管理，切实控制企业生产过程的资金消耗，维护企业经济效益。

（三）标准成本法

标准成本法指的是企业在生产产品过程中运用计算方法制定标准成本，综合考虑企业生产的基本现状，然后将实际的成本与标准成本进行数据比对。针对其存在的差异性进行深入分析，探究生产流程中存在的影响成本管理的因素，进而在强化成本核算质量的基础上发挥成本控制的作用。

例如：企业在生产某产品时，单个产品标准成本为 5 元，而在实际生产中，单个成品的成本超出了标准成本，为 5.5 元。那么在生产数量为 1000 件的情况下，实际成本超出标准成本 500 元。基于标准成本与实际成本之间存在的差异进行分析，财务管理人员能够利用计算机软件进行数据分析，能够容易辨别出具体生产过程存在的成本控制问题。进而针对差异性规范生产流程，为保证企业的经济效益提供有利条件。与此同时，标准成本法在经济业绩评价方面也具有明显优势，能够有效辨

别出不同工种以及不同产品生产线对应的员工绩效，有助于完善企业的管理体系，对企业的长期稳定发展具有推动作用。

（四）变动成本法

变动成本法也是企业成本管理中重要的管理会计工具，其应用效果不亚于标准成本法，特别是基于变动成本法所具有的产品成本形态分析特点，可以有效确定产品成本的高低，这对于提高财务人员工作效率、强化财务管理效果具有重要影响。变动成本法的具体应用中，主要将产品的成本、生产期间的消耗成本（生产期间成本信息）分别列入变动生产成本和固定生产成本中，进而采集生产期间成本的相关数据进行分析，将分析结果报告给企业的管理人员，然后让管理者以数据为依据，利用贡献式损益计算程序控制生产成本。

例如：假设企业在某年计划生产 20 万件产品，并且全部销售完毕，依据往年的销售情况所制定的目标利润为 12 万元。在实际生产过程中，年产量超出了 20 万件，为 21 万件，利润为 13 万元。表面上利润已经超过了目标利润，但实际情况应该根据变动的成本进行分析，管理人员需要考虑到多出的 1 万件产品在生产过程中需要耗费一定的资金和企业资源。只有依据变动成本法才能更好地了解成本管理情况，进而促进成本管理工作的高效开展，强化企业的经济效益保障。

（五）预算管理工具

预算管理工具也是管理会计工具应用的重要表现，在全面展开预算管理的基础上，企业的经营活动以及其他生产与投资活动都能够有一个很好的预算安排。财务管理人员可以将企业的战略目标作为理论依据，寻求适应企业发展的预算管理模式，进而在相关项目实施之前，对项目的资金投入进行全面定位，同时还能够根据以往的数据信息展开分析讨论，结合客观因素对财务支出进行合理预算，进而以高质量的预算管理控制企业运营成本，切实发挥管理会计工具的积极作用，推动新时期企业的可持续发展。

（六）资金管理工具

资金管理工具相对而言应用频率较少，主要原因是有针对性的资金管理工具本身就稀少。此类工具主要功能是对企业运营的资金进行系统的规划，也就是对某一时刻企业的流动资产和负债之间的差额进行计算，了解企业资产负债关系，进而给财务人员掌握企业的发展现状创造有利条件。有助于财务人员依据企业发展现状给出针对性的成本管理对策，同时还能够促进财务人员运用科学的资金筹集方式维护企业的资金调动，不仅能够合理强化资金的使用效率，还能保证资金流动的安全性，这对于企业经济效益的保障具有深远意义。

第三节　实现事前成本控制

传统的产品定价工作，是采用市场定价模式，或者成本基础理论。基于管理会计理念下，目标成本法成为一种新型的定价方式。相比于传统定价方法，两者的共同点是价格由成本、目标利润两个部分组成；不同点则是在传统定价模式下，企业被动接受生产成本，然后按照生产流程生产产品；如果发现成本超出目标，就调整生产流程，因此属于事后控制。目标成本法的应用，首先预设目标成本，然后发挥工作团队的作用，不断降低生产成本、完善生产流程，将实际成本控制在目标成本以内，因此属于事前控制。

一、产品成本与销售定价决策关系

市场营销影响因素绝非单方面的，从产品生产、包装、定价、营销整个环节出发，营销主要由产品、促销、分销和定价组成，企业创造价值与利润要素主要是前三个要素，最后一个要素主要是从前三个要素中获取收益和效益。在销售中价格是唯一可以产生收入的主要因素，其他因素均是成本。在市场经营活动中价格是灵活变动存在的，是影响市场经营的最灵活因素。价格绝非定性因素，任何因素都会影响到价格，价格的变动、市场变动，也就会影响到企业的盈利。对于企业来讲产品销售定价是组成企业营销的组成要素。定价决定企业营销中的市场份额、盈利内容。在市场上定价构成了营销的一部分，市场定价也根据营销环境而变得更复杂，定价的难度也更大。在定价的过程中，生产方需要考虑多方面因素，比如消费能力、市场价格、市场接受能力。

在市场竞争越来越激烈的背景下，价格竞争越发普遍，在这种过程中最大特征就是价格围绕行业平均变动而围绕其上下变动，同时也不排斥同行之间存在的恶性竞争。当企业变动成本无法达到企业的平均成本时，该企业已经不具备竞争实力。部分公司的产品售价低于平均变动生产成本的同时，企业本身还有别的产品销售，这种情况下企业现金流亏损越来越多，销售数量越多企业的亏损就越大，在这个时候企业可以采取的措施就是有计划地限制销量。当产品销售价格大于平均变动成本的时候，企业的生产和销售越多，企业现金流也会增加，此时需要准确核算企业的变动成本才是企业应该重视的要点。影响产品定价的市场因素有企业原材料成本、市场因素等，因此影响因素有内部因素和企业外部因素，整体上构成复杂的定价体系。

（一）影响产品定价的要素分析

1.产品的成本

在马克思主义政治经济学理论当中，认为商品价值是构成价格的基础，假设商品价值为 C、V、M 要素，将这些要素结合起来，C+V+M、C+V 表示劳动力价值的转移、劳动力所创造价值的相加综合，M 表示人力创造的价值。因此企业定价的过程中需要思考人力价值，人力成本是影响定价的重要因素。企业生产产品，需要将材料、物力、人力作为支持，才可以为社会创造的价值，对企业而言，定价需要思考多方面因素。市场定价的过程中，定价有最低的成本界限，当定价高于最低成本，且在最低成本的基础上提高时，企业才可以制定出能够获得诸多利益的价格，如此企业才可以弥补生产所消耗的物资、人力等成本，当销售金额高于成本才可以包装并盈利。但是销售定价是按照成本、利润、税金三个部分来制定，其中成本也可以分为固定、变动两种成本，定价就会受到这两种成本的影响，固定因素不变，但是变动过因素较多，很容易影响到成本。

市场上人们对成本的划分有社会平均成本与企业个别成本。生产同类产品的市场中主要是受到社会成本影响。在有足够竞争力的情况下企业个别成本比社会平均成本或高或低，但是最终影响不大。结合市场发展来看，工业生产中，产品的成本在出厂价格中约占据 70%，也就是说成本是构成价格的主要因素，从价格、数量出发分析，成本是影响因素。在制定价格的时候考虑要点必然是成本优先，因为在市场上成本较高不利于市场的稳定和谐发展，但是成本低会扰乱市场，影响市场质量，企业定价的时候绝不可以单一思考某一种因素，而是要从产量、同行、资金等方面出发，甚至也要将影响因素囊括起来综合考虑。

2.市场需求

变动除了成本影响定价以外，市场需求也会影响企业定价。企业定价是要销售产品，产品销售到人们的手中。这些人构成客户与市场，同时客户的需求、生产成本的供需非常重要并且受到影响。

如果商品市场需求大于供给，适当抬高价格盈利，如果商品市场需求低于供给，降低价格即可，价格应根据市场来灵活设置，不能最低，也不能最高。

反之，价格变动反而会影响市场的受众，影响到市场需求总量与销售量进而影响到企业的盈利，最终影响到企业获利。企业在制定产品价格之前，要了解市场情况，调研与分析市场，也就是在研究市场价格关系之间的价格需求弹性系数，需求弹性系数定义是根据价格的变动反映需求的变化。

3. 竞争因素

市场竞争也会影响到价格，市场构成很复杂，企业之间的关系复杂，企业呈现出同质化特征，而市场上的不同企业中，由于竞争程度不同，企业定价水平有高低的差别，按照市场竞争程度可以将其划分为不同情况：

完全竞争是一种市场状态，这是一种理想的极端市场，并不会真实存在，完全竞争条件下卖家、买家大量存在，产品同质无差异，自由买卖且自由选择产品，买卖双方能够得到完整的情报，完全竞争状态下的市场定价没有影响因素，只能在现有市场水平上定价、营销。

不完全竞争也是市场状态的一种，一种商品完全被另一方控制，形成垄断市场，根据企业需要来随意定价，企业可以根据数量、价格等单方面决定价格。这种定价现象在现实生活中并不常见。企业销售活动的开展影响到市场定价、市场竞争。完全竞争和完全垄断是市场发展状态下呈现出来的两个极端，因此第三种形式就是不完全竞争市场，这是一种比较合理的现实市场，根据竞争强度决定定价，而定价主要是取决于产品的制作难度与成本，甚至与专利等相关，在市场供需的刺激下形成有效市场竞争格局，定价也要了解竞争对手对销售价格的定位，了解对方实际与处于竞争中的地位。

4. 其他企业定价策略

除了受到上述因素影响之外，市场上还有很多因素影响到市场的定价，比如政府干预企业生产，同时政府强制性定价；也有行业组织干预生产，或者是原材料供应不及时而出现定价较高的现象；消费者的消费能力、消费习惯等都会受到影响。比如发生金融危机的时候，大家的消费能力为负，此时的定价高低都无法激发消费心理。

企业为维护经济秩序、维护市场来干预定价；同时以法律规定来强制性定价，政府干预行为有限，比如针对生产的毛利率，对毛利率划定了最高与最低价格、限制价格浮动幅度或者是价格变动等手续，实行价格补贴等政策。美国就有鲜明的案例，美国州政府以租金控制法来控制当地的房租、牛奶价格。法国会控制香水、宝石的价格，均衡面包的价格。

消费者心理变动，我国消费者秉承"一分钱一分货"的消费理念，而该理念也是影响价格决策的重要因素。现实生活中当消费者面对不熟悉的商品，常常从价格上判断商品的好坏，而在部分情况下甚至出现完全相反的行为，比如涨价会减少购买的常规现象，但是部分商品涨价反而会刺激消费。因此在研究消费对定价决策的影响的时候，企业应当充分考虑各方面因素，结合市场的各种因素，了解消费者的心理变化来合理定价。

（二）企业销售定价的基本程序

1. 全面分析

成本制定战略目标。企业决策层要结合大量资料，充分进行全面的分析，综合分析顾客竞争因素来对产品，比如当一个公司某项产品定价的紧要关头，经理们匆匆见面草率决定，在该决定中并不分析公司的成本是否受到销售额影响，也不考虑市场用户群体，不考虑客户群的开发和沟通，不分析客户在购买中发挥的价值与作用，忽视了竞争对手可能做出的准备。在这个过程中竞争对手可能做好各方面准备，积极与用户沟通、确定定价，及时反映定价。这样的定价决策必然打败毫无准备的公司。综合各方面因素来考虑，定价之前，设定战略目标，这有利于企业的长远发展，战略目标是企业发展的基本方向，公司经营活动均是由战略目标作为指引。在实际发展过程中战略目标作为一个动态概念，它的实现永远没有尽头。从一定手段上来讲战略是企业定位的标杆，是企业发展的方向，价格是企业实现盈利与长远发展的目标的保证手段。

2.战略分目标

战略目标制定之后，企业执行之前应划定分目标，分目标需要从细节方面入手，进行更细节、更全面的分析，确定分目标实现的具体期限、具体时间。分目标主要是为了帮助企业设定良好的执行方向，开展具体活动；分目标也有可能是围绕某一个活动、某一项产品。

企业总目标的设定影响因素很多，部分公司总是按照自己的意愿来定价实现产品的营销，这样反而使企业的总目标很难实现。确定目标是否合理应满足几个条件，其一对企业对目标的实现是否投入了全部的期望；其次对公司发展、经营是否有利；其三，目标是否可能实现。在市场发展中人们追求市场份额占有量或者是恰当目标，但是如果公司的成本与增长存在优势的时候，市场占有量的考虑不应靠前。除非公司可以降低成本或者是开拓新市场打出价格优势，建立更好的产品分销渠道，否则企业无法应对竞争者的价格战。同时无竞争产品的情况下如果决策对潜在客户考虑不全面，盲目确定市场份额作为定价目标也是不正确，当企业面临这种情况适当以分销和促销作为发展战略更切实际。

3.策略目标

制定完毕要就完成、执行目标，这需要策略作为支撑。比如一个公司确定战略目标之后，在市场份额上保持市场份额的统治地位，定价目标应该依据市场份额与去年目标持平。公司应与去年的目标结合，企业则可以采取回敬竞争性降价手段。如果公司要扩大产品在大学中的销售额，定价则是未来这一市场销售额的基础上增加50%，那么公司极为可能对学生进行折扣销售。如果公司目标是合理生产，保持设备80%以上的利用率，那么剩下的生产能力就会用来应付临时高峰需要，则销售策略就是淡季降价、旺季涨价的策略。实际上部分策略非常简单，就是市场变动的涨价、降价现象。实际上有效的定价决策是非常复杂的行为，涉及利益方也错综复杂。比如行业激烈竞争的时候必须向竞争者发出信息来影响定价，比如产品捆绑销售手段，甚至在销售中还要考虑促销和分销之间的协调性。产品经理在这个过程中还会碰到这样的问题，是将现有预算用在广告或者是价格促销上，还是同时进行这两种促销才可以取得更好效果。定价决策也会受到法律条件的制约，因此需要了解法律，部分价格折扣存在违法现象，因此立法有严格规定的，禁止竞争者之间价格串通和协议。因此从定价等多个方面来看，策略施行、确定目标的意义相同，这对企业的定价有重要的影响。

（三）产品的定价目标

1.以利润为主

定价目标是企业想获利，通过制定一定价格满足人们的购买需求，为达到目标，定价内容极多，定价目标可以划分为利润、销售、稳定价格等，都与企业发展相关。利润目标会影响到企业定价，也是企业生产、发展、获利重要手段，给企业生产经营的直接动力、目的，实现有效发展。

而企业利用利润，有两种实现方式：

一是以追求最大利润为主要目标开展活动，利润有长期与短期的区别，同时也有单一和全部利润区别。企业的发展是长期的，因此企业追求应该是长期、全面利润来获取更大优势，从而占领市场，发展前景更好；如果是小型企业，会在发展方面追求短期利润。最大利润目标并不意味着高价，反而是要占领更多的市场，顾客也会减少，利润也会减少。有时候高额利润需要低价策略作为维持，等待占领市场之后再抬升价格。同时部分企业也会选择部分产品低价赔钱销售来招揽顾客，以营销谋取最大利润。

二是追求适度利润，这是企业在补偿社会平均成本的基础上适当增加一定量的利润作为商品价格，从而获取正常情况下的合理利润。最大利润实际上是一块完美的蛋糕，可口诱人，但是这是市场无法追求的一个目标，实际使用会受到诸多限制。因此企业在发展的过程中都会按照适度原则来确定利润和目标。采取适度利润作为目标的原因非常多，一方面适度目标的产品定价不会太高，因此不会形成恶性市场竞争；同时部分企业为协调投资者和消费者之间的关系采取适度目标的方式。实际上适度定价是务实的一种表现，不会让企业的发展陷入困境，同时也可以避免与大型企业产生抗争，在中和的状态下抢占市场，得以获得长时间的发展，价格适中消费者接受能力强，同时也是符合政府价格方针，兼顾企业利润与社会利润符合市场发展需求。适度利润必须要全面思考产品定价的影响因素。

2.销售目标

以销售目标定价的方式，主要是为了谋求销售额最大化。某一个产品在特殊时期和特定市场状况下，销售额由销售量和共同价格来决定，因此销售额既不代表销量，也不代表价格，部分企业的销售额上升，但是利润反而很难上升，部分企业甚至存在亏损现象，因此必须考虑两者的平衡，让销售额和利润两者发生矛盾的时候应尽量保证最低利润。

3.市场占有

目标市场占有目标也叫作市场份额，是指企业的销售额占据整个行业的销售额的百分比。市场占有量是企业经营状况、产品竞争力的直接反映。作为定价目标，占有率和定价之间的关系非常强，从长期的发展来看市场占有率高必然带来更高利润。市场占有率目标在运用的时候同时存在保持、扩大之间的递进关系，保持市场占有率的目的就是根据市场竞争对手的价格的水平来调整价格，从而保证其具备足够的竞争优势，避免竞争对手的市场占有量超过自己，从而达到扩大销售市场、控制市场的目的。

二、管理会计在市场定价决策中的应用

定价决策在市场经济条件下已成为企业普遍关注的热门课题。作为一个有战略眼光的管理者，他所应该思考的问题不是"我们需要什么样的价格才能收回成本并赚取预期的利润"，而是"在市场可接受的价格下，维持什么样的成本水平才能实现预期的利润目标"，管理会计可以为企业提出明确的发展方向和目标。

（一）管理会计应用中存在的问题

1.企业外部环境的影响

管理会计与企业外部环境具有十分密切的联系，在现实经济生活中，外部环境主要指经济体制环境、法律环境和文化环境。

（1）经济体制环境的影响

管理会计由决策会计和执行会计两大部分组成，并以决策会计为主体。在计划经济体制下，企业的供、产、销及人、财、物均纳入相应的计划，最大和最重要的投资项目由政府做出决策；其他

投资项目由有关部门的部长或负责人决定。在这种情况下，给企业经营决策者提供决策信息就没有任何意义。从党的十一届三中全会到现在，我国的企业制度改革经历了放权让利、企业承包和转换经营机制三个阶段，使得经营决策者在进行决策时更重视一些行政因素和社会影响因素，而不能重视管理会计所提供的信息，从而造成了管理会计在企业中不能普遍应用。同时，现阶段我国的金融体制、价格体制还不完善，使得管理会计在实际中不能充分发挥作用。

（2）法律环境的影响

法制上的不健全、不完善使得管理会计给企业提供经营决策信息时在有用性、相关性方面大为减弱；法律实施情况不如人意也是制约公平竞争环境形成的另一个重要原因。在现实工作中权大于法，法律的权威受到了极大的影响，非规范的会计行为几乎存在于所有会计行业，这使得主要信息来源于财务会计的管理会计只能给企业的决策者提供非正确的信息。可见，法律体系的不完善和执法力度不够，使得管理会计在企业中运用缺乏一定的保证。

（3）文化环境的影响

这种影响具体表现在：会计工作的地位低下，财务会计工作一直是会计人员工作的最重要的组成部分，而管理会计则成了副业；由于经营者的"长官意志"的存在，管理会计利用各种信息，经过各种计算分析得出最优方案提供给领导者，是否有作用不敢断言；一些消极文化思想使得管理会计在企业中的作用事倍功半，从而影响它的推广和应用。

2.内部环境的影响

管理会计主要是为企业内部管理决策服务的，企业的内部环境对管理会计普遍应用具有举足轻重的作用。企业的内部环境主要指企业的经营者、会计人员和会计电算化设备。

（1）企业经营决策者的影响

企业的经营决策当局对管理会计的重视程度直接影响到管理会计在企业中能否普遍应用，目前在许多企业中，既没有建立管理会计组织，也没有培训相应的管理会计人员。会计人员本身也没有应用管理会计的机会与积极性。

（2）会计人员的影响

会计人员对管理会计运用的影响主要体现在会计人员素质上。由于会计人员素质跟不上，就使他们没有精力去实践管理会计。同时，我国会计人员的职业水准不是很高，在会计披露上弄虚作假，造成会计信息失真的情况严重。这些因素都限制了管理会计在企业中的普遍应用。

（3）会计电算化的影响

在开展会计电算化的企业中，其应用也仅仅停留在事后算账的水平上，不具备进行事中控制和事前预测的能力。同时，现阶段我国管理会计的软件开发严重滞后，使管理会计中一些复杂的公式和模型没法运用。

3.管理会计自身缺陷的影响

（1）管理会计研究的领域狭隘

一般管理会计只注重财务会计信息，加强企业内部成本控制，而市场竞争要求管理会计要重视企业内部信息，注重市场信息，单纯依靠企业内部的信息很难做出正确的评价和决策。

（2）管理会计的几点不妥

现代企业管理是经营性管理而非生产性管理，企业经营管理应着眼于销售。而管理会计却将销售作为一个常量，把销售额的确定作为成本预测和控制、利润规划和控制以及资金规划和控制的前提条件，这必将阻碍管理会计的应用。

（3）信息滞后性

由于管理会计的许多信息来自财务会计和成本会计的报告，但是任一期的会计报告正好在下一期中间呈报。这些信息的滞后使得其对管理者进行决策毫无用处，严重削弱管理会计的作用。

（4）对市场寿命较短产品的评价

现代产品的一个趋势就是更新换代加快。许多产品的寿命周期只有几年，有些仅为一年或更短。许多企业在行业中的竞争不仅靠产品的低成本生产，而且靠产品更新。上述几方面因素的存在使得管理会计在企业中作用的发挥受到严重限制。无论是从对内还是对外角度出发，传统管理会计体系的焦点主要集中于对内的方面，对市场的认识或评价竞争者行为的目标做得不是那么好。

（二）价格决策中的短期行为与防范

1. 企业定价决策的短期行为

当企业推出某种新产品或者当产品处于市场引入期或成长期时，产品定价仅仅考虑当时快速成长的市场需求，很少或基本没有考虑到把价格作为阻挡竞争者进入的有效壁垒，因而这些先期进入市场的企业普遍采用高价策略。导致这些产品的利润率远远高于社会平均利润率，而过高的利润率又吸引了大量的竞争者一哄而上，使产品的生产能力在短期内赶上并超过市场需求的增长。这在我国的家电产品、保健产品、儿童食品以及汽车、摩托车、电子通信产品等领域都表现得非常突出。

当产品在市场处于成熟期或衰退期时，众多企业又片面地将价格竞争作为扩大市场份额和增加利润的主要的甚至是唯一的手段。

企业在进入市场、开拓市场的过程中，没有将价格策略与其他营销策略作为一个有机的整体，协同运用，制约了企业市场竞争力的提高。

2. 防范企业定价决策短期行为的措施

深化行政体制改革，实现政企分离，同时加强中央政府的宏观调控，为现代企业制度的建立提供有利的宏观环境，是解决企业营销目标和营销决策的短期行为问题的前提条件。深化政策的对策主要包括：

第一，在政企分离、产权明晰的基础上形成责任明晰、权力有效制衡的公司治理结构，使企业真正成为既有动力又有约束力的理性市场和投资主体。

第二，通过经济立法，规范企业投资行为，并赋予中央政府专门的立项审批权。政府通过法律赋予的审批权和监督权，事先防止各地盲目重复建设。

第三，运用经济手段，创造资本集中的氛围。政府可通过税收、外汇配额等多种优惠措施，扶持大企业，支持企业之间的联合、兼并。

第四，加快建立与完善以失业保险、医疗保险、养老保险为主体的社会保障制度改革，建立再就业服务体系，减少行业过剩生产能力的退出障碍，为企业之间的购并及产业结构的调整提供有利条件。

企业营销战略与策略的创新，是解决定价决策短期化行为的关键。

一是树立市场导向的现代营销概念。随着消费需求的变动，技术扩散的速度加快，产品的市场生命周期越来越短，企业之间的竞争更趋激烈。通过消费者需求和竞争者分析有效兼顾来制定企业营销战略的思想，即为市场导向的营销观念。

二是科学择定目标市场。企业要进入某市场，不仅要充分发挥企业的资源优势，保证企业获得较大的市场份额，而且进入这一市场，要既符合企业预定的战略目标，又能保证在充分利用企业可控制资源的条件下能够成功地实现战略目标。

三是增强协同运用各种营销策略的能力，将价格竞争与非价格竞争协调起来，提高综合竞争能力。

三、案例分析

现代企业竞争日趋激烈，降低成本是企业在社会经济中制胜的重要法宝。在企业的经营管理过程当中，成本是无处不在的，它是提高企业竞争能力的重要因素。因此，如何降低成本成为各企业急需解决的关键问题。

（一）作业成本法简介

作业成本法诞生于当代企业的制造环境中。它弥补了传统的成本计算方法在现代企业中的一些弊端，具有很强的实用性。传统的成本计算方法先确定分配标准（如机器工时），再将所有的间接费用依照这一标准计算出分配率，最终把间接费用根据分配率分配到各个产品中去。作业成本法中定义了"作业"这一概念，将作业归集到作业中心，根据动因计算出每个作业的动因率，最后根据动因率计算得出每个产品应该负担的间接费用。

传统的成本法只考虑到产品，没有考虑到产品生产过程中资源的来源，导致计算出来的产品应负担的费用不准确、不合理，从而向管理者提供的成本信息失真，使管理者做出不合理的决策。作业成本法注重的是作业，考虑到了费用的来源，划分得更细，计算出来的结果更加准确。

（二）A 公司作业成本法的应用背景

A 公司的主营业务是饮料的生产，最初只是生产香草饮料和巧克力饮料。几年前，销售经理引进了一种新口味的草莓饮料，这种饮料的生产成本和香草与巧克力饮料的基本相同，但是价格却高出很多，所以，领导们都认为这是一个很难得的扩张生意、扩大市场的机会。接着，A 公司又引进了杏仁饮料，它的售价更是高出草莓饮料很多。虽然新引进的饮料的市场反应效果很不错，销售量也很高，顾客对新口味的饮料也很喜欢，但公司的总盈利却降低了，更糟糕的是公司竟然陷入了亏损的状态。这时候，公司领导开始怀疑是不是应该生产这种新口味的饮料。生产经理分析了各种因素得出了结论：引进新口味的饮料之后，生产程序变得复杂了，原来的生产方式不能适应现在产品类别增多的现状，需要研究新的生产方式来改变这一状况。

（三）A 公司作业成本法应用

1. 应用程序

（1）定义作业

A 公司根据自己的生产经营特点将作业分为运行机器、处理生产流程、调试机器、支持产品四项，作业的划分是根据作业成本法中作业的选择遵循重要性原则进行的。

运行机器。主要的作业活动是机器折旧、机器维修和运行机器。

处理生产流程。主要的作业活动是采购材料、准备生产、发出材料、生产检验。

调试机器。主要的作业活动是变更产品口味时的工作。

支持产品。主要的作业活动是监督各种产品的原材料和产成品的最低库存量，提高生产工艺，改进产品配方。

（2）确定成本动因（见表5-1）

表5-1 成本动因确定表

作业	作业成本动因
运行机器	机器小时
处理生产流程	流程数量
调试机器	调试小时
支持产品	产品数量

（3）计算作业成本动因率（见表5-2）

表5-2 作业成本动因率计算表

作业	作业总成本（元）	作业成本动因	作业成本动因量	作业成本动因率
运行机器	210000	机器小时	6000	35/机器小时
处理生产流程	330000	流程数量	1000	330/流程
调试机器	168000	调试小时	4000	42/小时
支持产品	72000	产品数量	2	36000/件
总计	780000			

表5-2中计算过程如下：

运行机器动因率 =210000÷6000=35（小时）

处理生产流程动因率 =330000÷1000=330（流程）

调试机器动因率 =168000÷4000=42（小时）

支持产品动因率 =72000÷2=36000（件）

（4）把作业成本分配到各产品中（见表5-4）

表5-3 各产品成本动因量消耗表

作业	作业成本动因量	动因率	动因量（香草）	动因量（巧克力）	动因量（草莓）	动因量（杏仁）
运行机器	6000	35	3000	2400	540	60
处理生产流程	1000	330	350	325	250	75
调试机器	4000	42	1400	780	1250	570
支持产品	2	36000	1	1	1	1

表5-4 各产品作业成本分配表

作业	作业成本（香草）（元）	作业成本（巧克力）（元）	作业成本（草莓）（元）	作业成本（杏仁）（元）
运行机器	105000	84000	18900	2100
处理生产流程	115500	107250	82500	24750
调试机器	58800	32760	52500	23940
支持产品	18000	18000	18000	18000
总成本	297300	242010	171900	68790

表5-4中的计算过程如下：

香草运行机器费用 =3000×35=105000（元）

香草处理生产流程费用 =350×330=115500（元）

香草调试机器费用 =1400×42=58800（元）

香草支持产品费用 =18000×1=18000（元）

香草作业成本总费用 =105000+115500+58800+18000=297300（元）

巧克力运行机器费用 =2400×35=84000（元）

巧克力处理生产流程费用 =325×330=107250（元）

巧克力调试机器费用 =780×42=32760（元）

巧克力支持产品费用 =18000×1=18000（元）

巧克力作业成本总费用 =84000+107250+32760+18000=242010（元）

草莓运行机器费用 =540×35=18900（元）

草莓处理生产流程费用 =250×330=82500（元）

草莓调试机器费用 =1250×42=52500（元）

草莓支持产品费用 =18000×1=18000（元）

草莓作业成本总费用 =18900+82500+52500+18000=171900（元）

杏仁运行机器费用 =60×35=2100（元）

杏仁处理生产流程费用 =75×330=24750（元）

杏仁调试机器费用 =570×42=23940（元）

杏仁支持产品费用 =18000×1=18000（元）

杏仁作业成本总费用 =2100+24750+23940+18000=68790（元）

2. 作业成本法与传统成本法的比较

传统成本法下 A 公司的间接费用分配结果：

间接费用 =780000（元） 机器工时 =6000（小时）

香草耗用机器工时 =3000（小时）

巧克力耗用机器工时 =2400（小时）

草莓耗用机器工时 =540（小时）

杏仁耗用机器工时 =60（小时）

香草分配率 =3000÷6000=0.5 巧克力分配率 =2400÷6000=0.4

草莓分配率 =540÷6000=0.09 杏仁分配率 =60÷6000=0.01

香草应负担的间接费用 =780000×0.5=390000（元）

巧克力应负担的间接费用 =780000×0.4=312000（元）

草莓应负担的间接费用 =780000×0.09=70200（元）

杏仁应负担的间接费用 =780000×0.01=7800（元）

将作业成本法下各产品应负担的间接费用与传统成本法下的进行对比（见表 5-5）。

表 5-5　各产品两种成本法下的间接费用

成本法	香草饮料	巧克力饮料	草莓饮料	杏仁饮料
作业成本法（元）	281100	242010	155700	68790
传统成本法（元）	390000	312000	70200	7800

从表 5-5 可以看出：

对于 A 公司一直销售的香草饮料与巧克力饮料来说，传统成本法下计算的间接费用高于作业成本法下计算的间接费用，对于 A 公司后来引进的新口味的草莓饮料与杏仁饮料来说，传统成本法下的间接费用低于作业成本法下的间接费用。

香草饮料和巧克力饮料属于大批量简单生产的产品，草莓饮料和杏仁饮料属于小批量、定制化强、技术性高的产品。按照机器工时或直接人工为标准进行分配的传统成本法下计算的结果导致香草饮料和巧克力饮料这两种大批量简单生产的产品的间接费用被高估。虽然草莓饮料和杏仁饮料的产量小，耗用的人工和机器工时少，但是生产这两种产品需要的技术高、过程复杂，耗用的支持性费用较高，传统成本法忽略了这一特点而低估了这两种产品的间接费用。可以分析出，传统成本法对现在的 A 公司已经不适用了，它会使公司的产品成本失真，误导其生产经营管理。作业成本法才是适合其生产管理的方法。

3.作业成本法对 A 公司的作用

作业成本法的应用大大地改善了 A 公司亏损的状态，使 A 公司走上了正常的运营轨道。作业成本法的应用为 A 公司带来了许多好处，主要的作用有以下几点：

（1）作业成本法为 A 公司提供较为准确的产品成本信息

作业成本法将 A 公司的各项生产活动划分为若干作业，以作业为基础确定各个成本动因，计算出成本动因率，再根据动因率把间接费用分配到产品中。从作业成本法的核算程序可以看出，作业成本法考虑到了生产的各个环节，计算出来的间接费用更加贴合实际情况，得到的各个产品的成本信息更加可靠，有助于公司领导做出合理的生产决策。

（2）作业成本法有助于 A 公司做出合理的产销决策

A 公司面临着许多生产订单，但是要从公司的经济效益出发，选择盈利较大的订单进行生产。因为作业成本法能够为 A 公司提供较为准确的成本信息，所以管理者可以根据成本信息分析出哪些订单应该接受，哪些订单应该拒绝。因此，作业成本法有助于 A 公司做出正确的产销决策。

（3）作业成本法有助于 A 公司做出科学的产品定价决策

多数企业之间的竞争是从产品价格上进行的，它们试图通过价格优势争夺市场。A 企业产品品种增多，制定合适的销售价格能够提高竞争力。产品价格通常是根据成本制定的，准确的成本信息为产品定价提供了有利条件。因此，作业成本法的应用有利于 A 公司做出合理的定价决策，使自己的产品在市场中更具有竞争力。

（4）作业成本法有利于 A 公司合理利用资源

应用作业成本法的过程中，A 公司可以了解到每个作业消耗资源的情况，对一些资源消耗量大且增值小的作业进行适当的控制，对一些资源消耗量不大且增值较大的作业进行加强，这样就能使资源得到合理的利用，达到减少资源浪费的效果。

（5）作业成本法有利于 A 公司对各部门的管理

因为作业成本法的应用将生产过程分为若干作业，所以各部门的分工明确，责任明确，有助于 A 公司对各部门的管理。当某一环节出现问题时方便找出责任部门，同时也有利于督促各部门认真负责自己的工作，有利于形成高效有序的工作制度。

（四）作业成本法在现代企业成本管理中的优势

由众多成本计算方法的实施效果中不难发现作业成本法是目前成本计算方法中较为先进的方法，它适用于多数企业的成本管理。作业成本法不仅弥补了传统成本法的不足，而且有其自身的优势。通过与传统成本法的对比可以发现作业成本法具有以下主要优点：

1.作业成本法提供的成本信息更加可靠

传统成本法下计算的产品成本与作业成本法下的计算结果不同。传统成本法的核算结果会导致成本信息失真，为企业管理者提供不准确的成本信息，误导管理者做出错误的决策，影响企业的成本管理效果。传统成本法下的分配率是根据特定的单一的标准计算得出的，其分配的对象是产品，比如：机器工时比率。传统成本法将成本费用与产品产量相关联，认为产品产量增加，该产品的费用也随之增加。例如，某企业生产两种产品，一种产品的产量高，另一种产品的产量低，在分配产品费用时，若按照传统成本法的核算程序（机器工时作为分配标准）计算，结果是产量高的产品所分配的间接费用较多，产量低的产品所分配的间接费用较少。然而，这两种产品消耗的各种间接费用并没有相差太多，这就导致了最后的计算结果高估了产量较高的产品的间接费用，相应地也低估了产量较低的产品的间接费用。从而反映出来的成本信息是不准确的。

传统成本计算方法会导致成本信息不贴合实际，而作业成本法不存在此问题。作业成本法没有直接计算产品成本，而是引入了作业和成本动因的概念，将生产的各个环节分为若干作业，以作业为基础找出成本动因，计算出成本动因率，再依据动因率把间接费用分配到各个产品中去。从作业成本法的核算程序可以看出，它考虑到了产品生产的各个环节，采用多种标准分配间接费用，而并非像传统成本法一样只考虑最终产品的成本。这样一来，按照单一标准分配间接费用的传统法的缺陷在作业成本法中就不存在了，此外，作业成本法还提高了计算结果的准确性，使提供的成本信息更加可靠、更加合理，从而能够有效地控制成本。因此，作业成本法在企业成本管理中有积极的作用。

2.作业成本法可以改进预算控制

企业的预算控制对其生产经营也是十分重要的。在传统成本核算方法的影响下，企业管理者只着眼于产品成本的控制，而忽略了成本产生的原因。在作业成本法中，管理者有机会注意到成本产生的原因，通过分析成本产生的原因做出合理的预算也就不难了。产品生产的整个过程中，每个环节都会增加产品的价值，每项作业都在消耗资源，同时也在产生新的价值，直到将产品销售给顾客为止，这就形成了作业的价值链。在这条价值链中，有些作业能够增加产品价值，有些作业不能增加产品价值。在做预算的过程中，对于不能够增加产品价值的作业要合理控制，尽可能地减少其对资源的消耗；对于能够增加产品价值的作业要进一步加强，但也要合理控制其对资源的消耗，努力做到耗用最少的资源达到增值的效果。这样就能使管理者做出科学合理的预算，减少不必要的开支。因此，作业成本法对成本预算有积极的作用。

3.作业成本法使产品产销和定价更加合理与科学

现代企业发展过程中，机械化程度越来越高，直接成本所占比例越来越小，间接费用所占比例越来越大。同时，企业之间的竞争也愈演愈烈，企业的竞争无非就是在产品价格上做文章，许多企业试图通过改变产品价格来争夺市场，然而，传统成本法反映的成本信息失真，导致企业做出错误的成本估计，从而产生了错误的产品产销和定价决策。就如上面提到的传统成本法会高估产量高的产品的间接费用，同时会低估产量低的产品的间接费用一样。从表面上看，这种产品成本高，利润水平肯定低，所以决策者就不会接受这种订单。相反，对于产量低的产品，传统成本法会低估其成本，利润水平却被高估，这样一来管理者肯定会做出接受订单的错误决定。从这些分析可以看出，传统的成本法会误导企业管理者做出错误的生产经营决策。

若应用作业成本法就不会出现上述问题，前面的分析已经提到了作业成本法的计算结果较为准确，所以不会出现高估或低估产品成本的问题，它所反映出来的成本信息是较为合理的。决策者可以根据作业成本法核算的成本信息制定出更加合理、更加科学的产销和定价决策，从而使产品的价格在市场中更具有竞争力。

4.作业成本法能够优化企业资源配置

作业成本法最大的特点就是以作业为基础，它将生产过程分为多个作业，通过各个作业可以了解资源消耗情况。由此，企业就能够根据分析出的资源耗费原因制定出相应的解决措施，从而可以优化资源配置，减少资源的浪费，实现企业规模效益的目的。比如，某生产企业生产多种产品，为了提高效益，企业决定减少产量，但如何减少是个重要的问题。此时就要对各个作业进行评估，通过对作业链、价值链进行分析，从中找到资源耗用量大、增值小、获利能力小的产品，对这些产品进行减产减量的生产。而对那些资源耗用量少、增值大、获利能力大的产品可以加大生产力度。这样不仅能使企业获得最高的经济效益，还能使企业的资源得到充分合理的利用，达到资源优化配置的目的。

5.作业成本法可以改善企业业绩评价

传统成本计算方法使用单一标准来分配间接费用，只考虑最终产品，忽略了各生产环节的成本动因，会造成责任不清的问题。在作业成本法下，作业清晰，成本动因明了，间接费用责任明确，对于各部门业绩的评价有一定的改善作用。另一方面，责任明确能督促各部门工作人员认真负责地工作，有利于形成热情高涨的工作环境。

6.作业成本法对企业经营管理战略具有启发作用

作业成本法是目前世界上较先进的成本计算方法，随着科学技术的发展，作业成本法适用于多数企业的经营管理。作业成本法计算的准确性、对预算的控制、对产品产销和定价政策的制定以及对企业业绩评价等方面都具有重要作用。它与传统的成本核算方法相比较有了很大的完善和提高。作业成本法能够为企业决策者提供更加准确、可靠的数据，做出更具有竞争力的经营管理决策，对企业经营管理战略具有深远的影响。作业成本法具有很多优势，但不能说作业成本法是完美的，它也存在许多不足：因为生产经营活动是复杂多样的，各项作业也都是相辅相成的，所以，在划分作业时比较困难，很难划清界限；成本动因的确定比较困难，在多个动因中选出合适的成本动因是有一定难度的；作业成本法的工作量太大，实施的难度较高等。

第四节 注重成本的全面性

细化企业产品的成本，包括机会成本、隐性成本、未来成本等。管理会计的应用，能满足企业的可持续发展需求，在成本决策中，不仅考虑到显性的、已经发生的成本信息，还会关注隐性的、未来可能发生的成本信息。当前的经济社会下，市场竞争越来越激烈，企业要想获得竞争优势，在成本分析时就应该考虑到各个方面，从而避免决策的盲目性。

一、成本精细化管理概述

（一）精细化管理的内涵

精细化管理理论出现于 20 世纪 50 年代，是由日本的企业家们提出的一种管理理念。该理念最早始于丰田生产方式，主要强调生产的"准时化"和"自动化"，即在汽车的装配过程中，将各种零件恰好送达到流水生产线上，同时赋予机器人的智慧，实现机器的自动化。

具体来讲，精细化管理具体包含以下三个方面的含义：一个是全员管理，即精细化管理应当体现在企业的所有员工中，由所有员工将这一理念贯彻到日常的工作中，实现工作的标准化、定量化，达到最佳的工作效果；二是全过程管理，即精细化管理不仅仅是某一个部门某一个工作环境的细致管理，而是企业方方面面都要做到细节管理；三是持续化改进，精细化管理需要慢慢改进，在工作过程中发现问题，通过改善问题改进管理。

（二）成本精细化管理的内涵

成本精细化管理是精细化管理的一部分，也是精细化管理的目的。因为企业实施精细化管理的目的之一就是要控制成本，提高效益。成本精细化管理指的是企业通过制定各种精确化、细致化、具体化、定量化的标准，采用科学的分析方法，对企业运营过程中各项流程进行科学的管理，以达到降低各项流程成本目的的一系列活动，为企业管理人员做出重大决策时提供较为真实、具体的成本信息，降低企业经营成本，实现成本的最小化，达到企业收益最大化。

（三）成本精细化管理的特征

根据对成本精细化管理内涵的理解，与一般的成本管理相比，企业成本精细化管理具有以下特征。

1.强调精确性

在传统的粗放式和经验式管理中，模糊的概念、模棱两可的目标等较为常见，而精细化管理中，严谨将成为员工的工作习惯，数据也变得极为重要，通过严谨提高管理的精确性，通过数据来提高成本控制的科学性及准确性。

2.强调流程再造

企业实施成本精细化管理，需要对现有的流程进行梳理，发现每一个环节中的问题，进而予以改进。细分企业各项流程，识别环节问题，改进问题，便是流程再造的工作之一。

3.强调持续改进

成本精细化管理不是一次性工作，而是一项永无止境的浩大工程，只要企业存在，成本的精细化管理就不能停止。

4.强调全员参与

管理的核心问题是人，精细化管理的实施更离不开人。将每一位员工看作管理者，让每一位员工都能认识到精细化管理的重要性，都能够具有精细化管理的意识，都能将精细化管理落实到自己的工作中，强调的是全员参与。

二、成本精细化管理的内容

成本精细化管理需要企业注重每一个环节的细致化管理，因此，需要对企业经营过程中的各个环节进行精细化管理，具体包括研发设计阶段、采购阶段、生产阶段、物流阶段等环节。

产品的研发对于企业增强竞争力是十分重要的，这是因为大部分产品生产成本的80％在该阶段就已经基本确定，因此，企业应当在产品研发设计阶段开始就需要以精细化管理的思想对成本进行管理。在研发阶段成本的精细化管理，可以通过目标成本管理，强化新产品的成本分析，同时还要缩短产品设计周期，控制研发环节的成本投入。

在确定生产产品的型号、类型之后，需要由采购部采购原材料等物资，大部分制造型企业中物资采购成本占据了企业经营过程中成本的很大一部分，因此，需要加强采购的成本精细化管理。

在采购阶段，重点是完善公司采购流程，建立准时化采购，同时与优质供应商建立稳定的合作关系，以此加强成本的精细化管理。在生产产品的过程中，成本精细化管理的重点是消除不增值作业，降低甚至避免生产过程中的浪费，提高劳动生产率。

因此，生产阶段需要加强对物资的精细化管控，以减少物资浪费；优化生产流程，采用准时化生产的方式，提高劳动生产率；采用 6S 管理方法，合理配置生产要素，规范员工操作，减少浪费。

在产品物流的过程中，主要包括产品的运输、储存、流通等多项活动，具体成本包括运输成本、装卸成本、仓储成本等。

该阶段成本精细化管理的思想是减少运输环节，降低运输成本；规范仓储作业，降低仓储成本。总之，成本精细化管理是通过对企业价值链上各个作业的优化，去掉不增值作业，减少经营过程中的各种浪费，降低成本，提供生产资料的利用率。

通过对成本精细化管理内容的理解，其体系可以概括为如图 5-1 所示：

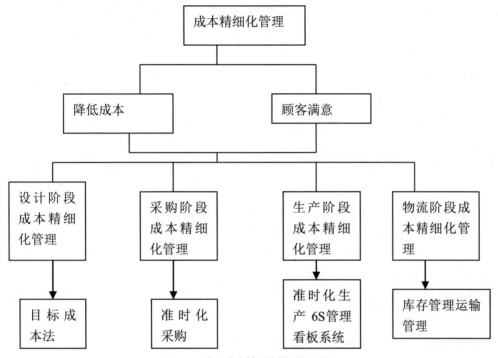

图 5-1　企业成本精细化管理体系图

三、成本精细化管理的方法

成本精细化管理是全面精细化管理（TLM）的一部分，全面精细化管理则是将精细化思想植入到企业经营过程中的各个环节、各个方面，从而使企业逐渐消除不增值作业，进而消除经营过程中存在的各种浪费，降低企业经营成本，提高生产效率。成本精细化管理的方法主要有以下三种：

（一）目标成本管理

目标成本管理是目标管理的一部分，其管理对象是目标成本。目标成本指的是企业经营过程中想要达到的耗费成本的值，目标管理是企业确定目标并确保目标实现的一系列活动过程。

目标成本管理则是企业在成本预算的基础上，结合企业的战略目标，确定某个时期内的成本总目标，并对总目标进行分解，分解成部门目标、员工个人目标等，对成本目标的完成情况进行评价的一系列活动过程。目标成本管理的推行不仅能够指导企业成本的过程控制，做到企业经营成本事前的科学规划；同时还能够增强全体员工的成本意识，从而确保企业经营过程中成本的控制，真正达到控制企业成本、提高企业利润的目的。

（二）作业成本管理

作业成本管理法是在作业成本法的理论基础上发展起来的新型管理方法，主要目的是提高客户价值，同时尽可能地提高企业的盈利能力。作业成本管理法是通过确认作业，在作业层次进行成本计算，计量作业成本，计算产品成本，对企业的每项作业活动都进行动态的追踪，同时对作业活动进行成本链分析，以便企业能够为消除那些不必要的作业提供依据，降低企业经营成本，提高企业经营效率，为各项决策提供可靠数据信息。

作业，简单来讲就是企业的每一项工作，主要消耗企业资源，产出企业产品。通过作业的划分，不仅能够体现各作业中心对企业产品的价值，同时还有助于企业准确分析各作业活动消耗资源，有助于企业实现更精细化的成本管理。作业成本管理通过作业成本中心设置成本控制责任中心，有助于增强全体员工的成本意识，充分调动全体员工控制成本的积极性，有利于企业加强成本控制。同时，作业成本管理从一开始就注重产品的设计、研发、质量等管理，能够合理有效配置企业资源，提高企业的市场竞争优势。

（三）价值链成本管理

价值链是所有作业活动构成的集合体，价值链成本是价值链上各个作业活动在开展过程中消费的各种资源，价值链成本管理是对整个价值链上的各项作业活动的资源耗费进行科学控制的过程。具体来讲，价值链成本管理是对作业成本管理法和价值链分析法的继承和延伸，是以企业战略为导向，以价值链分析法和作业成本法作为主要分析工具，收集企业内部及外部的所有成本信息，对这些成本信息进行分析，通过得出的结论对企业价值链进行优化，降低价值链上各个作业活动的成本，实现企业效益最大化，同时使企业获得持续的市场竞争力。

通过对企业价值链流程的分析，对各个活动进行精细化管理，能够促进企业价值链整体成本得到控制。价值链成本管理的空间范围比较宽，不仅要对企业内部价值链成本进行管理，同时还延伸到外部价值链成本管理，包括对企业作业活动、供应商、顾客、竞争对手等所有相关内容的成本管理。

（四）几种精细化成本管理方法的比较

作业成本管理理论、价值链成本管理理论、目标成本管理理论都是在大量实践的基础上总结出来的科学理论，但是几种理论都有各自的优缺点，同时有各自的推广意义。几种成本管理理论的比较如表5-6所示：

表5-6　几种成本管理法的比较

理论	优点	缺点	推广意义
目标成本管理	成本控制理念较为先进，不仅重视事中、事后控制，同时还注重事前控制；抓住了成本控制的关键，通过制定成本目标，实行成本责任制的方式控制成本	该方法注重对成本的控制，理念较为先进，而对成本的核算方法则还存在一定的局限	有利于指导企业对经营成本进行事前的科学规划，同时确保企业经营过程中成本的控制

续表

理论	优点	缺点	推广意义
作业成本管理	为企业的成本控制提供更精确的数据； 能够减少不必要的作业耗费，使得企业效益提高成为可能； 能够发现非增值作业中浪费的成本，并消除不必要的浪费	对企业自动化程度的要求较高；增加了成本计算的工作量，采用该方法的成本较高	有利于发现企业成本影响的根本因素，实现企业成本的持续改进
价值链成本管理	强调全局、系统、整体，是从战略角度对企业成本进行管理； 成本管理的控制范围更全面，不仅考虑企业内部价值链，同时关注企业外部价值链； 抓住了成本管理的关键，即从作业出发，发现作业中的问题，改善这种问题达到降本增效的目的	由于管理的时间、空间更为广泛，操作更为困难，成本更高，适用于规模较大的公司	从战略的角度对企业进行成本管理，拓宽了企业成本管理的视野，实现对企业成本进行全面动态的管理，是当代企业选择的新型成本管理模式

从表 5-6 中可以看出，成本管理的每种方法均有各自的优缺点，也有各自的推广意义。

四、管理会计工作精细化在现代企业管理中的应用

企业会计工作适应精细化管理发展的需要，转变职能，对企业精细化管理整体进程的推进具有重要的作用。

（一）管理会计的职能应与精细化管理相适应、相呼应

管理会计是为企业内部的生产经营活动服务的会计。管理会计是为满足企业内部管理、控制、监督和决策的需要服务，它注视市场、立足企业、面向内部，对企业将要发生的未来经济行为进行预测、规划和调控。精细化管理是一种具有创新性的管理理念和方法，它以专业化为前提，系统化为保证，数据化为标准，信息化为手段，把服务者的焦点专注到满足被服务者的需求上，以获得更高的效率、更多的效益和更强的竞争力。精细化管理与管理会计密不可分，二者相适应、相呼应，工作才能取得预期的效果。

（二）管理会计与精细化管理结合的工作着力点

1. 在管理会计与精细化管理融合方面

所谓市场化精细管理，是指将企业内部的各生产系统、各单位以及单位内的各班组、各道工序，用市场用户的关系加以连接，使各系统、各单位、上道工序所提供的产品或服务，转化为用内部价格所衡量的价值和为下道工序所认可的商品，实行有偿往来结算，以达到激励员工、控制成本、提高经济效益的目的。在市场化精细管理模式中，具有为企业内部经营管理服务职能的管理会计发挥了重要的支撑和促进作用。

2. 发挥内部核算体系的作用

在市场化精细管理模式下，充分借助财务会计、管理会计的规则，根据管理的需要，完善了内

部核算体系。市场化精细管理模式下的内部核算，与原来的核算方式相比，主要有以下四个方面的变化：

一是，在核算人员上，将会计人员充实到核算岗位上。

二是，在核算方式上，由统计核算变为会计核算。

三是，在核算内容上，由部分成本核算变为完全成本核算。

四是，在核算的层次上，实现了核算主体的下移。

3. 发挥企业内部银行在精细化管理中的积极作用

为了规范内部结算、内部核算、内部控制等业务流程，确保公司内部各单位间经济往来结算和经营成果核算的高效、准确、有序运作，依据市场化精细管理的要求，集团公司建立内部银行。内部银行具有以下主要职能：

管理职能：负责制定内部银行的业务范围、运营程序等管理办法，经公司审批后执行。

结算职能：这是内部银行最基本的职能，它主要是对企业内部各级市场主体的有偿经济往来进行结算，为内部核算、绩效评价提供基础数据和资料。

信贷职能：开展内部资金信贷业务。以服务生产、满足生产需要为根本宗旨，按照公司市场化精细管理的要求，积极开展内部材料、设备资金及工资等方面的信贷业务。

监督和控制职能：以公司预算为根本前提，对各级市场主体的资金运用情况进行有效的监督、控制。及时对各内部资金信贷用户及信贷情况进行逐月统计分析，确保贷出资金合理有效流动，并逐月向公司有关领导和部门汇报分析结果，为公司领导做出准确的决策提供重要信息和依据。

4. 充分发挥内部价格体系的杠杆作用

为确保内部结算准确、核算可靠，集团公司本着从微观管理入手，以实现宏观管理为目标的原则，以历史数据为基础，以预算管理为手段，进行大量的数据测算工作，健全企业内部价格体系。为有效结算、核算奠定了基础并发挥了不可替代的作用。例如班组、员工个人通过精细化核算系统可以快速查阅当日当班生产任务完成情况、材料及电力消耗情况和日、班的劳动成果评价，知晓个人的当班和当天的劳动收入，为下一个工作日追赶先进、克服不足定下目标。使按劳分配原则在基层得到很好的体现，工人劳动的自觉性和主动性得到极大提高。

（三）规范预算管理体系对管理会计乃至企业管理精细化提供保障

企业经营预算是经营活动的起点，是引导控制企业经营活动全过程的标准，制定科学合理的预算可以保证企业的生产经营行为在预定的轨道上运行。为加强预算管理，集团公司成立预算工作领导小组，设立预算管理办公室，制定预算管理办法。

（四）做好成本管理基础工作

一是，制定科学合理的消耗定额；二是，严格落实资金定额，控制规模和额度；三是，原始记录和凭证的完整性；四是内部价格的制定和执行。

五、精细化管理案例设计

（一）生产成本精细化管理设计思路

在现有传统成本管理构架基础上，运用精益求精的精细化思维，结合采油厂特有的成本特性，从成本发生的源头做起，对整个成本管理流程的各个环节和控制点进行逐一梳理、细化、再造，去粗取精，去伪存真，将采油厂的成本管理沿着精和细的方向持续不断地推进。

1. 细化成本决策流程

控住成本发生源头。采油厂的生产成本，可分为日常维护成本和措施投入成本。日常维护性成本，是维护油田生产的正常进行所必要发生的成本，通常由各级管理人员在职责范围内进行决策，不需要特别的决策程序。但措施成本，通常是为了增加油气产量而增加的投入。如果因产出增加而增加的效益大于成本的投入，对采油厂就是有效益的；否则，措施的投入就是无效的，因此措施的投入存在着风险性。而且，由于地下资源的特殊性，同一般的加工制造行业相比，有着更大的风险性，需要采油厂通过特别的决策程序，决定是否采取措施。在传统的决策过程中，通常是重视产量分析而轻效益分析，行政决策大于专家决策，存在"拍脑袋"现象，造成成本投入的决策浪费。所以，应细化采油厂的成本投入决策流程，使专家决策大于行政决策，效益决策大于单纯的产量决策。不可否认，措施的投入本身就具有风险性，但决策的做出，至少是成本投入的风险在可承受的风险范围内，尽最大努力从源头上把住不应发生的措施成本的投入。

2. 做细成本预算

增强成本预算的可执行性和对成本管理工作的指导性。成本预算是日常成本管理与控制的基础。科学合理的成本预算，能促进成本管理工作的提升，而较大偏差的成本预算，可能会挫伤成本管理与控制的执行性。在传统的成本预算过程中，多重视历史成本的参照性，并根据预计工作量的变化进行加减，使得成本预算的科学合理基础不是那么牢固。做细成本预算，应做细三个方面的工作：其一是预算的标准依据（如科学的定额，先进管理标准的参照，历史成本的细化分析）；其二是工作量的合理预测；其三是重大偏差的调整机制。只有做细成本预算，才能实现预算成本的执行并促进成本管理水平的提升。

3. 精细成本发生过程管理

拒绝过程浪费。成本要素的发生过程，如生产过程中电力成本的实际消耗，是成本的实际形成过程，也是实施成本控制最关键、最后的一个环节。因为过了这个环节，成本的发生已成为不可逆转的事实。传统的成本管理过程，多从成本要素的角度考虑加强成本管理，如加强电力成本管理。笔者认为，成本的管理过程，是靠人来实现的。因此，实施成本发生过程的精细化管理，除了细化梳理针对成本要素的管理外，还应从行为人角度，针对行为人成本管理过程中成本管理行为细化管理，以进一步精细成本过程管理工作。举例来说，如果管线发生穿孔泄漏事故，肯定会发生相应的堵漏等抢险施工费用。

在传统的成本管理过程中，往往认为这些成本的发生是合理的，还可能给相关人员以抢险奖励。因为，这是管线穿孔所致。但从行为人的角度细化分析，相关人员对穿孔事故的发生是否存在成本管理责任呢？其一是管线是否超期服役而相关管理部门没有提出更换计划；其二，相关小班人员是否及时巡护，是否因没有及时巡护发现而扩大了事故损失的后果。从行为人角度，细化成本管理责任，可进一步落实成本发生过程的管理，尽可能杜绝浪费。

4. 细化成本考核

板子打向成本管理责任人。成本管理工作的落实与到位，最后的落脚点在成本考核。只有成本管理与绩效挂钩，奖惩兑现，落实管理责任，成本管理才能发挥作用。在传统成本考核过程中，不细分考核责任，管理人员与一般员工同一尺度考核，再通过"封顶保底"制度进行硬性调节，实际上限制了成本考核作用的发挥，也从一个方面表明，不按责任进行细分的成本考核制度实际上存在着一定的不合理性。细化成本考核，应根据管理责任的不同，将管理人员与一般员工的考核相区分。对责任者加大力度，对一般员工，可柔性考核，从不同层面调动全员成本管理积极性。

5.细化成本管理动态调整与纠偏机制

推进成本管理向精细发展。一方面，由于地下资源的特殊性，人的认识同客观实际总存在差距，成本预算不可能做到百分之百合理。因此，针对出现的大的偏差，应有一个动态的调整纠偏；另一方面，客观环境在不断变化。

随着环境的变化，原来合理的成本预算与管理措施可能变得不合理。如随着国家安全环保政策的要求越来越严格，安全环保措施费用在成本中所占的比重在显著增加。根据原有标准在年初做的年度成本预算，其可能就变得明显不合理，需要根据变化的情况，针对出现的较大偏差进行适度调整。因此，成本管理的过程，需要有一个针对出现较大偏差的情形进行动态调整的机制，以弥补管理机制存在的不足，保证成本管理的方向，实现既定的成本管理目标。当然，成本管理动态调整与纠偏机制的存在，并不意味出现了偏差就进行调整，而是这个偏差严重超出了原有的预期，或者说已经超出了原有的成本偏差容忍范围。

（二）生产成本精细化管理设计原则

1.全面管理原则

全面管理原则，包括全员参与和全过程管理两个子原则。一方面，成本精细化管理要求采油厂的成本管理要向细和精两个方向深入和发展，需要包括管理人员、专业技术人员等全体员工的共同参与、团结协作来完成，纵向形成采油厂、采油区、基层班组等三级责任主体，并最终落实到具体岗位和责任人。另一方面，成本精细化管理又是一个全过程的成本管理，涵盖成本管理"事前、事中、事后"各阶段，包括从源头开始的成本投入决策、成本预算、成本形成、成本分析、管理过程调整与纠偏、成本考核奖惩等过程，需要有大局观念，统筹规划。

2.例外管理原则

为了保证成本精细化管理的落实，采油厂为此不可避免地要投入相应的人力资源成本，但企业的人力资源成本是有限的，而且人的精力也是有限的。为了使有限的成本管理发挥出更大的成本管理效益，成本精细化管理应遵循例外管理原则。即在具体的成本管理实践过程中，在精细化管理流程建立并进入运作后，管理者的管理中心应放在与预定成本控制目标发生较大偏差的管理环节，认真分析其成因并采取相应的对策措施，以保证成本管理精益求精，循序渐进。

下列事项可认为是例外事项：

无法人为回避原因引起的情况严重事项。

可能会影响到成本决策机构做出决策事项。

成本偏差超出了可承受范围。

经常反复出现的偏差事项。

3.经济效益原则

实施成本精细化管理与控制的目的，在于实现企业所预期的利润目标。因此，在成本精细化管理过程中，要高度重视成本投入与产出的比例关系，考虑在一定时期或具体项目过程中以投入较少的成本代价而获得较佳的产出效果，或者在产出一定的情况下，尽可能节省不必要的人力、物力和财力的支出，以确保利润目标的实现。在成本投入决策实践中，如果增加投入可以获得更多的回报，这样的成本投入就是值得的。

4.动态性管理原则

由于地下资源储藏条件的复杂性和油气资源自身具有的独特特点，以及社会条件和客观环境的不断变化，采油厂成本管理的过程是一个动态的、持续的、不断完善的过程。在实际的成本精细化管理过程中，要根据变化了的资源条件和社会条件，适时调整成本管理措施和方法，并根据管理过程中出现的偏差进行不断的修正，动态性地接近预定的成本管理目标。

（三）生产成本精细化管理设计内容

1. 生产成本精细化管理组织的成立

生产成本精细化管理在采油厂的实践与应用，应成立相应的管理组织来完成精细化管理的推进工作。因为生产成本精细化管理，是在原有成本管理基础上的精益求精，推动原有成本管理向精和细的方向深入和发展。因此，成本精细化管理组织的成立，不需要对原有的成本管理组织推倒重来，而是细化完善原有的以成本预算制度为核心的成本管理组织体系：一方面通过补充、细化、完善原有的厂预算委员会职能，由其来承担生产成本精细化管理的领导职能；另一方面进一步细化采油厂级、基层单位、基层班组三级成本管理组织体系，落实责任到岗位和责任人，努力推进采油厂生产成本精细化管理工作（精细化管理前后厂预算委员会变化对比见表5-7）。

（1）厂预算委员会职能设定

根据厂年度收入预算决定全厂年度成本预算总盘子。

决定厂年度预算总盘子细化分解，纵向上分解到各基层单位，横向上将成本管理责任切块归属到各业务部门。

决定厂月度预算。

负责组织制定与落实成本精细化管理措施。

负责组织成本精细化管理执行情况分析，针对执行过程中出现的重大偏差追根求源并采取管理措施。

负责对成本精细化管理过程中出现的成本预算指标重大偏差的动态调整。

负责对成本精细化管理过程中出现的人为造成成本损失的责任追究。

（2）厂预算委员的人员组成的细化、强化

原厂预算委员会的成本管理职能主要为对成本预算进行形式审查，要实现成本预算委员职能转变，完成成本精细化管理职能，应完善、充实现有预算委员会人员组成。在原有的厂领导成员、财务人员基础上，可以吸收技术人员、经营人员、法律人员参加，除了履行原有对生产成本预算从经济、技术、财务、法律等多角度实质审查外，对成本精细化管理过程出现的各种问题进行协调和处理。

（3）厂预算委员会可设专门的预算分委员会

为解决成本精细化管理过程中遇到的专门性问题，如成本预算过程中遇到的专门性问题或成本精细化执行过程中遇到的专门性问题，可在厂预算委员会下设立专门的分委员会，就成本精细化管理过程中出现的专业问题预先进行深入讨论、分析，并提出初步的处理建议，提交厂预算委员会决定。

（4）基层单位成本管理职能的细化

基层单位成本精细化管理的推进应坚持生产与成本管理相融合，坚持一把手工程，改变多由单位副职抓成本管理的传统做法，成立以单位党政正职为主要责任人的单位成本精细化管理组织。其主要职责是：

负责单位的成本精细化管理工作。

执行厂下达的成本预算计划。

将可由基层班组控制的成本消耗细分到基层班组，进一步下沉成本管理责任。

负责本单位成本执行过程中的管理、控制与分析工作。

将在成本执行过程中出现的异常情况向厂预算委员会及时反馈。

（5）基层班组成本管理职能的细化

基层班组作为最小的成本控制单元，在成本执行过程中，起着承上启下的作用。其主要职责是：执行班组的成本精细化管理工作。

将班组成本控制责任进一步细化到具体岗位和控制点，并落实到具体责任人。将成本管理责任落实到一般员工。

表5-7 采油厂精细化管理前后预算委员会变化对比表

/	项目	变化前	变化后
教育职能	决定全年总盘子	决定	决定
	总盘子细化分解	细化分解到基层单位	增加：分解到班组，岗位和控制点
	决定月度预算	决定	决定
	执行情况分析	进行分析，对问题提笼统建议	增加：对执行过程中出现问题追根求源并采取对策措施
	预算指标调整	对大的偏差个别调整	对大的偏差进行系统动态调整
	成本损失责任	笼统追究	严格责任追究
	人员组成	主要为厂领导、财务人员	增加：技术、经营、法律人员
	预算分委会	不设立	增加：设立分委会
	组织体系	厂层级、基层单位层级	增加：基层班组层级

2.生产成本决策体系的精细化

采油厂的生产成本，一般分可分为维护性成本和措施成本。与此相对应，采油厂的生产成本决策可分为维护性成本投入决策和措施成本投入决策。维护性成本是采油厂为维护日常的正常生产而需要的投入，在厂下达预算控制范围内，可由各级成本控制主体在职责范围内自行决策。措施成本，是为了增加产出而需要的特别投入，需要经过一定的决策体系才能实施。值得引起我们注意的是，虽然投资不属生产成本的范畴，但非油气资产投资以折旧的形式在以后年度逐年摊入成本，而油气资产投资与新增储量相关联，随储量以折耗的形式转入成本。因而不必要的投资会提高成本，从而压缩正常生产成本空间，给正常生产成本决策带来影响。

传统的成本措施投入决策，多重视产量增加而轻视效益预测，也缺乏系统的决策流程体系，不可避免地存在着本可从源头上控制就可避免的浪费。这也说明，措施投入存在着源头浪费。从源头上避免这些浪费的发生，应精细化生产成本措施决策体系，建议从以下方面着手：

（1）决策平衡点的确立

依据盈亏平衡理论，如果因措施投入预估增加产量而产生的效益大于因生产该部分产量所发生的费用，这样的措施就是可行的；如果因措施投入预估增加产量而产生的效益小于因生产该部分产量所发生的费用，这样的措施投入就是不可行的。

但是，如果以盈亏平衡理论确定的盈亏平衡点来决定措施决策是否可行时，停止实施预估亏损的措施时，企业的利润不一定都会增加。这是因为，根据成本的特性，如果实施该亏损措施增加产量能产生边际贡献时，即可以弥补一部分固定成本，对企业利润会有一定贡献。如果因预估亏损就停止实施措施，其可以产生的边际贡献就会消失，然而企业的固定成本并未减少，企业利润不但不会增加，反而可能会减少。

因此，在措施投入决策时，如果预估会发生亏损，我们应进一步深入分析。如果预估该措施实施产出效益大于等于措施变动成本，也即当边际贡献大于等于边际投入时，措施实施就是可行的，当边际贡献小于边际投入时，措施当然是不可行的。

然而，当结合油田的生产经营实践进一步分析，我们会发现，由于地下油气资源的独有特性，措施生产本身就意味着应承担一定的风险性。而且，风险的投入意味着一旦获得技术突破，可能会有更大的收入回报，特别是为了实施新技术、新措施，以探索提升地下原油开采程度的新举措，更应要有承担较大风险的担当，即应当有"容错机制"，允许一定范围内的失败。所以，结合油田的开发实践，在边际贡献小于边际投入时，如果这个差值在成本可承受范围内，为了可能获得的风险收益，就可以进行措施投入风险决策。这个差值，成本容忍度的大小由预算委员会根据全厂成本可承受的程度具体确定。

（2）措施决策程序

地质技术人员提出措施方案设计（包括措施优化论证、措施增产量预测等），依地质所内部工作流程进行审查。通过审查进入下一工艺设计环节，未通过审查继续选择并优化方案。

工程技术人员进行工艺方案设计（包括工艺方案优化论证等），依工艺所内部工作流程审查。通过审查进入下一费用预算环节，未通过审查继续选择并优化方案。

有关部门依据工艺方案对措施费用进行预算。

地质、工艺、作业联合组织决策优化论证会，对措施方案联合做出优化决策。

其一，建议由一名副厂长牵头，成立由地质、工艺、作业三大系统技术专家组成措施联合会审小组，由多部门对拟实施措施进行联合多角度论证会审，以尽可能提高措施成功率。

其二，根据论证情况及地层变化情况，对评价部门公布的措施成功概率系数进行适度调整。

其三，根据调整后概率系数计算 R 值。如果 R 大于 0，直接决定实施；如果 R 小于 0，如果在成本容忍范围内决定实施；否则，做出不予实施决定。

其四，做出实施决定的，将决定实施井号、措施内容、论证情况、效益预估（R）情况报厂预算委员会，由厂预算委员会最终决定是否做出措施投入预算安排。

（3）应注意决策的系统思维

为了增加措施决策的可靠性并提高措施有效益率，实现从源头上避免不必要成本的投入，无论是措施提出的优化，还是多部门对措施联合会审，思维上应注意发挥多部门综合优势，避免单部门、单人单打独斗，应突出以下几点：

其一，突出采油厂地质、工艺、作业三大系统的有机结合思维。

其二，突出措施方案制定单位、工艺设计编制单位与组织实施单位"三个层面"的有机结合思维。

其三，突出措施论证制度、措施会审制度和措施效果分析制度的落实，避免落入形式套路。

（4）应注意投资决策对正常生产成本决策的影响

在传统成本管理中，不少人的观念认为，投资是上面给的，不用花自己的成本，因而存在着不考虑投资是否具有必要性、经济性、可行性而争抢投资现象。但事实上，非油气资产投资以折旧的形式摊薄在以后年度成本中，油气资产投资随储量以折耗形式转移到成本中。投资的增加会逐渐推高成本，但由于除财务专业人员外，一般人员了解不多，所以较容易忽视其对成本升高的推动作用。在油价一定的前提下，特别国际油价长期低迷，过多不必要的投资必然会挤占、影响正常的生产成本投入，对生产成本决策带来影响。因而，在生产经营实践中，在申报项目论证争取投资过程中，对项目的可行性、必要性、效益性要进行精心论证，尽量减少缺乏必要性、效益性的投资项目，避免投资挤占成本，保证正常的成本投入决策进行。

3.生产成本预算体系的精细化

传统成本预算主要建立在历史成本基础上。这种预算模式首先有一个不成文的假定，即认为历史发生的就是合理的。推进成本预算体系的精细化，首先就应转换对历史成本认识，敢于否定，贯彻细分的思维，通过细分预算单元，细化预算流程，沿着精和细两个方向推进预算管理体系的精细化。

（1）预算基础的精细化

科学合理的预算，是建立在科学的预算标准和工作量基础上，也只有预算标准科学，预算工作量准确，做出的预算对成本管理才真正具有管控和指导意义。对于加工制造业，由于其成本消耗过程一般是周而往复的循环，其定额标准和工作量也较容易确定。但对于原油生产企业而言，今天的成本消耗过程，很难是完全意义上的昨天成本消耗的重复，因而消耗定额和工作量的确定存在难度。正如20世纪初泰勒通过对人的行为分解研究提出了科学管理思想，引领了管理革命，要实现原油生产成本预算的精细化，应转换原有的依据历史成本笼统预算思路，即应对预算过程细化分解研究，精细预算单元，尽可能探寻较为合理的预算依据和工作量测算基础。

通过预算单元的逐级细分，直到分解为不能再分解的最小预算单元。第一层次，将原油生产成本可分为措施费用和维护性费用。第二层次，将第一层次费用继续细分。对维护性费用，又可细分为电费、作业费、材料费等费用；措施费用又可细分为大修费用、压裂费用等。第三层次，将第二层次费用继续细分。如电费可以进一步细分为采油电力消耗、原油处理电力消耗、污水处理电力消耗、注水电力消耗、办公电力消耗等。第四层次，对于还可以细分费用项目继续细分，如采油电力消耗又可细分高压电力消耗与低压电力消耗，注水电力消耗又可细分为高压注水电力消耗与中压注水电力消耗。第五层次，对于还可以细分的预算项目，进一步细分，直到分解为不能再分解的最小预算单元，如单台设备电力消耗。

预算标准的精细化预算标准的确定，可以采用定额标准、分公司先进水平或自身较好历史成本确定。在划小预算单元的基础上，如果该预算单元有定额标准，可采用定额标准；如没有定额标准，可参照分公司先进水平或自身较好水平结合当前情况，由厂预算委员会确定。在具体确定预算标准时，也可以确定一般预算标准和先进预算标准。一般预算标准作为完成任务的依据，先进预算标准作为努力的目标，达到先进预算控制标准，可以给予更高的奖励作为回报。

预算工作量的精细化以时间的长短为标准预算工作量可以分为年度工作量和月度工作量；以与正常生产的关系又可以分为维护性工作量和措施工作量。在细分预算单元的基础上，根据年度工作量预算与月度工作量预算、维护性工作量预算与措施性工作量预算的特点，将它们有机结合起来，以提高预算工作量的准确度。

其一，在进行年度预算时，建议只预算维护性工作量，而措施工作量在月度预算时给予追加。维护性工作量，是正常生产所必要的，进行年预算时根据油井维护周期也可以相对合理确定，而措施工作量在年度预算时年内是否一定实施较难确定。所以，生产经营实践中存在着将措施工作量、措施产量、措施费用年初预算时一次性下达并纳入对各单位年度考核，但到了年度终了时这些预计的工作量并没有实施或只有部分实施，然而考核却按年初预算执行现象，非常的不合理性，也挫伤了基层单位成本控制的主动性。

其二，进行月度预算时，应允许基层单位在年度预算总盘子范围内自行做出月度预算工作量安排。在年度预算计划下达各基层单位后，应适度给予各基层单位月度预算控制自主决定权。根据生产特性自行安排，如排出全年预算分月控制曲线，上半年月度预算安排可以超过平均月度预算，而下半年月度预算安排低于平均月度预算，而非要求千篇一律地按月度平均预算控制。既可以发挥基层成本控制主动性目的，也可以及早实现成本投入物效用目的。

其三，以预算单元为基础，由基层单位进行详细的工作量预测。依据分解后的基础预算单元为基础，由各基层单位进行详尽的工作量预测。每项工作量的预测要有科学依据，如根据油井洗盐周期进行洗盐安排，根据油井维护周期进行的维护性作业安排。

（2）预算工作流程的精细化

基层单位根据细化的预算单元，在预算委员会指导下，依照各类消耗标准、成本定额、先进水平，进行工作量预算和费用预算，并上报厂预算委员。其中，措施工作量及费用预算由厂措施联合论证会确定后上报。

通过上下结合，厂预算委员会审定预算。结合各基层单位资产、人员状况、生产规模、管理难度等，依据各类成本消耗定额以及行业先进水平、历史先进水平等标准，对各单位上报预算进行细化审定。针对复杂的成本预算可以先交由预算分委会从专业角度进行深度分析，提出初步处理意见，再上报预算委员会讨论，做出最终决定。对于存在较大分歧的成本预算，如年度成本预算，成本预算委员会可将审查意见反馈到基层单位，再次听取基层单位意见。通过与基层单位的对接、沟通、协调的几次反复，尽可能在消弭与基层单位分歧的基础上做出决定。因为预算的执行最终要靠基层单位来完成，而基层单位愿意接受预算与被动接受预算，其执行预算的主动性会存在差异，充分的上下沟通，更有利于基层单位主动执行预算。

基层单位将预算费用进一步细化下达到基层班组。基层班组具体落实到各岗位和控制点，细化完善预算控制的厂、基层单位、班组三级网络。结合厂下达的预算控制计划，将班组可以控制费用层层细化分解到班组，具体落实到区块、单站、单井、单台设备、具体岗位和控制点，使得人人肩上有压力，个个头上有责任，全员参与成本精细管理。

当出现较大成本缺口时处理建议。在上级部门批准的年度成本总盘子与厂成本预算存在较大缺口时，传统成本预算控制多采用刚性控制即按比例硬性下调成本预算。但结合成本控制实践看，由于油田生产的独有特性，某些成本费用只要生产在延续，如污水处理费用，无论是否有足额成本预算，该成本一定要发生。同时，因为成本控制好坏与基层单位绩效挂钩考核，较大差额的成本刚性预算控制反而会挫伤基层单位正常的成本消耗控制主动性，反而因此可能形成新的浪费，事实上使成本控制处于失灵状态，或通过降低有效工作量而使预算不超支，进而给企业的长期发展带来非常不利的影响。

建议在进行成本预算决策时，若存在较大成本缺口，应细分情况，避免一刀切。针对只要生产持续就必须发生且不可能压缩的单项费用应足额下达，可考虑通过预期创收或压缩其他有弹性费用来弥补。必要情况下可做差额预算，即适度超过上级下达预算总盘子，至少能调动基层单位对正常消耗主动控制的积极性，使成本控制处在较好状态。

（3）预算的细化动态调整

预算是对未来情况的预估，因而与实际情况总会存在偏差，特别是针对石油行业的独有特性。一般情况下，存在偏差是正常现象，也在大家的预期范围内，因而也不需要对预算指标做出修正。但是，当这个偏差较大且超过了进行成本预算时可能预想到的情况，对这个偏差就应适度修正。否则，可能因其超出了基层单位成本控制极限而影响其成本控制积极性。当出现这种情况时，预算委员会应当细分原因，确实是预算原因引起的，对下达的预算指标应适度修正，以保证预算成本控制不走样。

4.生产成本要素发生过程的精细化

生产成本要素的发生过程，是成本的实际形成过程，因而是成本管理与控制的重中之重。对这个过程控制的好坏，直接决定了企业成本能否控制在预算之内，同时也就决定了企业利润目标能否实现。实现生产成本要素发生过程的精细化，应遵循全面、效益、动态和例外管理的一般原则。在继承和发扬原有成本管理良好传统的基础上，又要重视例外管理原则，针对发生的不正常成本管理现象，通过精和细的探究，寻求有效的成本管理对策。一方面，可从成本要素的视角来研究，看发生的成本要素是否真的为企业利润做出了贡献。另一方面，可从行为人责任角度来研究，看行为人的行为是否真的尽到了成本管理责任。

5.生产成本考核激励的精细化

考核政策的制定，应贯彻责权利相统一的原则。对于单位管理人员和一般员工，由于他们管理权限和管理责任的不同，对他们的考核政策也应当区别对待。采油厂现有的成本考核制度，单位领导与职工同等责任考核，即单位成本完成情况与单位绩效工资挂钩，只是他们绩效系数有所差别。名义上"严考核、硬兑现"，实际上实行"上封顶、下保底"。当成本超支达到一定幅度时，成本考核就处于失控状态，"严考核、硬兑现"只停留在纸面上。采取封顶保底制度的主要原因，就在于职工的成本管理责任和权限远低于单位领导层，因而不可能将单位的绩效工资全部扣完。

第六章 企业成本管理的展望

第一节 管理层应重视推广管理会计的应用

管理会计目前已经成为很多企业进行管理决策的理论依据，如何在企业中对管理会计进行有效推广应用，已经成为现代企业关注的重点，更是管理会计理论与实践最佳结合的表现。

一、推广管理会计的重要性

财务会计是指财务人员根据会计准则对企业已完成的经济活动进行核算和分析，向股东、债权人、监管部门等信息使用者提供企业的财务状况、经营成果、现金流量等信息。财务会计重视的是会计核算和会计报告。而管理会计是从传统的会计系统中分离出来，从成本会计和管理控制系统两大方面入手，运用一系列经过验证的方式方法，改进传统的经济信息收集、汇总、分析思路，着重为企业经营管理者提供决策最优、效益最大化的支撑信息。管理会计包含了战略管理、风险管理、运营管理、税务管理等方面，并且相较于财务会计更为系统、更加立体。

（一）有助于提升决策的科学性

财务部门工作能否顺利推进，直接取决于部门决策是否科学、准确。实践表明，财务向管理会计转变，需要融入预算管控，注重综合能力的管控，以便合理分析资金的运行情况，并广泛汲取以往的优秀经验，及时优化不良措施，从而为企业建设提供更加科学的建议。

（二）有利于降低经营成本

财务工作向管理会计转型，可以在不影响质量的前提下，提升成本管控意识，减少不必要的资金浪费现象。从工作应用反馈情况来看，财务会计向管理会计转变，可以实时监控资金的流向，使用情况更加直观，从而提高执行效率，并且也可随时发现使用过程中的不足，及时进行整改，明显提升了资金的使用效率，有效控制了浪费现象。

（三）有助于防范多元化财务风险

从现阶段的市场运营环境来看，财务工作向管理会计转变可以有效提升企业的风险防范意识。在市场经济推动下，企业运作模式有了明显变化，财务部门的工作面临的风险更高、管控难度更大。总体来看，主要体现在以下方面：

一是财务工作中的风险防控体现在各个阶段，贯穿整个管理过程，任何一个环节的疏忽都会诱发安全威胁，阻碍正常发展。

二是在企业运营阶段，风险存在的时间、地点具有一定的隐蔽性，给防控工作带来了一定的困难。如果前期未做好相关规划，风险识别能力不足，将会造成不良的影响。

三是从以往发生的财务风险事故来看，客观性较强，一旦发生，并不能依靠人工干预。因此，财务部门必须要注重防范机制的全面性。而财务工作的转型，可以提升各个部门的风险防范能力，也可以进一步规范内部的风险预警机制，提升风险防控能力，从而将安全隐患降至最低。

二、让企业领导者重视企业管理会计

只有得到领导者足够的重视，管理会计才能正常运转起来并发挥重要作用，否则难以形成良好氛围。要让企业领导者重视，财务部门就必须积极向企业领导者及时汇报管理会计对于企业投资、筹资等管理活动的重要影响，企业领导者只有真正认识到管理会计对企业管理的价值，才会积极主动地支持管理会计的实施。

（一）会计在管理中的优势得天独厚

会计在企业管理中有得天独厚的优势，这是因为财会部门不仅拥有企业独一无二的经济信息资源，了解企业综合、全面和深层次的情况，熟悉企业经济活动的内部运行规律和存在的优势、弱点，而且财会人员掌握着一系列分析问题、解决问题的专业技术和方法，是企业任何部门不能替代的。生产、销售、人事等部门也参与企业的管理，但是其重心各异，他们都是在各自本身的活动范畴内完成分工的角色。而会计人员除了要完成自己本身的角色外，还利用价值指标，分析、考核和控制企业的经济活动，并对经济活动进行限制、促进、控制和指导，发挥其全面、全程参与企业综合性管理的作用。

会计还可以帮助各级管理人员预测经济前景，判断经营环境，确定最优的经营和投资方案，分析差异，控制成本，挖掘潜力，消除浪费，划清企业内部经济责任，并在评价和考核业绩的基础上奖勤罚懒，最大限度地调动全体职工的工作积极性和创造性，实现为企业谋求最大经济利益的目标。一些企业之所以成功，固然有很多因素，但是会计人员在企业受到重视，其在管理中的作用得到了充分、有效的发挥，无疑是其中较为重要的一条。

因此，企业的经营管理者，不要仅仅把会计当成记账、算账、报账、只会摆弄数字的账房先生，要把会计当成你在企业管理中的高级参谋，要最大限度地发挥其主观能动性，挖掘他们的潜力。要给会计制定高标准，提出高要求。不仅让会计部门及时提供准确、完整、高质量的会计信息，而且让他们用所掌握的专业技术和方法，为企业管理出谋划策。在这点上，西方发达国家的企业就做得比较好，因为企业追求的终极目标是利润最大化。会计不仅可以为企业做好资产、负债、收入、成本、权益和利润的核算工作，而且通过参与管理使企业以最小的物质消耗，换取尽可能大的经济效益成果，使企业总体目标得以实现。再说，大多数跨国公司的总裁都是财会出身，他们深知会计人员在经营管理中的重要作用，因此会计工作已完全融入企业的管理文化之中。无论是宏观上企业总体经营发展战略的规划，还是微观上产品的价格制定、营销的策划、投资的分析、人力资源的开发等，均让会计参与其中，让他们担当重任。

（二）会计可以为企业决策提供信息当好参谋

在企业管理中，决策是十分重要的，它关系到企业的兴衰成败。在关键问题上的正确决策，可以使企业起死回生、兴旺发达，而严重的错误决策，就可能导致企业经营的失败。因此，企业在决策时必须非常慎重，不仅要有大量准确、完整的信息数据资料做依据，而且需要经过一系列预测、分析、比较，在反复筛选的过程中，做出科学、有效、符合企业实际的决策。会计在这方面可以发挥非常重要的作用：

1. 会计能够为企业决策提供高质量的数据信息

在企业中，能够用统一的计量单位，完整、连续、综合地反映生产经营活动及成果的唯有会计信息。生产、销售、供应、存储等部门也可以提供一些信息数据，但是这些都是局部的、单一的、零星的、互不连贯的、相互间不可比的。这些数据反映的内容也是表层的，一些实质性的问题反映不出来。如：生产部门信息反映的主要内容是生产的数量是多少，销售部门信息反映的是销售的数量和收入是多少，存储部门信息反映的是存货的出入数量是多少、期末结存数量是多少。但是企业最关注的是你这个部门给企业是否带来了利润，或者是否造成了亏损。再说，企业是一个有机的整体，各个部门紧密相连、相互依存。一些重大项目的决策对企业整体和相关部门有何影响，各部门之间有什么内在的联系和制约，仅靠单个部门的简单信息数据也是说不清的，相互间又没有统一的计量单位，数据与数据之间没有可以联系的纽带，不能将其统一、汇总、串联起来，所以说它们有一定的局限性。而会计信息就不存在上述的弊病。因为会计是以货币为计量单位，通过价值指标，不仅能够反映企业的整体情况及各部门的情况，将其收入、消耗、损益都反映得清清楚楚，而且内容科学严谨，对应关系清晰，数字完整准确，勾稽关系明确，有可比性、可验证性。所以说，会计信息是企业重要的经济信息资源，可以作为企业决策的重要依据。

2. 会计可以为领导决策当好参谋

决策是一个多方比较、选择的过程。由于企业的最大目标是利润最大化，因此一项决策最终能够为企业带来多少收益，无疑是决策者首先考虑的问题。特别是中、长期决策，因为涉及的时间长，影响的因素复杂，随机情况多，有很多不确定因素，企业必须对此做出可行性分析报告，进行认真细致的分析、预测。会计可以利用所掌握的经济信息资源，运用特有的专业技术，以历史和现状的有关资料为基础，对备选的投资方案所确定的目标进行预测，经过定性、定量分析比较后，对收益做出估算，为决策者筛选出最优方案。

会计还可以站在宏观角度上进行判断预测，找出决策优势与不足。无论是生产决策，还是投资决策，都是一个系统工程，涉及方方面面，只从局部考虑是不行的。比如说，你要开发一个新产品，投资一个新生产线，单从这个项目来讲，能够获取一定的收益。但是上新生产线，就要拆除老生产线、建新厂房，而且原来盈利较多的产品又不能继续生产。这些因素在决策时，是必须认真考虑的。因此，新投资项目在整个受益期所获得的总收益，是否能够抵补拆除生产线、建厂房、停产盈利产品所造成的损失，这一点会计必须拿出一个科学严谨的测算方案。否则，盲目投资必然会造成损失。

再者，一个投资项目必定涉及较多资金，即使所决策的项目将来能够为企业获取丰厚的利润，如果资金不能及时、充足地供应，也会造成很大的危害。假如资金链发生断裂，使工程项目不能如期完工、投产。那么前期投入的巨额资金就可能沉淀下来，不能发挥效益。这样，不仅达不到预期投资效果，将来还会将企业拖垮，甚至破产。多少企业因投资走向衰败，几乎均是在资金方面碰了壁。因此决策者必须要求会计人员利用掌管资金的优势，认真分析、科学论证，不仅要分析决策的可行性，而且要在决策后筹措好资金的来源，落实资金的渠道，为投资项目的顺利进行提供可靠的保障。

（三）会计可以对企业经济活动进行有效的监督控制

1. 会计对经营活动的监督控制具有完整性、连续性

企业发生的各项经济活动——供应，存储，生产，销售及报酬、奖金的支付，股利的分配，款项筹集与调配等业务事项，或早或晚都涉及支收钱或用物，与资金有着十分密切的联系。从价值指标角度上讲，这些经济活动就是资金运动。因此，它们都是会计所反映、监督的内容，每一笔业务事项都要被载入账簿。会计在反映这些事项时，同时按要求审查它们是否符合有关的法令、制度、规定和计划，可以全面、完整地监督每一项经济活动。这是企业其他的专项监督和各部门分段监督

做不到的。其他监督只能定期地进行监督，或者针对某一类事项进行监督。只有会计监督能针对每一项经济活动，完整地、连续地进行。这对于提高大家的管理意识、加强企业全面管理、从源头进行监督控制、预防重大损失浪费的事项发生，具有非常重要的作用。

2.会计可以进行综合性监督

由于会计主要使用货币度量计算资产、负债、权益、收入、费用和利润等价值指标，综合反映经济活动的过程和结果，因此可以利用这些指标综合考察和监督控制经济活动。例如，利用产品成本指标，可以综合考察材料、人工、各项制造费用支出是节约还是浪费。通过分析、对比找出存在的薄弱环节，然后对存在的问题提出针对性的改进措施。这比单一的监督全面而有效。又如，企业年初给一个部门制定了年度费用预算后，会计部门可以据此在总额指标上综合控制该部门开支规模，哪一个月的费用开支接近定额指标时，会计应予以提醒，超过指标就停止拨付资金。从而达到控制其经济活动的目的。

三、管理会计方法的创新

管理会计属于决策型会计，传统的管理会计考虑最多的是企业自身效率，缺乏对外部和顾客信息的关注，对于变化的适应能力也不够。而且传统的管理会计属于事后管理，对于企业前期的预测分析能力较弱，已经不能适应瞬息万变的市场环境。因此，管理会计学科的创新就显得尤为重要。所谓的管理会计方法的创新就是利用作业成本计算法、平衡计分卡等工具把管理环节扩大到从产品设计、开发、生产、销售到最终退出市场的整个周期。

（一）财务管理会计方法应该综合各种管理要素

财务管理会计不仅要根据财务信息提供相关的决策信息，还应该分析企业的销售情况，分析现在以及可预见的时间段内企业所要面临的市场环境，预测市场的动向。财务管理会计方法应该形成一套管理规范，应该从相关管理理论中提取有效的信息，不断规范和完善财务管理会计方法。

财务管理会计方法的改进主要是受管理理论和经济理论的影响。受管理理论的影响，财务管理会计方法从各种管理理论中总结管理的方法，使财务管理会计更加适用于企业的管理，提升其应用价值；受经济理论的影响，财务管理会计强调熟练掌握财务会计的记录以及管理方法，从专业的角度对财务信息等进行周密的分析，提升决策信心的可靠性。

（二）财务管理会计应该形成独立的系统

财务会计方法的主要目的是进行企业财务的核算，其目的较为单一，与财务会计方法不同，财务管理会计方法则旨在对企业进行综合管理。如果财务管理会计方法体系与财务会计分离，那么财务管理会计将会发挥更大的作用，如果两者混淆不清将会从很多方面限制财务管理会计发挥作用。两者分离之后，财务管理会计将会综合各方面的因素，诸如财务要素、管理因素以及环境因素等，更加适合企业的长远发展，对企业的各方面业绩进行更加全面的衡量，不断促进企业的规范化管理，使企业规避潜在的风险。

（三）过程和结果控制并重

财务管理会计方法在于对企业经营过程以及经营成效的控制。就目前情况而言，很多企业重视对企业经营效果的控制，忽略了管理的过程，但是，过程对于结果有着决定性的作用，重视每个环节的管理才能使企业获得良好的经济效益。所以，财务管理会计方法应该着力推进过程控制和结果控制的并重，在保证可操作性的前提下使财务管理会计方法具有一定的预见性和目标性。

四、理论与实务相结合

总结管理会计做得好的企业案例，得出一些共性结论，慢慢推广到相关企业中，分析典型的研究案例，找到理论与实践的结合点。根据外界对管理信息需求者的要求，收集企业数据，通过整理和分析，形成企业资源计划系统和信息集成系统，将其渗透企业的各个方面，才能把管理会计的理论和实务紧密结合，使其发挥最大效力，最终实现最佳结合的状态。

（一）管理会计理论创新研究

21世纪是知识经济时代，经济全球化迅猛发展，为适应经济发展和企业成长需求，管理会计不断拓展研究领域，进一步完善理论体系。在管理会计新兴时代，管理会计理论创新主要表现为以下方面：

1.研究理念创新

管理会计自产生至20世纪80年代中期，以美国为主导的管理会计研究主要采用归纳与演绎方法进行管理会计规范研究和理论实证研究。在1983年以前发表的管理会计研究论文中，绝大多数没有以实践中的数据来检验或者说明问题，即便是少数的采用经验研究方法的文献，研究领域也相对狭隘，没有全面涉及管理会计研究的各个领域。针对这一现象，Kaplan教授认为，如果没有现场的观察与计量，会计研究人员不可能建立系统的、能指导实践的会计理论体系，也不能建立起规范化的决策模型。Kaplan教授还认为，会计理论与会计实践是相辅相成的，没有经过实践检验的会计理论是空洞的，没有理论指导的实践是盲目的。以Kaplan教授为领军人的管理会计研究学者，通过大量实地和案例研究，创建了"作业成本管理理论""综合业绩评价体系"等管理会计方法，为管理会计理论创新做出了巨大贡献。

2.观念创新

首先，树立市场需求观念。信息时代以前，经济环境相对比较稳定，企业主要生产大批量、标准化产品，产品市场需求变化周期长，属于卖方市场，企业间竞争主要表现在市场占有率方面，产品市场以成本作为市场定价依据。然而进入信息时代之后，信息传播、处理、反馈速度惊人提升，产品能够被竞争对手在非常短的时间内模仿，导致企业市场和边际份额迅速被竞争对手占领。消费者偏好和需求伴随着经济全球化和科学技术的发展也在迅速变化，市场需求呈现出小批量、多品种、个性化特点，产品市场由卖方市场转变为买方市场。因此，企业需要转变市场观念，加强市场动态研究，密切关注市场导向，及时调整企业生产运营活动，占领消费市场前沿，获取市场竞争优势。

其次，树立企业整体观念。为适应当前变幻莫测的经济环境，在激烈的市场竞争中取得绝对优势，企业必须增强内部组织间的目标一致性，把企业管理作为一个整体进行分析，把整体目标作为系统的最高目标，只有整体最佳才可以称为最优策略。因此，管理会计须根据上述要求，树立企业整体观念，强化企业内部组织间的目标一致性，通过过程控制把企业生产运营各个环节和企业整体目标相联系，寻求企业整体竞争优势。

另外，树立企业价值观。知识经济时代企业更加重视文化"软实力"的建设。企业文化的核心便是企业价值观。它通过企业精神、经营理念等形式表现出来，熏陶着企业全体员工，提高企业员工凝聚力。新时代的管理会计更多地考虑到人文因素，将企业价值观念与企业目标相融合，有效实现过程控制。

3.模式创新

管理会计模式由静态分析模式发展为动态管理分析模式。传统的管理会计主要是事后静态分析，依据财务报告数据，进行成本预算、本量利分析等。随着 IT 技术在管理会计领域的应用，社会因素和技术因素的复杂交互作用，使得会计信息在企业内部各职能部门之间和企业外部环境之间的传播与交流变得迅速、敏捷，企业可以随时根据环境的变化做出动态的应变策略。管理会计作为企业决策的支持、分析和控制系统，必须服从企业经营管理的需要，树立动态管理创新观，设置多元动态管理分析模式，根据企业内外部环境的变化及时做出相应调整，选择最佳方案，寻找最佳平衡点，做出最优决策。

4. 研究体系创新

创立"控制现在和筹划未来"理论体系。在新的经济环境和企业管理环境下，管理会计研究体系得到了进一步拓展，管理会计研究体系更加完善。20 世纪 80 年代的成本会计和管理控制系统无法为企业内部交易提供有关效率和准获利情况的准确信息。我国会计界学者余绪缨教授针对管理会计理论这一缺陷提出了创立以现金流为经和以决策、计划、控制力为纬的"解析过去、控制现在和筹划未来"的管理会计理论框架。在管理会计基本职能方面，这一创新体系不仅强调管理会计对企业经营活动决策的支持作用，而且还认为管理会计是企业管理控制系统；在管理会计方法上，强调数学模型和 IT 技术的应用，管理会计应由描述性学科向精密科学发展。余绪缨教授提出的管理会计创新性体系引导了管理会计理论发展研究的基本方向。

（二）管理会计的最佳实践应用

管理会计理论的创新与实践自产生以来不断发展与改进，管理会计理论在实践中产生并且需要实践检验。管理会计还没有形成统一的体系，处于多种理论与方法并存的状态。目前，企业应用比较广泛且效果斐然的是平衡积分卡。平衡积分卡于 20 世纪 90 年代初由罗伯特·卡普拉和戴维·诺顿在"平衡未来组织的业绩"的研究项目中提出，是与企业长远目标密切联系、体现企业成功关键因素，是由财务指标和非财务指标组成的绩效评价和控制系统。自产生以来，受到了国际知名集团企业和中介机构的青睐和力举。平衡积分卡打破了传统的只重视财务指标的绩效管理方法，创新性地从财务、客户、内部经营流程和学习与成长四个维度评价企业自身业绩。平衡积分卡将企业的战略分解成一系列目标和指标，且各项指标都是因果关系链中的一环，是将各部门的目标连同组织的发展战略联系在一起的纽带。各项指标通过相互作用来帮助企业实现绩效评价、控制以及战略的实施和修正。企业使用平衡积分卡时综合考虑企业所处行业和市场环境、企业自身优势和劣势、企业自身规模和实力以及企业所处的发展阶段等多方面的因素，有步骤、有计划地实施。

第一，企业需要运用 SWOT 分析、目标市场价值定位分析等方法，对企业的现状及内外部环境进行全面系统分析，从宏观上掌握企业真实情况，为企业总体战略的确定提供可靠依据。

第二，企业要根据前期分析结果，建立长期发展目标和战略，绘制企业战略地图。

第三，企业需要成立专门工作组诠释企业愿景和战略规则，设立财务、顾客、内部流程和学习与成长四类具体的战略绩效目标。

第四，企业需要根据战略目标制定各部门具体的绩效衡量指标，同时企业需要加强内部沟通与学习，利用各种信息传播途径，如会议、培训、刊物、广播等，向员工传达企业文化、愿景、战略、绩效衡量指标等。

第五，结合企业整体和各部门的计划和预算，制定年度、季度和月度的绩效考核量化指标，同时需注意各个指标之间的相互依存或因果驱动关系。

第六，对绩效指标体系不断地进行改善和提高。一方面需要监察指标体系设计是否科学合理，是否能客观真实地反映企业实际情况；一方面对指标体系进行评估分析，及时对相关指标进行调整或设置新的评测指标，从而不断改进和完善绩效指标评价体系，使平衡积分卡更好地为企业战略目标服务。

在知识经济时代，管理会计在加强企业管理、促进企业发展、提高经济效益等方面的效果会越来越显著。管理会计理论与方法处于动态发展状态，管理会计理论发展和运用与企业结合紧密，企业在运用管理会计理论时需结合企业自身行业类别、规模、文化、战略目标等因素，合理选择并做出适当调整与创新，以求发挥最佳效益，更好地为企业战略目标服务。

第二节　提高企业信息化水平

互联网不仅改变了我们的生活方式，还改变了管理会计的服务对象。管理会计服务对象最初仅仅是企业管理者，其采用各种方法为企业各级管理人员提供有关经济信息。随着经济的发展，互联网渗透企业各个方面，管理会计由原来单一的服务对象变成多种服务对象，不仅服务于企业内部，还服务于企业外部，如企业信息的需求者、投资者、客户等关注企业发展的相关者。而对于这一切的关注离不开一个灵活有效的管理会计信息化平台。构建一个灵活有效的平台，需要利用信息化工具。提升管理层工作效率，加强横向沟通，提高各责任主体的主动性与实施参与度，使管理更加高效、灵活。

一、会计信息化的基本内容

会计信息化是信息技术高速发展背景下的产物，会计顺应时代的发展，采取融合信息技术的方式提升会计工作质量和效果。在"互联网＋"时代下，会计信息化是一种全新的企业财务管理经营模式，是当下会计行业主要发展方向。根据相关学者的研究结果可以看出，会计信息化要想健全持久发展，以及得到广泛的应用，必须要从法律法规的角度，为其建立安全的环境，从而实现长久发展的目的，同时也是会计信息化广泛应用和实现会计信息化的基本条件。由于会计信息化均是基于云计算服务模式下，对企业而言，有效降低了企业的人员成本和设备投入成本，从而大幅度降低了企业运营成本，对企业财务管理部门而言，会计信息化的实现，大大提高了财务管理部门的经济效益。故对企业运营而言，云计算服务的有效应用，既能实现信息化管理，降低运营成本，又能推动企业健康持久发展，同时极大压缩了企业在实现会计信息化过程中所投入的硬件建设的整合成本，企业只需要支付云服务的服务费用，即可获得对应的各项服务内容。

二、云计算服务在企业财务管理中应用的必要性

（一）提升经济效益

财务管理是企业日常运营管理的重要组成部分，采取管理主要以成本管理为主，包括人力成本、设备成本等，有效应用云计算服务，可有效提升企业的经济效益，还能最大化降低运营成本，对企业而言益处极大。云计算融合了多种互联网技术和信息技术，因此有效应用云计算，对企业实现信息化具有一定程度的作用，且拥有较低的运营成本优势。企业在实现信息化过程中，必须要投入相应的硬件设施费用，才能为信息化建设提供必要的条件，而使用云计算的方式，则能有效免除这些费用，只需要支付对应的服务费用，即可享受云计算所带来的服务内容。不仅降低了信息化建设成本，还能享受更为专业化的信息安全服务内容，对企业长期发展而言，有效降低了会计信息化各项

费用的投入，并为信息化建设提供了新途径。此外，应用云计算服务，还能实现全方位的日常工作信息化管理，具体表现在两个方面，其一，云计算对会计信息的存储不受时间和地点的限制，可以在非本地计算机内存储相关信息，且存储容量不受限制，由于会计信息全部储存在云存储资源中，没有容量限制，且存储信息可以及时获取。只需要借助互联网系统，就可以随时调用财务信息资源。其二，减少了信息化建设的投入成本，降低企业的运营成本，提升经济利益。

（二）实现信息交流

随着社会的发展，市场竞争压力增大，企业要想更好更快发展，必须要顺应市场，提升企业管理水平和效益。因此，对财务管理工作提出了更高的要求，尤其是财务管理的工作形式。在"互联网+"背景下，云计算的有效应用不仅为企业发展提供了便利，同时还为财务管理工作提供重要的安全技术服务。在财务管理会计工作中应用云计算，实现了移动办公的目的，促使会计信息的处理和存储更加方便和快捷，大幅度提升了会计数据的处理能力，解决了当下会计信息存储的各种问题。云计算的应用，还能进一步整合财务会计管理信息处理的需求，借助互联网系统，促使会计工作人员将全部工作精力放在业务上，从而实现提升工作效率的目的。在财务管理会计工作中，工作人员通过浏览器，即可享受云计算所带来的服务内容，云服务为会计工作人员提供专业化会计信息服务，促使会计人员的工作更加灵活方便，且实现了移动办公的目的。另外，还能有效整合企业的日常管理工作内容，包括采购部门、财务部门、业务部门、生产部门等，并整合各个部门的工作内容，包括采购、办公、决策管理和财务等，促使各个部门之间实现良好的沟通与交流，促使企业部门之间的信息交流更加便利，实现在线协作办公，以及提高部门的工作协调效率和程度。

（三）提升财务数据和信息的安全性

基于云计算的企业财务管理系统，具有存储量大和存储方便的优势，可将企业的所有采取信息存储到云端中，云端是由大规模服务器集群组成，每个单服务器都可以存储各种信息，但并不是简单的存储，而是将财务信息进行划分整理，分成若干份，然后由对应的云端服务器进行存储。而云计算是建立在互联网系统上，且互联网具有开放性和不安全性特征，即使有不法人员想获取财务信息，也必须要逐个攻破云端中分布式服务器的整体集群，可见这是一项非常困难的事情，且基本上是无法实现的。另外，云端中的服务器集群还具有数据备份功能，当服务器出现异常导致财务信息丢失时，也不会影响到财务信息的完整性，大大提升了数据的冗余性，促使企业的财务数据和信息更加完整和安全。

三、企业常见的云会计应用模式

（一）公有云模式

公有云模式也称云端租赁模式，设置企业用户结合自身办公需要和会计工作要求等，自主选择要租赁的云端服务，企业会计工作人员只需要按照公有云租赁需求来开展会计处理工作即可，可以将更多精力放在企业业务建设上，继而提高其整体工作效率，减少因为原会计系统维护不到位等而产生的问题，提高云会计维护和管理质量。在云会计供应商和运营商的帮助下，企业会计工作过程中出现信息丢失等问题的概率明显降低，数据安全性则随之提高，在一些组织模式相对简单的中小企业中应用十分广泛。

（二）私有云模式

私有云是指企业结合自身发展需要和云会计特点，通过与运营商和供应商等进行合理协商，在此基础上选择适合企业发展模式的会计服务和应用软件，可以进一步提高对各类数据的控制能力，保障企业会计信息处理安全。一般来说，客户在选择私有云系统的过程中，其自身的硬件和软件发展也有所提高，可以结合企业自身需要来完成相应的软件部署工作。而云供应商和运营商等可以结合企业的业务数据模式和发展特点来开展后续云数据处理工作，进而提高云数据处理质量。私有云与公有云相比，其对企业服务的针对性明显增强，可以提高企业对各类数据的控制效力，进一步降低出现信息安全风险问题的概率。

（三）混合云模式

混合云模式是指企业在会计工作开展过程中不仅使用私有云模式，也使用公有云模式，通过对这两种技术进行综合处理，打造更全面的复合型架构来开展会计工作，可进一步提高企业会计工作效率。在实际工作开展过程中，会计工作人员可以在私有云帮助下开展重点数据的分析处理工作，不仅可以提高会计信息处理效率，也可以降低其应用过程中出现信息安全风险问题的概率。而在开展企业日常风险管理工作过程中，只需要通过公有云模式完成基本的信息录入和简单信息处理工作即可，不仅可以减少不必要的人员和费用成本，还可以进一步提高其工作效率，保障企业会计系统的整体有效性。

四、企业管理会计信息化的未来发展策略

（一）注重构建完善的管理会计信息化平台

我国企业管理会计信息化建设方法相对较为单一，而且其发展速度也相对较慢。然而迎合时代发展以及顺应行业发展需要构建一个完善的管理会计信息化平台。这个平台能够对企业产生良好的推动作用，总体来讲利大于弊，并且拥有着非常积极的长远意义，还可以有效降低企业需要面临的风险。所以，虽然目前管理会计信息化建设效果一般，但是注重完善平台建设属于大势所趋。当今社会市场情况瞬息万变，在这种背景下大数据处理逐渐成为企业谋生以及发展的一个重要途径，通过对管理会计信息化平台的不断完善能够加速企业对数据的处理以及研究，从而有效提升数据应用效率和质量，有助于企业抢占市场先机，进一步把握住发展机遇，实现更大的进步和提升。对此，企业一是要构建一个先进的技术队伍，如果企业自身条件不够，可以考虑与其他企业联合开展这项工作，利用这支队伍不断完善和建设企业管理会计信息化平台，保证平台能够达到先进水平。二是企业应注重对管理会计信息化平台的使用反馈进行有效收集，然后根据这些反馈来分析和挖掘平台当中存在的问题和不足之处，再对其展开具有针对性的处理和优化，保证平台平稳高效地运行下去。三是企业应注重加强管理会计信息化平台与企业内部其他平台之间的联合，加强信息交互力度及资源共享力度，使内部资源信息能够更好地展开调配，保证各种信息能够得到高效多次的利用。四是企业应该注重结合相关法律制度，对管理会计信息化平台工作内容展开进一步的优化和完善，保证平台建设能够和法律制度相匹配，从而使管理会计信息化平台更加安全以及实用。

（二）注重提升管理会计信息化平台的安全性

随着大数据时代的到来，很多企业不得不考虑让自身管理会计工作向着信息化管理方向转变，但是企业自身在面对信息化的同时既有一丝期待感，同时也有一定的担忧。虽然使用大数据可以有效提升信息的准确性及可靠性，不过也同样存在着企业信息数据被泄露的风险。从现状来看，我国对互联网的管制仍然不够严格，给不法分子留有很多可乘之机，这使得云计算在被广泛应用的过程中同样有相应的风险在不断产生，这使管理会计业务准确高效的开展受到了一定的阻碍，进而给企

业自身正常经营发展带来了不利影响。一定要对企业用户实施实名认证，并且结合不同用户的实务需要来设置以及开放不同等级的权限，对一些保密性较高的信息一定要加强保护。针对信息数据库要开展加密工作，以此来增强信息隐私性，保证各种网络信息的安全。对企业管理会计信息必须要安排专业人员来开展相应的操控工作，一些无关人员严令禁止接触以及进入到内部的管理系统当中，以此来避免管理会计资料受到他人无意破坏以及恶意篡改等，这样也能保证各项信息资源的真实性以及安全性。注重安装防火墙，以此来构建阻拦病毒和非法入侵的屏障。此外，企业还应该搭建内网与外部信息联络的端口，构建用户身份信息访问渠道。管理会计工作人员在进行平台登录时应依照相应要求输入自身的岗位工号还有密码，当身份通过系统验证之后才可以进入平台进行工作。对此，企业还应该设置预警装置，即员工在输入身份验证错误超过三次之后该装置便会被触发，无法再次进行登录，此外预警装置还能够让计算机自动对相应的账号边缘信息进行查处，同时还能检测用户是否携带病毒，在此基础上还可以根据用户登录请求自动对数据库当中的有效数据进行筛选核对来避免非法入侵。加强对管理会计输出数据的管理。管理会计在进行数据输出的过程中应利用加密文件的方式进行传输，相应接收端应依照输入端密钥来对相应的文件进行开启或者是进行数据改写，这样能够避免出现数据篡改问题，从而避免其对企业安全产生影响。

（三）注重营造良好的管理会计信息化发展环境

为了保证企业管理会计信息化未来发展的有效性，企业应注重做好以下几个方面的工作：一是，注重增强企业管理者自会计信息化身对管理会计信息化建设的重视程度，可通过学习来逐渐形成对该工作重要性的正确认知，对于管理会计信息化发展建设来讲，企业管理层的态度能够对其发展产生决定性的作用。对此，企业领导层可以充分利用大数据技术来对该项目的发展风险进行评估，然后根据项目安全性的高低来决定项目投入资金量。同时合理规划项目开展过程中各项设备以及原材料的用量，大力支持各种智能化技术还有自动化设备在该项目中的有效应用，对于一些能够二次利用的设备以及原材料要进行科学合理的利用，定期投入相应的维修及保养费用，这样可以在降低项目成本的同时，推动企业管理会计信息化程度不断提升。二是，对于一些有实力的企业来讲，为了保证自身实现长远发展，还应该注重联合地方政府科学合理地出台一些能够充分保障管理会计利益的法律条例，同时注重建立健全企业发展保障机制，不断完善项目发展规章制度，可以利用责任落实到个人的方式来保证管理会计信息化发展做到有章可循，进而推动管理会计信息化取得进一步提升，推动企业管理会计更加规范化地运行。

五、区块链背景下管理会计信息化应用逻辑

区块链技术是以数据区块为基础的，依照时间序列将数据区块排列成为链式结构，其核心技术结合了密码学与时间戳技术，最终确保了区块链技术拥有去中心化、不可篡改、可溯源的特征。这些技术特征能够在很大程度上与管理会计信息化的内在逻辑相匹配。在管理会计信息化中，其具体的设计理念是要实现管理会计的平台化、智能化与自动化，最终将管理会计信息化系统发展成为具有智能化的财务系统，由此可见区块链技术与会计信息化存在能够契合的内在逻辑。

近年来，伴随着区块链技术的发展，国内学者的相关研究也在不断丰富，在马桂芬（2020）基于区块链技术而建立的系统中，参与者与参与者之间可以进行自由交易，在传统的交易方式之中交易双方往往需要根据对方的信息来建立信任关系，这种信任关系的准确度是相对的。杜勇（2020）认为基于区块链技术的信任，不需要考虑参与方的个人信息，而是通过特定的算法来完成信任关系的建立，这样的信任模式比传统模式更为科学。刘光强（2020）认为区块链技术的应用，意味着人

类社会智能化程度得到了显著的提升，这对于管理会计智能化发展有着非常重要的作用，能够有效解决管理会计中出现的种种问题，对于提高用户信任度，推动交易率的提升均有着重要的意义。

当前，管理会计信息化系统正在向着智能化、自动化的方向演进，信息系统正逐渐取代传统的会计工作，管理会计成了财务会计转型的方向之一。就目前而言，无论是学术界还是企业对于管理会计信息化的重视程度越来越高，但是受到技术手段和人员素质的影响，目前的管理会计信息系统还存在很多问题，比如系统数据非常容易被篡改、在信息获取的过程中需要较高的获取成本等等。要想解决上述问题，就需要为管理信息系统引入新的技术。区块链技术可以有效地实现数据共享、数据保护等需求。但目前对区块链应用的研究还处于起步阶段，这就导致区块链技术在融入管理会计信息化系统的过程中还是存在一定的问题，需要对这些问题加以研究。

（一）区块链背景下管理会计信息化应用存在的问题

1. 现阶段标准规范空缺

我国在区块链方面所使用的手段和行业准则仍旧有所欠缺，不同的区块链以及各平台方面在运用时还很难达到各组合间相互配合。在开发区块链以及运用时还没有专业的规则加以指导，致使区块链现在朝着不合理的方向成长。

2. 算力容量不足

区块链背景下管理会计信息化应用的过程中，有一个最主要的问题便是国内企业管理会计信息量很高，在今后还有着很大的成长趋势，区块链技术的共识机制就像是中心轴，让系统中每个环节都可以及时地将消息更新出来，然而在处理管理会计涉及的交易范围和频度时，到底有没有足够的资源来储存这些管理会计市场？各环节的可靠性和给财务人员带来的感受到底能不能符合会计工作的需求？这些问题都需要通过实际的操作才能得出答案。

3. 资产对接困难

基于区块链技术的管理会计信息系统在真正使用时，很大概率上会出现把现有的实体资产数字化传至区块链中这一情况，让数字资产能够对应上实际资产。然而在这其中需要把实体资产交给企业特别信赖的中间人来加以担保和考证，但这个任务非常艰巨而且很难完成，给监管系统带来了很大的难题。

4. 缺乏有效的监管手段

现阶段区块链技术的发展非常快，在国内企业管理会计业务中都有所涉及，而且影响非常大，给现有制度都带来了很大的影响。区块链比较分散的特点以及不实名的特征，让监管这一概念不再那么强大，今后也肯定会让相关部门在监管中面临巨大困难。特别是在其 2.0 和 3.0 层面上，分散化的特点会进一步降低政府部门的影响，而这便会引起政府的不满，对这一技术的使用持不赞成意见。现如今关于区块链财务管理方面的规定，国内还没有制定，区块链在发展中没有受到相关制度的约束，相关的管理制度和风险制度还不能与其成长速率相匹配。因此倘若就让区块链技术这样成长下去，必然会产生一系列的财务管理问题。但是由于区块链技术还在萌芽的阶段，很多监督机构对其保持着观望以及等待探究的立场，因此企业在应用该领域业务时还没有与此有关的制度来匹配。

（二）针对区块链技术的实际应用提出对策

1. 建立管理会计区块链标准体系

对于任何一种新的技术，在推行、应用之前都应该针对这项技术的使用建立明确的标准，这是保障该技术能够在合法合规的范围内进行应用的重要保障。目前，管理会计信息系统在应用区块链技术之前首先应该建立相应的标准，明确监督管理的具体单位，通过政府部门的有效推动来实现行业内部的统一。

2. 加快平台建设和试点应用

平台建设是技术应用的重要前提，政府相关部门应该充分发挥平台建立建设的作用，在制定区块链技术标准化规范之后，着手建立试点平台，并在平台之中实现场景模拟，这对于调动相关企业参与平台建设的积极性有着重要的意义。在平台建立之后，区块链技术能够在平台上的试用中不断完善与创新，不断地发现问题解决问题。相关部门也能借助平台来检验所制定的规则是否能够对区块链技术在管理会计信息化应用中起到良好的作用。一旦在试用环境中发现区块链技术在与企业管理会计业务进行融合时出现问题，就能够迅速地做出调整。所以说平台的建立会降低区块链技术在实际应用中的风险，对于区块链技术的发展应用有着重要的意义。

3. 审慎推进区块链技术应用

区块链技术作为一种新兴技术，本身就存在极大的上升空间。目前无论是研发企业还是其他财务管理公司，对于区块链技术的理解和应用都处于起步阶段，区块链技术最终是否能够在实际中发挥理论上的作用还有待进一步考验。

除此之外，目前很多企业在应用区块链技术时也并没有完全做到去中心化，这就导致虽然企业对外声称使用了区块链技术，但是在实际运作中还是与理论上有着一定的差别。所以在目前对于区块链技术进行监管的过程中还需要循序渐进，基于区块链技术的穿透式监管虽然要比传统的监管模式更为优秀，但是在传统监管模式运行多年的情况下，穿透式监管要想完全取代传统监管模式还为时尚早，如果贸然推动穿透式监管的发展不仅会导致大量资源的浪费，甚至有可能诱发会计行业的混乱。因此目前对于区块链技术的推广与应用还是需要慎重进行。

4. 链上与链下监管有机结合在

针对区块链技术进行监管时应该建立混合式监管架构，在链上实施机构分业式监管，在链下实施穿透式监管，并将两种监管模式进行融合。链上监管的开展能够对风险进行管理，进而为管理会计信息化应用提供相关数据用于预警。在对资产数字进行实物化时还需要第三方机构的协同监管，以保证链上数据的真实有效，保证链上数据能够与链下实物——匹配。在科学技术迅速发展的背景下，管理会计信息化应用的发展势必会受到科学技术的影响，区块链技术作为一种新兴技术能够在很大程度上帮助管理会计信息化系统解决系统中的信用风险问题，其理想状态下的效果是以往技术和监督体系无法比拟的。但是在区块链技术发展的过程中，其对于管理会计信息化系统结构的技术也有着较高的要求，因此在当下链上与链下监管有机结合能够弥补管理会计信息化系统在技术方面存在的缺陷。

六、案例分析

实例以饲料企业为研究对象，对饲料企业财务会计与管理会计一体化的关系进行论证，并根据财务会计与管理会计一体化的结合形式，提出电子化背景下提升饲料企业一体化的对策。

（一）饲料企业财务会计与管理会计一体化的关系

1. 管理会计与财务会计的相关性

对于饲料企业而言，发展管理会计和财务会计一体化具有重要的意义。这是因为管理会计和财务会计之间部分核算内容相一致，信息的来源和渠道也有重叠之处，其服务的对象也相似。

（1）在核算内容上存在重复性

管理会计是根据财会的信息进一步做出分析，而财务会计也会基于管理会计的分析结果，进一步展示饲料企业的真实财务情况。

（2）两者的服务对象相似

财务会计主要是为与企业经济事项相关的投资者、债权人及相关监管部门提供经济数据，而管理会计主要为饲料企业的内部管理者提供决策参考。但两者之间的服务对象具有交叉性，财务会计披露的信息可以为管理者经营决策提供参考，而管理会计的分析结果，也是企业所有者、投资者和债权人关注的重要指标，所以在服务对象层面具有极高的相似性，两者进行一体化的合并十分有必要。

（3）信息来源和信息组成部分也有极高的重复性

财务会计是基于饲料企业的经济业务、生产经营活动而提取的信息，并将这些信息进行加工和处理，生成具有可读性的财务报告。而管理会计与财务会计的信息相似，不仅从会计凭证中获得信息，也从企业的非公开财务信息中提取信息。这些基础信息可以被饲料企业的财务管理信息化系统所提取，进而实现财务会计和管理会计功能。

2.管理会计与财务会计的不同之处

饲料企业在财务会计和管理会计方面存在诸多相似之处，但其对企业的效用、约束力度存在较大的差异。

（1）在服务职能的差异

管理会计在预测和决算会计的范畴内，其主要的作用就是对现阶段的财务会计数据进行分析，并通过合理的预测、决算、控制等手段，为饲料企业的管理者提供决策的参考，从而实现对企业生产经营、投融资等活动的调整和控制。而财务会计是以核算会计为主，严格按照相关的财务会计准则和规定，对饲料企业的财务数据进行处理，为企业经济相关主体提供参考，所以管理会计和财务会计在企业的效用上存在差异。

（2）在对饲料企业的约束力度方面存在很大的不同

由于我国对财务会计的信息披露出台了相关的规定和法律条款，对会计信息的质量、真实性、披露周期等都做出了规定，而管理会计主要是对饲料企业内部而言，只需要遵守企业内部的管理规定即可，对管理会计的披露信息、披露周期没有强制要求，具有较强的灵活性。

（二）财务会计与管理会计一体化结合形式

在电子化的背景下，饲料企业的财务会计和管理会计一体化通过财务管理信息平台和大数据分析等技术，进一步精简了财务核算的过程，避免了重复录入财务数据，实现了财务预测和指标分析等功能。对饲料企业而言，财务会计和管理会计一体化主要是事前预测一体化、事中决策一体化和事后分析一体化等方面。

1.事前预测一体化

对于财务会计和管理会计的信息来源进行分析，会计凭证是两者之间的相同信息来源渠道。会计凭证是指饲料企业经济会计事项及会计管理行为中使用的记账凭证，其记录了货币资金的流入和流出等过程，也是展示饲料企业资金管理的重要依据。传统的饲料企业会计凭证管理多以纸质资料为主，在进行凭证查询时需要消耗大量的时间成本和人力成本。而电子化为饲料企业的资金流转、采购销售等行为提供了平台，企业的电子化会计凭证可以直接从电子化平台上提取，并对发生的事项、相关的资金、科目进行记录，进而实现管理的无纸化、自动化，对于发生在非线上的经济事项，也可以通过手动录入等形式进行上传管理，极大提高了事前预测的效率。为进一步提升饲料企业财务会计和管理会计的一体化，还需要进一步完善系统建设，如增加会计科目代码查询功能，增添会计凭证信息栏等，为财务管理高效运用提供技术保障。

2.事中决策一体化

饲料企业的财务会计和管理会计事中决策一体化是对已经发生的会计事项、已收集的会计数据进行录入填写。饲料企业的事中决策过程可以被概述为会计信息核实、计量及会计凭证录入，并将这些事项填入饲料企业的明细账、总账和三大财务会计报表中。按照相关的会计准则进行企业的信息录入过程属于财务会计的范畴，而基于已经录入的会计信息，对其进行提取、分析、核算、对比，并形成相关的报告为管理会计的范畴。正因为两者之间具有相同的核算流程，所以以电子化技术为依据，将事中决策的信息处理过程一体化，能大大提升饲料企业的事中决策效率。饲料企业的财务管理信息系统是当前连接财务会计和管理会计的纽带，在功能优化方面，要对两者信息的兼容性进行调整，对相同的信息进行有效的合并。

3.事后分析一体化

饲料企业的财务会计和管理会计事后分析一体化是基于已经形成的财务会计信息，进一步进行信息提取和分析，从而形成相关的参考资料，为饲料企业的管理者提供参考，进一步指导饲料企业的发展。在事后分析一体化阶段，并不是单纯地将财务会计和管理会计功能相结合，而是进一步挖掘两者之间的功能互补特性，对饲料企业的财务分析也不是仅停留在指标核算方面，也要对其内部事项的相关性、影响饲料企业利润的影响因素、资金运营效率进行深入挖掘和分析，进而找出饲料企业财务管理、内部控制、生产经营等方面存在的问题和原因，为饲料企业的后续经营管理、决策事项提供管理的方向。

因此，基于电子化的背景，饲料企业在事后分析一体化中，要加强部门之间的信息传播速度和效率，尽可能地多收集企业的财务数据和非财务数据。

（三）电子化背景下提升饲料企业财务会计与管理会计一体化的对策

电子化背景下，财务会计和管理会计一体化建设是加强企业管理质量的必然趋势，可以提升企业的综合竞争力。尽管饲料企业在财务会计和管理会计一体化中做出了很多努力和尝试，但仍然存在信息化程度较低、平台建设不够系统、饲料企业财务管理意识不到位、企业相关人才缺失等问题。基于以上问题，可以从以下几点做起：

1.树立财务会计与管理会计一体化意识

财务会计和管理会计一体化是饲料企业转型升级的必然趋势，也是适应电子化背景的市场趋势的必然选择，要加强饲料企业乃至饲料行业的财务管理水平，应当从思想意识层面做起。

一方面，饲料企业管理者要充分意识到财务会计和管理会计之间的相互关系，即财务会计和管理会计一体化建设既能提升管理效率和质量，也能实现功能和职能互补。如果饲料企业只关注于财务会计工作，会陷入只注重信息披露，而忽视经济事项内部相关性的审查和管理，进而影响到财务管理的质量，若饲料企业只注重管理会计工作，可能导致财务会计信息质量下降，进而影响到管理会计的质量。

另一方面，树立科学的、体系化的财务会计和管理会计管理理念，饲料企业要加强对财务会计和管理会计一体化建设的宣传，在企业内部形成良好的会计工作思想，使得企业员工均能有效贯彻执行一体化工作。

2.借助大数据，完善财务会计与管理会计一体化建设

电子化背景下，技术是饲料企业转型升级的关键。对于饲料企业而言，一方面要充分利用信息技术，优化饲料企业财务会计和管理会计一体化信息系统和平台建设。在饲料企业的信息化数据平台上，要完善会计凭证编制功能，对财务会计需要用到的科目、时间、金额、数量等信息进行设定，对管理会计更为关注的成本、费用、收入、利润等指标进行设置，从而实现相同的会计信息来源的不同分析维度，提升信息化数据平台的功能完善程度。另一方面，提升信息化技术的水平，饲料企业要立足于电子化的背景，将大数据、云计算、物联网、供应链、区块链等先进技术与饲料企业的财务会计和管理会计一体化建设相融合，减少重复信息录入工作，进一步发挥信息收集、大数据分析等优势。

3.提高饲料企业财务管理人员综合素质

在饲料企业财务会计和管理会计一体化建设中，还需要关注饲料企业的全体职工，特别是财务会计和管理会计方面的工作人员。由于电子化背景对从事财务工作的人提出了较高的要求，不仅需要具备相关的财务知识，也要能熟练地运用新技术进行财务管理和信息核算。在财务管理人员综合素质提升的举措上，一方面可以进行培训和教学，让相关工作人员更熟悉具体业务的操作流程，提升信息化时代财务会计和管理会计一体化理论知识的水平，另一方面，要注重相关跨学科人才的引进，为饲料企业的财务管理提供更多的人才保障。

总的来说，电子化时代下饲料企业要加强财务会计和管理会计一体化建设是基于两者之间相似和互补的关系，从事前预测一体化、事中决策一体化和事后分析一体化三个方面加大财务会计和管理会计一体化融合的深度，进一步树立财务会计与管理会计一体化意识，提升一体化平台建设质量，提高饲料企业财务管理人员专业水平，才能帮助饲料企业提升财务管理核心竞争力。

第三节　建设和管理高素质财务团队

会计人素质就是会计人通过会计知识学习和工作实践而形成的感觉器官的神经系统方面的特点，是决定其工作能力、工作质量和对社会贡献大小的各种内在要素的综合。这一定义具有三个特征：会计人素质是会计人的特征，不同于其他职业人员的素质，既包含了一般人的素质要求，又突出了职业特点，反映出会计的本质要求。

一、加强职业道德建设

对于企业会计人员而言，遵守职业道德是对其最根本的要求，企业会计工作所涉及的范围非常广，不仅涉及企业的各个部门，同时还涉及企业外部的多方利益体，所以会计工作的成效直接影响着企业的发展。而会计工作人员作为会计工作的主体，其自身的职业道德以及思想认知，是会计工作发挥作用的关键因素。因此，企业应该注重培养会计工作者的职业道德，加强职业道德建设，对会计人员的行为进行评估，对于表现良好的人员应给予一定的鼓励，反之应给予相应的惩罚，以此来激励会计工作人员工作的积极性。

对于会计工作者来说，要始终保持公平的原则，将诚实守信放首位，自觉遵守会计相关准则，并接受企业的监督和管理，以不断提升自身的综合素质。

（一）树立正确的职业道德操守与观念，增强其主人翁和集体意识

会计人员想要干好本职工作，首先就要努力提高自身对职业道德的认识，而不能始终仅仅局限于表面。

1.作为企业或单位财务行为的直接经手者和管理者，会计人员自己应该以身作则，不间断地学习国家颁布的各种关于职业道德的法律法规，及时更新自己在职业道德建设方面的知识储备，不断提升自己的职业判断能力与业务技能水平，让自己能够时刻紧跟会计领域发展的新潮流。

2.会计人员要从内心深处出发，自觉地树立起牢固的集体意识和主人翁意识。并且努力提升自己的职业道德觉悟和业务操守，将保护国家或集体财产安全作为会计工作的首要也是最高准则。

3.企业或单位本身也要加强对内部的控制管理和治理结构优化。进一步明确和落实企业或单位内部的财务权责制度，采取有效措施来尽可能避免上级领导出于不正当或非法目的，对会计人员做出不恰当干预，或者强迫其违背会计职业道德做假账或篡改账目，确保会计人员能够独立、自主地开展会计工作。

（二）采取切实可行的措施，加强会计人员的职业素质教育

加强会计人员的职业素质教育，可以从专业技能培训和道德教育两方面分别进行。

1.企事业单位可以根据自身的实际情况，通过组织演讲、辩论会等奖励性质的活动，来激发会计人员加强自身职业道德素质建设的积极性。

2.会计人员的职业道德建设工作，还必须要与当前的时代精神相结合，注重对他们职业精神创新与变革能力的培养。督促会计人员更好地与新时代背景相贴合，积极学习并吸收国际上先进的会计核算与审计观念，提升企事业单位会计信息的精确度和可信度。

3.企事业单位还应该通过组织集体培训、给予资金帮助、选取优秀会计人员进行专业化培训等方式，加强对会计人员的继续教育工作，提升他们的专业知识储备、工作技能以及职业素质水平。

（三）加强会计人员职业道德建设的制度保障

为了更好地完成会计人员职业道德建设工作，提升会计队伍的职业道德素养和操守，健全和完善相关的会计法律法规，明文规定会计人员职业道德的原则、规范、特点、惩处等内容，力求更严格地约束其会计行为已成为必然之势。

与此同时，还需要在充分结合整个社会的道德建设要求的基础上，制定出真正符合会计法规要求，切合会计事业发展需求的会计人员职业道德标准，并加大其在企事业单位一切经济活动中的贯彻与落实，从根本上杜绝企业或单位中的会计人员职业道德缺失问题。此外，对企事业单位内部会计工作的内部监督，还需要和外部社会监督相结合。内部监督主要是对会计人员的会计核算和记账等工作内容进行监督和审查；而社会监督主要是通过会计师事务所、税务等专业化的社会机构，对企事业单位的会计工作进行监督，二者相互结合，全面提高会计人员的职业道德水平。

二、培养会计人员过硬的专业知识

随着市场经济体制的不断革新，人才作为第一生产力，人才能力的高低与其自身的知识储备有着必然的联系。企业会计工作者除了必须要掌握会计相关知识外，应该将这些知识更好地应用到会计实践中，同时还要学习会计知识以外的一些知识内容，如管理学、数学、统计学等，以便于更好地投入到会计工作中，发挥会计工作的最大化价值。与此同时，会计工作者应该对会计工作本身有深入的理解，如会计的本质、职能、对象等。企业在对会计人员培训过程当中，除了对专业知识的

培训外，还要结合经济市场的发展状况，从多元化的培训进行着手，以不断提升会计人员的综合素质能力，提升会计队伍的整体水平，为企业的发展奠定人力资源基础。

（一）基于会计教育的角度

当前我国会计人员总体数量庞大，初级层次的会计人员居多，但综合素质和能力较高的中、高级会计人员相对短缺。分级会计职业能力框架的构建为我国的会计教育提供了指南，而接受会计教育是会计人员获得职业知识、职业技能和职业价值观的基础途径。会计学历教育是会计人员职业能力形成的重要阶段，决定着会计职业群体的素质。学校应该采取以下措施来保障会计职业能力框架的实施。

1.优化课程设置

高校应该在课程设置上体现企业对会计人员职业能力的需求。目前，高校会计专业的课程设置所存在的问题表现在以下方面：

（1）政治理论课所占比重偏大，而会计学科基础课和其他相关学科课程所占的比重偏小；

（2）与会计理论课程相比，会计实践课程占的比重偏小；

（3）会计专业课程内容出现交叉重复的现象，主要表现在管理会计、财务管理、成本会计三个课程间的重复；

（4）缺乏职业道德的相关课程设置。

针对上述问题，高校应该减少政治理论课的比重，增加会计实践课程，采取措施避免财务管理、管理会计和成本会计这三门课程过度重复，与此同时强化会计职业道德方面的教育。良好的职业操守是会计职业的生命。高校应该加强对会计专业学生的职业品德教育，使学生在从事会计职业之前就意识到职业道德对其未来职业发展的重要性。

2.改变教学方法

企业对会计人员的职业能力要求越来越高，尤其是职业技能。会计教育应该改变以往的说教式的授课方式，采用案例讨论的方式培养学生的分析解决问题能力、表达能力以及逻辑思维能力等。这种能力的锻炼对会计人员未来的职业发展大有裨益。另外，学校还可以采用实践教学的方式培养学生的动手操作能力。一方面，可以开设手工实习课，让学生自己进行账务处理，将其所学的理论知识应用到具体的实践中；另一方面，学校可以和企业合作，让学生去企业参观实习。

（二）基于企业角度

1.企业管理者的重视

企业会计人员的能力水平的高低不仅取决于会计人员自身的因素，还受其所处的企业环境的影响。如果企业的管理者懂得从财务管理出发去加强企业的经营管理，决策时以企业的财务信息为依据，其对会计人员的能力要求就会比较高，而会计人员为了满足管理者和企业发展的需要，就会自觉主动提高自身的职业能力。如果企业的管理者认为会计只是简单的做账，根本没有意识到财务管理对企业发展的重要性，自然不会重视企业的财务部门，那么会计人员就会安于现状，不会产生提升自己能力素质的意识。

企业的管理者应充当实施会计职业能力框架的发起人的角色，在不断提高自身素质的同时积极倡导本单位的会计人员参加自愿性和强制性的培训，创造一种"共同学习，共同提升"的良好氛围，从而促进企业会计人员整体素质和能力的不断提升。

2.完善激励机制

激励机制的完善对实施企业会计人员职业能力框架有促进作用。企业应完善自身的成长激励机制，对在业务运营、经营管理等方面有突出业绩的优秀会计人员，可以根据企业的实际情况，予以适当程度的物质和精神奖励，使企业认可他们的业绩和贡献；同时，这也为其他会计人员树立了学习的榜样，激励其他会计人员自觉提升自己的业务能力。此外，企业还要逐步健全其他有助于会计职业能力框架有效实施的规章制度，主要有劳动管理制度、考勤制度、成绩评估制度、责任考核制度。通过建立和完善各项规章制度，将会计岗位资格、专业职称、职位晋升与精神奖励、物质奖励有效结合起来。激励机制的完善才能调动会计人员提升职业能力的积极性和主动性，推动会计职业能力框架的实施。

3.营造创新氛围

随着知识的不断更新和企业经济业务的不断拓展，企业对会计人员的能力素质也在不断提出新的要求，这使得当前的会计职业能力框架不一定适应未来的经济环境。为此，会计人员一方面应积极培养自身的创新意识。面对经济发展给会计行业带来的新挑战和新问题，会计人员应该运用自身的职业判断力采取适当的方法来解决问题，在解决问题的过程中培养自身的创新能力，进而不断地提高自身的综合能力。另一方面，企业应该鼓励会计人员积极参与科研活动和企业的新业务领域，在实践中锻炼和培养会计人员的创新能力，从而为会计职业能力框架的有效实施提供保障。

4.加强会计人员的培训

要想使会计人员的职业能力获得有效的提高，企业就应当依据会计职业能力框架有计划地专门针对会计人员展开后续培训，对各层次的会计人员分别制订合适的培训计划。长期看来，企业对会计人员的培训所要达到的目标是初级逐渐向中级过渡，中级逐渐向高级过渡，高级逐渐向更高层次的经营管理型人员过渡。对初级层次的会计人员，在培训中，除了要加强专业知识和具体的业务操作技能的学习，要逐步向其灌输一定的管理理念，培养其管理能力；对于中级层次的会计人员，因其下一步的职业目标是高级会计人员，那么管理类课程的强化学习对其很重要，而且要渐渐地按照高级会计人员应具备的能力要求对其进行培训；对于高级层次的会计人员，仍然要继续学习，因为知识是不断更新的，他们应该跳出会计的视野，站在企业这个全局的角度去看待问题，解决问题，向更高级别的管理层迈进。

（三）基于政府角度

知识经济的迅速发展和会计环境的不断变化都对会计人员的能力水平提出了更高的要求，而会计人员职业能力的提高又与其继续教育有着必然的联系。会计人员继续教育的目标是拓展会计人员的知识，优化其知识结构，提高其职业技能、职业道德水平，增强其创新意识。但目前，我国会计人员的继续教育基本是流于形式，主要表现在继续教育的内容和形式呆板，没有考虑经济形势不断变化的情况下会计人员处理一些非常规的经济业务能力的需要和对相关会计知识的需求；考核形同虚设，参加者个个都达标。其后果必然是会计人员缺乏动力去提高自身的职业能力以适应企业和经济发展的需要。从政府角度，应该采取措施完善会计人员的继续教育制度，除此之外，政府还应该从以下方面来保障会计职业能力框架的实施。

1.完善从业资格和专业任职资格管理体制

为保证会计队伍的整体素质，想要从事会计职业的人员必须经过严格的测试，对免试科目要严格把关，严肃考风、考纪，确保考试质量；在从业资格考试中，一定要加强职业道德的考核。改革现有的终身受益制的会计任职资格制度，实行有限年限制的任职资格。这样可以促使会计人员不断学习以获取最新的业务知识。完善各级会计人员的专业技术资格评价制度，特别是高级会计师资格评价制度，应着重从申报、评审、考试、结果公布等各个环节进行有关制度的完善。

2.建立合理的考核系统

大力宣传《财政违法行为处罚处分条例》，加强对从业会计人员的日常警示教育，对违反相关会计法规的要严惩，对做出成绩的应给予支持和鼓励，引导社会建立一个公平公正的奖惩考核系统。另外，后续教育作为提升会计人员能力的一种重要方式，为避免其流于形式，达到实施后续教育的目的，应健全相关考核制度。

3.职业道德建设

借助媒体的宣传功能，大力宣传会计职业道德教育的重要性，在全社会渲染一种浓厚的职业道德建设的氛围。针对从业会计人员建立专门的诚信档案，并定期评价和公布其职业道德得分，然后依据得分，进行奖惩以实现奖惩分明。

总之，政府应该切实制定相应的制度来保障会计职业能力框架的实施，并对实施的过程进行持续监督，最终实现会计人员整体素质和能力的全面提升。

（四）基于会计人员的角度

1.树立终身学习的观念

在校的学习只是为从事某职业提供了一个入门的指导，而真正的学习是在实践中。知识的日新月异使得各行各业的人员都需要不断地充电学习才能要跟上时代的步伐，因此，大家要树立终身学习的观念，会计人员尤其如此。对会计人员来说，要适应会计环境的变化，解决不断出现的新问题，不仅要学习新的知识，而且要学习和培养各种非专业的能力，使得自身的职业素质得到提升。不同层次的会计人员，根据自身状况，并结合会计职业能力框架，进行针对性的学习。初级会计人员，应重点学习具体的业务操作；中级会计人员，在熟练掌握业务操作的基础上，应关注自身管理能力的提高；高级会计人员，应进一步培养国际视野，立足全局，参与企业管理。

2.加强职业道德修养

当前，各种财务丑闻屡见不鲜，使得社会越来越关注会计人员的职业道德修养。会计职业要想永续，会计人员就应当自觉维护职业声誉，提高职业道德水平。具体来说，会计人员在面对财务问题时，要对弄虚作假说不，在关键时刻刹住车，只有这样，企业才可长期发展，会计职业能力也才能得到良性发展。在压力和诱惑面前如果会计人员不能坚持原则，将会断送自身的职业生涯。所以会计人员要视"诚信"为职业生命，恪尽职守，客观公正，始终能抵抗金钱的诱惑，不搞权钱交易，不以权谋私，廉洁自律，以自身良好的职业操守感染周围的人。

三、健全会计人员激励机制

企业应该重视会计人员的素质提升，制定相应的晋升机制，为其提供广阔的发展空间。另外还要鼓励会计人员积极参加职称考试，并辅以相应的奖励，这在一定程度上提高了会计人员学习的主动性，激发其学习的动力。对于工资待遇问题，要根据职称的不同有所区分，从多个方面激励会计人员进行学习和提升，以此来提升企业会计人员的整体素质水平，从而更好地服务于企业。

（一）针对财务管理人员实行激励机制的思路

1.明确激励的主体

企业中的财务管理人员分别负责不同的工作任务，隶属于不同的层级，在明确激励主体时，应该首先进行层级和工作任务的划分，按照不同层级人员的需求来确定激励的形式。从当前财务管理人员的岗位分配情况来看，可以划分出财务管理负责人、执行人和责任人三个层次，分别对三个层次的财务工作者进行不同形式的激励。

2.明确激励方法

激励就是通过满足工作者的需求，增强其工作积极性，在充足的动力下高标准完成工作任务。因而激励的方法和形式需要视财务管理者的需求而定。应该多种形式并存，包括满足其职业发展的需求，提升薪资，分配权力，优化工作环境等等，物质激励与精神激励并重，如此才能取得好的效果。

（二）针对财务管理人员实施激励机制的策略

1.完善用人机制

财务管理工作有着专业性、严谨性、特殊性的特点，涉及的工作面很大，工作任务繁杂，任务量多，要求财务管理工作者严格执行国家法律法规和企业制度，具有较强的专业性，有一定的工作门槛。企业完善用人机制，将每一名财务管理者的能力、特长充分利用起来，派遣不同的岗位工作，才能为激励机制的构建打好第一步的基础。

首先，在引进人才时要本着公平、公正的原则，将能力、专业性不同的人才安排在不同的财务管理岗位上。

其次，要结合岗位工作明确划分权责，建立考核标准，将考核结果作为财务管理工作完成情况的评估依据。还应允许财务管理人员参与企业发展的战略性会议，拥有一定的参与权、建议权和决策权。完善的用人机制从某种角度来说就是一种激励，财务管理者既享受权利，也接受监督，承担责任，完成工作的情况及个人能力是其受到表彰和晋升的依据。只要企业坚持实施这样公平、公正的用人机制，企业内部就会形成很强的竞争氛围，财务管理人员的工作动力会更充足。

2.完善绩效分配

很多企业中的财务管理人员都是享有固定的薪资，但财务管理工作却是不断复杂化和高强度化的，固定的薪资显然已经无法满足财务管理人员的需求，这令他们的工作积极性不断降低。如今，激励机制必须体现于绩效分配上，不仅要给予财务管理人员绩效工资，还应该加大绩效工资所占的比例，实现多劳多得，如此才能形成良好的工作风气，提高财务管理人员的工作积极性。绩效分配要以不同岗位人员承担的责任、义务为标准，责任重、工作多的人员自然会享有更高的待遇。人员的薪资、绩效分配情况都应该透明化，一是为了防止暗箱操作，二是起到激励和鼓动的作用，使各岗位财务管理人员能够不断为自己制定更高的目标，主动提升自我工作能力。

3.完善晋升制度

保障全体的财务管理人员得到均等的晋升和发展机会也是一种激励，这也是全体工作人员的内在需求。以这种形式来体现激励，一定要走出两个误区。

首先是暗箱操作，拉拢关系，搞特殊，分远近，以不正当手段获得晋升机会，这将使企业内形成一股不正之风，对于其他工作人员来说有失公平。

二是要改变以工作年限和资历为唯一的晋升考核标准，用能力说话，能者上，庸者下。事实证明，一些工作经验不丰富，但是思想超前，善于运用新方法的年轻人才更能为企业的财务管理工作带来新的活力。对于这样的人才一定要大力培养和重用，给予其晋升的机会，不要以工作年限这个硬性的指标来削弱他们的工作积极性。这样一来，相信企业的财务管理工作一定能够永葆活力，新员工的工作动力也会更强。企业还应该为全体工作人员提供免费学习和参与培训的机会，满足其个人职业发展的需求，拥有更好的发展机会，提高个人工作能力。

第四节　提高运营资金管理的应用水平

一、营运资金管理概述

（一）营运资金管理概念、内容、特点

1.营运资金的概念

营运资金 working capital，又称营运资本、循环资本，是指一个企业维持日常经营所需的资本。提出营运资金概念的目的，在于确定经营实体在一定期间用于经营所需的净资金。营运资金有广义狭义之分。

广义的营运资金，又称营运资本总额，是指企业流动资产总额。从狭义上讲，营运资本又称净营运资本，是指流动资产与流动负债之间的差额。一般来说，营运资本是指狭义上的营运资本。

2.营运资金管理的内容

货币资金、应收账款、存货、流动负债这些主要项目，为营运资金管理的主要内容，这些项目的管理水平在企业至关重要，代表企业营运资金管理的整体状况。

（1）货币资金

在企业经营过程中，以各种货币形态占用的那部分资金即货币资金。对货币资金进行管理的实质是合理地选择其流动与收益两特性，即关注两者间的合理平衡选择。

（2）应收账款

企业对外赊销产生的，因而应向购货方或者接受劳务的一方收取的款项称为应收账款。企业在外部市场竞争环境要求下，企业提供信用业务，以此加大营销规模，但由此产生的应收债权，也带来不利因素风险的增加与持有其的成本加大，因此，应收账款管理上需要衡量利弊，采用有成效举施，在不影响企业营销规模的情况下，降低其持有成本、降低应收债权的资金占用、避免产生呆坏账的风险，保证应收债权的流动性。

（3）存货

存货是来源于业务经营被企业拥有以备营销出去的成品及处于各中间流程中的半成品、耗用的材料等。存货的管理目标，主要是在为获得其所支出的费用预期利益间做出衡量，达成两者的最优平衡。

（4）流动负债

流动负债属于短期负债，实质上是源于实体业务中的一种归属于流动负债项下的短期的筹资。企业各流动负债规模反映企业利用商业信用来推动经营活动的能力，但由于各流动负债的占用成本的不同，流动负债的管理目标需在满足公司经营所需基础上结合各流动负债资金成本做合理选择。

3.营运资金的特点

关注营运资金的特点，对其有指向性地进行跟进，有助于企业有效地对其进行管理。营运资金的特点体现在流动资产与流动负债的特征中。

（1）营运资金的来源具有多样性

与筹措长期资金方法来说，公司可以通过短期银行贷款、商业信贷和应付税款等方式实现筹集

营运资金多元化。

（2）营运资金的数量具有波动性

随着经营活动的发展和内外部环境的变动，流动资产的量随时发生变动。当某项短期资产变动时，相对应的某项短期负债也随之发生增减。

（3）营运资金的周转具有短期性

企业在流动资产中占用的资金一般是在一个营业周期或一年以上的营业周期内回收，其周转速度较快，根据这一特征，流动资金可以选择商业信贷、短期借款等短期筹资方式来解决。营运资金管理理想状态是实现采购付款与营销回款的同步进行。

（4）营运资金的实物形态具有易变现性

企业营运资金的实物形态是不断变化的。它通常按照业务周期的相应顺序循环。在管理流动资产时，要合理配置资金及其结构，促进运转保持良性的状态。

（二）营运资金管理原则

营运资金管理是以现金流量为控制核心，对企业流动资产和负债的规划与控制，使企业保持良好的获利和偿付能力的系列经营管理活动。在营运资金的管理上，企业不仅要保证有充裕的资金满足日常经营所需，而且还需注意及时足额归还到期债务，营运资金管理应遵循的主要原则有：

1. 保证合理的资金需求合理确定营运资金需求量

企业的日常业务活动与资金运营所需数量有很强的相关性，企业资金运营的需要量由实体经营体量的大小和资金的周转效率决定，企业要根据自身的不同阶段情况科学地测算营运资金的需用额度，以满足正常的资金需求。

2. 加速资金周转提高资金使用效率

加快资金周转是提升资金使用效率行之有效的方法，为提升流动资金使用效率，采取有效举措，缩短经营周期，加速清算进程，进而加速流动资金周转，企业要力求用有限的资本，确保自身在不同时期的需求，为经营的健康发展营造有利环境。

3. 在保证经营需要的前提下节约资金使用

如果企业持有过多的营运资金，会增加资金的占用成本，降低企业的收益，企业应在确保日常经营的前提下，尽量减少资产占用，降低其使用成本，一方面要发掘资产潜能注重加快周转，另一方面要扩宽融资途径，合理配置可控的资源。

4. 合理安排短期资产与短期负债比例保障偿债能力

偿债能力是评价经营实体财务质量状况的标准之一，企业应当科学安排短期资产、短期负债的结构，保持两者合理的持有水平，确保企业能抵御还款上的风险。在一定时期内如流动资产较多，流动负债较少，则说明企业的短期偿债能力较强，反之，则说明企业的短期偿债能力较弱，但如果过于追求强调企业偿债能力，此种情况下的短期偿债能力也是不健康的表现，此时企业的流动资产持有会较多地处于未利用状态或流动负债利用不足，所以需要引起重视，合理科学安排两者间的比例。

（三）营运资金管理策略及一般方法

营运资金的运作策略是企业根据营运资金管理中可能存在的风险与获取利益，拟定的流动资产投资方略，也称流动资产的持有与融资总体布置。例如现阶段公司应在资金营运管理中做出拥有多少短期资产、如何为所需要的短期资产融资的决策。

1.营运资金的管理策略

营运资金的管理策略有：流动资产的投资与融资两方面策略。

（1）流动资产投资策略

不同类别的短期资产具有不同的特性，一般情况下公司账上存有大量的流动性的资产可以降低企业的财务波动，因其可以较快速地转化为现金，而长期资产通常变现能力较弱，但另一方面如持有较多短期资产的企业，受此影响，其投资报酬率通常不会在较高水平，因此，企业不仅需要关注短期资产在总资产中的比重，还要关注控制各类短期资产的合理水平。企业的流动资产持有策略主要有：宽松、适中、紧缩这三种类型。在实际工作中，有许多不确定性，企业流动资产占有率状况是内外因等多种要素共同影响下的结果，经营上应根据不同时期的所处状况和具体条件，做出合理的预测，并判定更为合适的流动资产存有量。

（2）流动资产融资策略

流动资产的融资策略，所关注的是如何选择在负债、资产两者流动性强部分资金的获取渠道。企业流动资产的需要量，通常会随着企业营销的变化而变化，营销增长时，流动资产的需求量也会呈增势；当市场营销下降，对流动资产产生的需求也会下降。即便营销处于历史最低时，流动资产依然存在的最低的需求。一般在工作中有配合、激进、稳健三方面类型的融资策略供选择。在实际工作中，如何选择融资方略，通常来说，如果经营上能够掌控资金的使用，采用适中的配合型融资策略，即风险与收益配合得较为适当是有利的，但也不能一概而论，在选择融资策略时，还需考虑市场利率、企业在外部商务博弈格局中所处的话语权状况、流动资产的周转能力等因素。

2.营运资金管理的一般方法

对营运资金管理的一般方法中，企业较为常用的有分析法。运用分析法管理企业的营运资金时可以从总量分析、效率分析、绩效改善三个方面进行分析。

营运资金总量分析，其主要围绕营运资金的金额、比率及在不同时期的占用情况与来源情况进行分析。

营运资金效率分析，从周转率、周转期两维度来分析净营运资本。

营运资金绩效改善分析，营运资金在企业日常经营活动中被占用了，但是用到哪里、占用程度、占用比率、周转情况、发展趋势，这些体现在对营运资金绩效改善分析之中。

（1）营运资金总量分析

首先看资金压力，营运资金的多少考察了企业短期的偿债能力，短期内企业现金流是否能够满足支付短期债务的需求；其次可看到营运资金的来源，分析企业的长、短期营运资金是否充足，例如企业融资多占用在长期资产上，或如长期对外投资上的资金少，那么用于企业经营的资金就多。

长期资本中除股东投入、债务人投入资本，还有企业通过历史经营取得的未分配利润，所以通过营运资金的考察，看营运资金是否充足，也体现了企业已往的一个盈利情况和盈利的结余情况，间接体现了股东对于企业盈余的分配态度，有些企业上市后又选择退市，其中一个重要理由就是资本市场要求越来越高的回报，股东要求支付红利，这些造成企业现金紧张，影响企业的发展，从报表上反映出来就是营运资金比较紧张。

（2）营运资金效率分析

这是判定企业能否可持续创造利润的一种手段。如果企业的生产经营管理效率不高，那么企业的高利润状态是难以持久的，所谓的效率分析就是看周转情况，例如应收款的周转、库存的周转，相同的情况下我们会认为周转次数越多，每次运转的时间越小，管理效率就会越高，反之效率就会越低。营运资金的周转率就是营运资金的使用效率，但营运资金是一相减的计算值，营运资金数额取决于短期资产与短期负债两个项目，所以营运资金不能直接计算得出周转效率。此类指标计算时需做转换。

营运资金周转效率分析发展历经了三个阶段，第一阶段是现金周转的模式；第二阶段就是营运资金的周转天数，它是用要素来分析的，也就是报表分析法；第三阶段是从当今流行的绩效角度分析，它是基于对营运资金周转的渠道来分析的。

第一阶段基于现金周转的模式的分析中，现金周转的模式，是从现金循环的考量出发，根据现金的循环速度来得出现金最佳的持有量。一个现金周期就是企业一个经济活动的循环，从产品的研发到经营采购、招聘员工、研发产品、产品上线、实现销售、收到销售收入，这样的一个周转过程，是企业的一个经济业务的一个循环。计算现金周期公式：应收账款周转期 + 存货周转期 - 应付账款周转期 = 现金周期。用日历天数除以现金周期就可以得到现金周转效率情况，目标年度的现金持有量 = 在做预算时用每年的现金额度除以现金周转率，也称为目标现金持有量，另须引以注意的是不能用营运资金直接相互运用，因为营运资金是一差额。

第二阶段的要素分析中的"要素"即会计科目，这个完全是基于会计理论的分析将流动资产（存货、应收账款、预付款）与流动负债要素（应付账款、预收账款）分别计算，然后计算出他的营运资金周转天数。存货周转天数 + 应收账款周转天数 - 应付账款周转天数 + 预付账款周转天数 - 预收账款周转天数 = 营运资金周转天数。要素分析的角度，即从报表指示上更多地去考虑应收款、应付款的因素。

第三阶段渠道分析是基于供应链理论进行的分析，其公式为：营运资金周转天数（渠道分析）= 营销渠道周转天数 + 生产渠道周转天数 + 采购渠道周转天数。渠道分析是基于供应链理论的渠道分析，是将企业的经营活动分成最基本的三部分，有供产销三个环节，对各环节分别计算其周转期，然后加总得出营运资金的周转情况。由于周转率是效率分析，所以在计算时所取的数值都是一个年度的平均值，来自一个期初数一个期末数，由于是差值计算，所以营运资金的计算结果有可能是负数的，因此分析起来比较复杂，如果应付账款周转天数比较高，那么有可能产生负数，那这时要分析应付账款是由于什么导致周转天数较高，它的运转速度受哪些影响，那么库存运转期少，应收来自销售款运转期少，是否有客观因素影响，这些都需要在管理中着重去关注的。

企业的流动资金除了货币资金要么体现在往来上，要么体现在存货上，还有一部分体现在理财活动上，在做经营活动的分析时暂不考虑理财活动部分，体现在存货上，体现在往来上，就比较容易分清通过哪一部门，占用在哪一客户那里，占用在哪一供应商那里，一般工业企业的经营活动用三个渠道表示出来，为产、供、销三渠道。

（3）营运资金绩效改善分析

这是对净营运资本全面综合的财务评价，目的在于改善绩效提高经营能力。绩效改善评析用来评析资金运营占用及运转情况的发展趋势。

企业在实际工作可采用纵向与横向不同的方法，与自身企业进行环比、与历史同期进行对比；也可根据企业发展不同阶段与相关的行业标杆，进行对比分析指标之间的差距。

改善分析是就营运资金效率的因素逐一进行分析，首先是营运资金的效率指标，其次是要素指标，再有是业务影响。效率指标计算中大多周转期指标都是以销售收入作为基数来计算的，在实际工作中，可以用不同的基数来做基数，这个取决于分析目的，在提供这种指标的时候，需要精选指标，精选绩效指标在分析不同的项目，企业在不同的时期经营管理的焦点不一样，企业急需解决的问题也是不一样的，有的时候是迅速扩张，有时候要解决资金流的问题，那么就要选取必要的指标，如同一指标也可能出现异动非常大的情况，那么在分析时要给予重视，需提炼出来看看这个指标背后有什么样的因素影响。

现行营运资金的绩效分析是常用的两种，一个是因素分析法，一个是渠道分析法。如果用因素分析法就可以追本溯源，做行业比较，从中发现企业发展中优劣，然后弥补自身的缺陷，尽快地走到行业前沿；如果使用渠道分析法，可以在内部管理上加强，落实责任，看是哪一渠道出现的问题，或者是说哪一渠道的贡献率更高，然后改善绩效有的放矢地改善我们的管理，提升管理水平。

二、企业强化营运资金管理的有效措施

（一）企业构建合理的营运资金管理模式

我国全球经济一体化的进程在飞速发展，我国各个企业都在新的挑战下持续稳定地发展着。企业要更加重视企业内部的财务管理系统，企业要树立科学健康的营运资金管理心理，并且也要提高其他营运资金管理的水平和效率，建立合理的营运资金管理模式。企业要对资金结构进行优化整顿，管理好企业内部资金结构，降低企业流动资金的损失。企业要建设财务结算管理机构，强化营运资金的管理模式，为企业开展资本扩张和收购创造良好条件，让企业内部资金管理统一化，增强企业资金整体运营效率。企业也要在企业内部设置财务监督机构，在财务监督部门的监督下，可以减少财务人员在工作中造成的企业损失，这样可以更好地保障企业资金的安全合理运用。

（二）强化企业货币资金管理

营运资金的重点是货币资金管理，企业强化货币资金可以通过以下几种方式来管理，其一，企业要采用货币资金持有量形式，企业分析生产经营需要的基础上，确定最佳现金持有量，让闲置现金可以有用武之地。其二，充分利用货币资金浮游量，实现企业现金流出和流入的同步化，以加速收款、迟缓付款的方式，提高货币资金利用的效果。其三，企业转变传统还款方法，企业可以将资金集中起来，提前偿还资金成本较高的债款，这样可以降低企业利息费用的开销。

（三）强化企业应收账款管理

企业要制定科学有效的信用制度，企业要对应收账款的管理进行重新规划，让企业信用销售可以有序进行，信用制度要覆盖三部分信用标准、信用收款和信用条件。企业要根据应收账款的实际情况，标准控制其收现水平制度，要及时收回应收账款，这样可以确保应收账款总额保持最佳状态。企业也要追踪应收账款的情况，掌握对方实际现状，这样可以帮助企业准确时期，明确应收账款是否转变为坏账或者呆账，让企业可以进行相应的对策，让企业收账效率可以提高。企业要设定详细清晰的账款资料，有相应的应收账款可以进行仔细查找。

（四）强化企业存货管理

企业要结合自身实际情况，建设最适合企业内部的存货系统，方便企业人员可以及时了解和掌握存货的信息，让企业的运营效率可以提高。企业也要建设健全的存货管理系统，运用科学有效的管理系统来强化企业存货管理，企业内部人员要定期对存货管理制度进行调整或修改，让企业信息与存货保持一致，这样会利于企业存货工作的顺利进行。企业要不断完善内部控制，保障存货管理系统可以合理科学有序进行。

三、案例应用

A 物流公司在现阶段企业运营发展中，经营战略的改变、运营资金管理是不容忽视的两个重要

组成部分，运营资金管理思想应深入到每个业务部门。A 物流公司需要根据自身公司的发展需求，熟悉资金的来源，对资金的使用等方面进行有效管理。而管理会计主要是针对企业内部的经营管理活动而产生的，不同于以往的财务会计只管事后核算，管理会计参与企业的事前、事中、事后管理活动。管理会计强调现金为王，可见运营资金管理活动在管理会计的理论中占据重要地位。本书站在资金的角度运用管理会计手段，对 A 物流公司内部运营资金进行管理和控制，减少 A 物流公司资金风险，实现 A 物流公司的效益最大化。

（一）A 物流公司现阶段运营资金情况和管理会计概述

A 物流公司经营范围涵盖货物运输、仓储、贸易、深加工、信息咨询、电子商务、金融、物流管理服务、信息技术开发等业务。因市场发展需求，A 物流公司由原来的稳健战略转向发展性战略的过程中，运营资金的管理面临着严峻的挑战。企业的经营过程中资金的紧缺会非常限制企业的发展，A 物流公司经营了十年之久，在前期的发展过程中，采取的是稳健性的策略，因前期大部分货款采取的都是预售的模式，未曾面临资金运营管理的问题，采取发展性战略后开始需要大量的投资，车辆的购买、码头的建设、仓库的扩建、人员的扩招等。战略的转变在 A 物流公司快速发展的过程中，财务问题日益凸显。如还继续沿用原来的财务核算方式，企业难以正常运转。而管理会计是以现金为核心的会计，现金为王。

企业管理会计则要求重点关注企业经营管理工作，针对企业经营活动进行全方位分析和优化把关，以此更好实现企业经营活动的全过程把关，确保企业经营管理更为高效可行，尽可能规避企业运营管理中出现的偏差问题。原来财务会计的工作重点应该是记录、核算所有经营活动，力求准确反映企业经济活动各方面结果，进而也就可以促使这些结果具备更强参考价值；管理会计的工作重点应该放在相关经济活动结果的分析和应用上，要求密切结合企业运营管理状况，判断分析相应经济活动结果的参考价值，以此更好形成准确适宜的企业运行管理决策，维系企业稳定可持续发展。

（二）A 物流公司在运营资金管理中存在的主要问题

1. 缺乏对应收 / 预收账款和应付 / 预付账款的管理

A 物流公司针对不同的客户采用不同的收款方式和运作模式，针对集团内的业务采取应收，自有车辆运输，针对外部的客户采取预收的方式，外部车辆承运。A 物流公司部门之间信息不对称，业务部门只管开展业务，结算部门负责结算，财务部门负责记账。最终导致的结果是内部的业务做完了，钱收回多少业务部门不清楚，结算也没有应收台账，财务缺乏对应收账款的分析。外部单位采取预收方式承运，付给外部承运商的时候分不清对应的客户，导致承运商的款项支付了，而对应客户的款项却没及时收回来，导致垫支的金额增加，资金缺口增大。

2. 缺乏对资金方面的全面预算管理

A 物流公司缺乏对资金的准确预算，特别是长期的资金预算，只有财务部根据上月或者上年数据预测未来的支出，业务部门和决策部门都不参与资金预算的制定过程。从而导致资金冗余时不投资，贸易板块有市场机会时未能有充足资金投入，严重影响企业的运营资金管理效率。不单事前没有做好资金预算评估，事中也没有严格把控，事后更没有及时反馈给决策部门和业务部门。

3. 对资金价值和资金成本没有概念

资金价值会因金融市场的波动而变化，投资回收期长的项目不对现金流进行预算，即便有计算项目回收期也不考虑时间因素对资金价值的影响。业务部门在对产品进行定价时不考虑资金成本，特别是不重视股东要求回报率对资金成本的影响。财务部门也不参与业务部门的投资项目制定和产品定价。

4.缺乏资金风险意识

A 物流公司涉及的业务板块较多，不停地开辟新的业务和投资新的项目，部分项目在盲目地扩大，导致资金的大量占用。财务分析的过程中注重财务收入和成本的分析，缺乏对资金运营情况的分析，收入和成本的计量和资金流往往会有时间差。现金流量表的分析只是针对企业总体的情况分析，没有深入到业务板块和业务部门的资金使用分析，形成资金"大锅饭"，很难达到多元化经营的成效，制约着 A 物流公司的进一步发展。

（三）A 物流公司如何运用管理会计进行运营资金管理

1.建立应收/预收、应付/预付账款的管理制度

实现部门应收与考核制度相挂钩。A 物流公司结合自身业务特征，建立与本企业发展相匹配的应收账款全面管理制度，规定部门应收账款与部门考核相挂钩，严控预付账款支出。需要首先考虑到相关制度，只有在逐步完善制度体系的基础上，才能够更好实现应收账款优化指导，提高资金周转率。需要重点围绕着应收账款制度进行不断优化完善，确保考核制度能够得到有效实施，保障应收和考核的具体关联工作可以得到有效处理，避免在后续工作结合中出现职责混乱问题。在应收制度体系完善中，管理人员往往还需要重点围绕着管理会计能对应收账款的回收进行深入分析，以便更好实现对于各自工作的优化创新。财务部门及时将客户资金的回收情况回馈到业务部门，业务部门能根据回收情况制定应收账款回收方案。结算中心要把控客户和承运商的脉络关系，确保客户资金不到账，承运商不支付的原则执行到位。

2.健全资金的预算管理

全面预算管理中包含有资金的预算管理。资金的预算管理主要是要对资金的来源、使用进行预算管理。重点是对资金的使用进行细化分类，按照部门和业务内容进行细分。资金预算从时间维度出发，分为年度资金预算、月度资金预算、周资金预算。年度资金预算与企业的战略层面相对应，编制过程从上到下，根据决策层对未来的投资计划确定年度资金需求，根据资金结余情况制订企业的资金筹资计划；月度资金预算计划编制过程从下往上，业务部门提交资金支付需求，财务部汇总提交决策层审批，根据月度资金计划安排月度资金，暂时不使用的资金可以上交集团资金户，提高资金收益率；周资金计划是月资金计划的明细具体到哪天支付；严格执行"无预算不开支"的原则。事后应分析资金执行情况，对资金使用不达标的部门应制定相对应的考核管理办法。

3.提高资金使用效率

由于 A 物流公司在长期经营过程中没有出现过资金短缺的危机，直至业务开拓、项目增加投资后才意识到需要运营资金。管理会计在实施的过程中，不单是财务部的事，而需要业务部门、结算部门、运营管理部门的配合，才能更好地统筹规划资金的资金成本。财务部门应每周根据资金在财务报表中的数据分析出运营资金成本，并及时将资金成本的分析反馈到业务部门和管理部门，确保 A 物流公司涉及资金的人员都要有运营成本管理的意识。特别是在合同制定过程中，产品的定价考虑到资金的使用成本，才能确保合同收益至少大于资金成本，才能为企业才来利润。

4.运用 ERP 系统走支付审批流程

在 A 物流公司的经营过程中，业务人员往往没有资金风险的意识，往往认为资金都是财务部门的事情。然而资金风险并不只是财务部门的事，业务部门更加需要具备资金风险意识，在业务谈判的过程中如果没有资金风险意识，谈下来的业务就存在资金风险漏洞，签下来的合同在执行的过程

中存在着隐性的风险。开发 ERP 系统完善资金支付审批流程，把业务开展的整个过程在线上体现，确保每一笔支付都有依据，且按照合同签订的方式执行，特别是支付方式有没有按照合同约定的方式支付，有效地避免部门之间信息不对称，降低资金支付风险。

5.提升从业人员的运营资金管理能力

A 物流公司转化经营思维，管理人员要有经营管理的理念和意识，财务人员不能只懂财务知识，而不关注企业的经营业务的开展，旧模式的财务报表已经不能满足管理的需要。财务人员需要结合业务的进展、考核的需求提供管理类报表。而业务人员也不能只懂业务，需要具备财务知识，这样才能确保运营资金管理效率。在管理会计的结合中，往往还需要重点关注于职工培训工作，这也是有效保障运营资金管理能力的重要手段，有助于规避各类异常问题出现。这也就需要切实围绕着企业运作的各个工作任务进行深入分析，明确其对于管理会计提出的新要求，这同样也需要管理会计相关人员具备较高经营意识，可以更好从自身工作入手，为运营资金工作落实创造理想条件。

A 物流公司根据自身的企业特征，结合企业战略发展，在运营资金的管理活动中引入管理会计的概念。提出 A 物流公司对应收账款进行事前事中事后管理，资金支付实行全面预算管理，实现资金的有效利用，提高资金收益率，并要运用 ERP 加强管理会计在经营管理中所起的作用，做好管理跨级专业人才培养和培训工作，实现 A 物流公司的长久发展。

参考文献

[1] 许金叶. 管理会计生长点的转变：会计转型的知识驱动力 [J]. 财务与会计（理财版），2014（7）：25-31.

[2] 周为一. 管理会计对企业成本控制的重要作用 [J]. 中国市场，2018（13）：159.

[3] 李玉梅. 浅谈管理会计在企业成本控制中的应用 [J]. 中国商论，2018（33）：137-138.

[4] 费秋芳. 管理会计工具在我国企业成本控制中的应用研究 [J]. 企业改革与管理，2018（13）：95-96.

[5] 李雪妍. 管理会计在我国企业中的应用现状及对策研究 [J]. 中国管理信息化，2018，21（16）：4-5.

[6] 王祺蕊. 管理会计在企业成本控制中的应用探讨 [J]. 中国商论，2019（4）：175-176.

[7] 乌婷. 新形势下管理会计工作的难点与对策分析 [J]. 赤峰学院学报（自然科学版），2017，33（2）：183-185.

[8] 李锐. 基于信息技术的管理会计工具在企业成本管理中的应用研究 [J]. 中国管理信息化，2019，22（20）：57-59.

[9] 臧丽. 探析管理会计在制造业高新技术企业成本控制中的应用 [J]. 现代经济信息，2019（18）：260.

[10] 李媛. 管理会计应用指引——成本管理在钢铁企业的应用研究 [D]. 太原理工大学，2019.

[11] 寇军. 考虑销售策略的产品与增值性服务联合定价与协调契约研究 [J]. 数学的实践与认识，2020（4）：88-101.

[12] 张子健，许茂增. 消费者异质性下基础产品及其附加品的供应链定价策略研究 [J]. 运筹与管理，2019，28（11）：106-111.

[13] 胡钢，秦培培. 不同销售策略下广告费对供应链决策影响的模型对比分析 [J]. 南华大学学报（社会科学版），2019（3）：64-69.

[14] 刘雨涛. 团购市场餐饮美食产品定价策略及相互影响关系研究 [J]. 中国商论，2019，780（5）：206-208.

[15] 郑义融. 林明宏. 王崇安. 产品包装设计，知觉价值与购买意愿关系之探讨：以监所自营作业商品为例 [J]. 东方学报，2019（40）：167-182.

[16] 刘心敏，闫秀霞，付开营等. 多维协同视角下双渠道供应链生鲜农产品定价策略研究 [J]. 商业经济研究，2020，798（11）：153-156.

[17] 陈楠竹，刘天真. 基于管理会计视角探析高校合同管理 [J]. 财会学习，2020（35）：119-120.

[18] 汪秋韵. 从管理会计应用看高校管理会计发展 [J]. 商业文化，2020（35）：78-80.

[19] 刘樱. 基于管理会计视角的高校内控体系探索 [J]. 会计师，2020（23）：53-54.

[20] 程果. 管理会计在高校财务管理中的应用与推广 [J]. 财会学习，2018（10）：78.

[21] 陈丹. 我国高校财务管理中应用管理会计的探析 [J]. 现代经济信息，2017（8）：242.

[22] 赵亚铭.新时期国企财务管理与内部控制体系的建设分析[J].今日财富，2021（6）：104-105.

[23] 刘秀文.新时期国企财务管理与内部控制体系的建设[J].财经界，2020（21）：205-206.

[24] 孙翌华.新时期国企财务管理风险管控措施[J].投资与合作，2020（4）：110-111.

[25] 许琨.国企财务管理与内部控制体系的建设解析[J].财会学习，2020（8）：288-289.

[26] 温丹玲.基于新形势下的国企财务管理风险探究[J].财会学习，2019（24）：75.

[27] 何长群.国企财务管理在内部风险控制中的重要作用[J].中国市场，2021（20）：132-133.

[28] 罗确党.国企财务管理在内部风险控制中的重要作用探析[J].财经界，2021（6）：88-89.

[29] 陈艳.新形势下国企财务管理风险防范措施思考[J].市场观察，2020（8）：73.

[30] 韩艳.浅谈国有企业财务管理工作中的风险防范措施[J].中国管理信息化，2020，23（16）：16-17.

[31] 陈国业.浅谈国企财务管理风险的有效防范[J].经济管理文摘，2020（14）：138-139.

[32] 姚海燕.探究财务会计向管理会计转型的路径[J].财会学习，2019（25）：135-137.

[33] 石善女.财务会计转型为管理会计问题研究[J].商场现代化，2015（11）：76-77.

[34] 金巧琴.关于企业财务会计向管理会计转型的几点思考[J].中国集体经济，2019（21）：116-117.

[35] 刘凤元.浅议高校财务人员角色转型：从财务会计转型为财务管理会计[J].当代经理人，2006（7）：37.

[36] 于北方.企业财务会计向管理会计转型思考[J].合作经济与科技，2019（18）：166-167.

[37] 陈桂才.浅谈财务会计向管理会计转型现状[J].纳税，2021（2）：109-110.

[38] 陈彦君.基于大数据背景下财务会计向管理会计转型的思考与实践[J].现代营销：经营版，2019（7）：193.

[39] 许瑛.大数据对财务管理的影响及对策分析[J].现代营销，2019（7）：200-201.

[40] 金芹.谈PPP项目的财务管理及控制策略[J].财会学习，2020（24）：30-31.

[41] 马燕.浅析财务会计向管理会计转型的路径[J].会计师，2015（23）：16-17.

[42] 董立兰.浅议企业财务会计与管理会计的融合[J].中国商论，2018（35）：141-142

[43] 曹婷.管理会计与财务会计的融合分析[J].石家庄铁路职业技术学院学报，2020（4）：70-72.

[44] 闫付军.对企业财务管理信息化建设的探究[J].财会学习，2019（3）：78-80.

[45] 郭文娟.论新形势下财务会计向管理会计转型[J]，智库时代，2019（7）：48-49.

[46] 王静.企业传统会计向管理会计转型的困境及对策探究[J]，财会学习，2019（7）：162-163

[47] 王小红，田谧，孟亚丽.大数据时代下环境管理会计的机遇与挑战[J].会计之友，2019（1）：55-59.

[48] 冯巧根.改革开放40年的中国管理会计——导入、变迁与发展[J].会计研究，2018（8）：12-20.

[49] 廖敏霞.大数据技术对管理会计的影响及应对[J].企业经济，2018（1）：103-108.

[50] 姜晓红.浅谈新时期管理会计的发展与创新[J].财经界（学术版），2016（11）：200.

[51] 张邦文.管理会计信息化人才培养模式探讨[J].经济研究导刊，2018（3）：132-134.

[52] 程平，施先旺，姜亭杉.基于业财一体化的生产活动大会计研究[J].财会月刊，2017（22）：

3-9.

[53] 马敏. 浅析制造企业存货管理存在的问题及对策 [J]. 纳税, 2019, 13（09）：249-250.

[54] 周志慧. 中小企业存货管理存在的问题及对策研究 [J]. 纳税, 2019, 13（06）：193-195.

[55] 刘翠娜. 制造业企业存货管理研究 [J]. 中国集体经济, 2017（12）：101-103.

[56] 沙秀娟, 王满, 钟芳等. 价值链视角下的管理会计工具重要性研究——基于中国企业的问卷调查与分析 [J]. 会计研究, 2017（04）：66-72 + 96.

[57] 宋献中, 胡玉明. 管理会计战略与价值链分析 [M]. 北京：北京大学出版社, 2006.

[58] 谭舒心. 基于价值链的管理会计方法研究 [J]. 财会学习, 2018（17）：111 + 113.